L'ART ET LA POÉSIE
CHEZ L'ENFANT

A LA MÊME LIBRAIRIE

OUVRAGES DU MÊME AUTEUR

L'Éducation morale dès le berceau. Essai de psychologie appliquée, 2e édition, 1 vol. in-8 de la *Bibliothèque de philosophie contemporaine* .... 5 fr.

Les Trois premières années de l'enfant, 3e édition, augmentée d'une préface de M. James Sully, 1 vol. in-8 de la *Bibliothèque de philosophie contemporaine*.... 5 fr.

L'Enfant de trois à sept ans, 2e édition revue et précédée d'une introduction de M. Ludovic Carrau, 1 vol. in-8 de la *Bibliothèque de philosophie contemporaine*. 5 fr.

Th. Tiedemann et la science de l'enfant. Mes deux chats. Essai de psychologie comparée. 1 vol. in-12. 2 fr.

J. Jacotot et sa méthode d'émancipation intellectuelle. 1 vol. in-12.............................. 3 fr.

LA PSYCHOLOGIE DE L'ENFANT

L'ART ET LA POÉSIE

CHEZ

L'ENFANT

PAR

BERNARD PEREZ

PARIS
ANCIENNE LIBRAIRIE GERMER BAILLIÈRE ET Cie
FÉLIX ALCAN, ÉDITEUR
108, BOULEVARD SAINT-GERMAIN, 108

1888

PRÉFACE

J'ai suivi dans cet essai de psychologie esthétique la même méthode que dans mes précédentes études sur l'enfant. Seuls le nombre et l'étendue des documents y auront apporté quelques différences. Mes lecteurs ne s'en plaindront pas, si, comme quelques-uns me l'ont écrit, ils aiment assez à faire ample connaissance avec quelques-uns des sujets observés. Il en est deux ou trois, qui me sont connus de longue date, que j'ai étudiés à loisir, et dont je présente ici les intimes confidences avec une bienveillance toute particulière. Mes lecteurs voudront peut-être prendre leur part de l'intérêt que je porte à ces chers documents.

D'ailleurs, je n'ai eu garde d'oublier que mon but n'était pas, ne pouvait pas être de construire un système d'esthétique, fût-il le plus modeste du monde. Je ne suis qu'un collectionneur et un explicateur de petites données psychologiques. J'ai partout évité, même dans le résumé de la fin qui aurait pu m'y convier, les vastes synthèses qui ne sont pas de ma compétence. J'ai voulu modestement esquisser la vie esthétique de l'enfant, c'est-à-dire d'un certain nombre d'enfants que j'ai étudiés. Je dirai donc en peu de mots ce qu'ils m'ont appris, soit du sentiment artistique ou poétique, soit de l'activité créatrice, soit de la langue d'expression en formes, couleurs, sons, mots et attitudes, dans la première et la seconde enfance. Vieilles vérités peut-être, mais qu'il faut apprendre à ceux qui les ignorent, et rappeler à ceux qui les oublient.

Avant tout, l'œuvre d'art, et la nature comme telle, parlent des langues ravissantes, dont les mots sont des sensations et des perceptions choisies, agréables en elles-mêmes et dans leurs combinaisons variées. Il faut connaître à fond la grammaire de ces langues idéales pour les parler supérieurement, comme fait l'artiste, et la connaître assez pour les comprendre et les parler comme un demi-ignorant ou un enfant bien doué le peut faire. A cette initiation des secrets de l'art, qui n'est entièrement fermée à personne, et d'où dérivent le jugement et la critique du beau, se rattachent des jouissances spéciales, connues des vrais seuls artistes dans toute leur plénitude, et qui viennent de l'éducation particulière de leur goût. Dans une certaine mesure, et par degrés, l'enfant doit déchiffrer cette grammaire, épeler cette langue, goûter cette jouissance exquise.

Mais l'effet de l'œuvre d'art ne se borne pas à produire ce plaisir du jeu, ce sentiment épuré de la beauté. Les excitations qu'elle impose au système nerveux sont trop vives pour ne pas remuer l'être tout entier. Elles intéressent par contre-coup, dans un sens ou dans l'autre, toute notre vie affective. C'est ici qu'interviennent toutes les habitudes logiques et morales dont l'hérédité, la famille, l'éducation et les circonstances dominantes ont pourvu l'être humain. Un dilettantisme modéré peut, même dans le jeune enfant, détourner l'attention, de l'excitation émotionnelle, dont l'excès est dangereux à tous égards, à la délicate et sereine aperception du beau.

D'autre part, une sentimentalité réduite à de justes proportions, et surtout dérivée à la sympathie, la plus active de nos tendances, peut corriger l'abus possible du dilettantisme, et en transporter les jouissances trop personnelles aux larges et bienfaisantes émotions du groupe social. Ainsi, comme l'ont si bien dit M. Séailles et le regretté M. Guyau, l'art naît de la vie, en exalte l'ivresse, et produit à sa façon une vie nouvelle, la triomphante vie de l'idéal.

L'art est pour la vie. Il semble ne viser qu'au plaisir, et il atteint par surcroît l'utilité. Il est fait tout ensemble de fantaisie et de réel, d'exaltation et de pondération, de folie et de raison, de sens mystique et de sens pratique. C'est une des formes supérieures, sinon la forme supérieure de l'adaptation. Ce qu'en définitive nous trouvons partout, en esthétique aussi bien qu'en morale, c'est la souveraine efficacité de la raison modératrice. « La recherche du juste milieu, m'écrivait M. Espinas à propos de mon livre sur *l'Éducation morale dès le berceau*, c'est l'adaptation des modernes : qui adapte son action aux conditions exactes du milieu et sait éviter les extrêmes, réussit. Autant la conciliation est absurde quand il s'agit de théories opposées, autant elle est nécessaire quand il s'agit de tendances extrêmes à faire aboutir au point voulu. » Si mon livre prouve quelque chose, c'est, je le crois bien, la nécessité d'accommoder l'éducation esthétique de l'enfant à cet équilibre de raison, sans lequel il n'y a ni succès ni bonheur en ce monde.

Paris, mai 1888.

L'ART ET LA POÉSIE
CHEZ L'ENFANT

CHAPITRE PREMIER

Le goût de la Parure.

I

Nos anthropologistes considèrent comme un héritage de l'antique barbarie le goût de la femme pour la parure, qu'Isaïe et Plaute, avant nos prédicateurs et nos comédiens, lui ont reproché comme un travers et comme un vice. L'art de la parure, selon eux, est un des premiers que l'homme ait connus. Elle a, d'ailleurs, précédé le vêtement. Le sauvage à peau rude et pileuse, aux mœurs bestiales, n'éprouvait en aucune façon le besoin de se vêtir. Mais l'orgueil, le soin de sa défense, le désir de se distinguer et de se rendre effrayant, lui firent peindre et orner son corps d'après son rudimentaire idéal de beauté. La parure est avant tout un insigne du guerrier, qui veut agrandir et exagérer son type. « A l'origine des sociétés, c'est l'homme qui porte les bracelets, les anneaux, les pendants d'oreilles, les colliers, les pendeloques, les épingles à cheveux, les plumes éclatantes; c'est lui qui se peint, qui se tatoue, pour attirer le regard, fasciner l'ennemi, assurer son rang parmi ses égaux et les dépasser s'il le peut : un plumet vaut une couronne (1). » Plus tard, avec le progrès relatif des arts et de l'aisance, le niveau de la femme, destinée à rester toujours l'inférieure de l'homme, s'éleva quelque peu : son maître, qui avait d'abord filé, tissé et natté, lui permit de se livrer à ces humbles travaux, et il ne lui déplut pas de la voir se parer pour lui : le luxe autour du maître n'était, en effet, qu'une extension de sa propre magnificence. Comme il trouvait sans cesse de nouveaux moyens de marquer sa supériorité, il laissa prendre à la femme les ornements qui n'étaient plus son unique prestige. Le progrès de la civilisation se fait surtout par l'homme et pour l'homme, et l'écart est de plus en plus sensible entre les deux sexes. Aussi la femme qui, d'après les anthropologistes, représente le type inférieur de l'espèce, se pare et s'affuble encore, avec plus de goût, sans doute, mais avec la même passion que le sauvage et l'homme primitif.

Du sauvage au criminel-né la distance est petite, et l'assimilation de l'un à l'autre a ricoché sur la femme. Si le criminel représente dans nos sociétés policées la sauvagerie primitive, on a trouvé entre lui et la femme des similitudes frappantes. « Elles sont plus prognathes que les hommes, elles ont le crâne moins volumineux (Topinard) et le cerveau moins lourd, même à taille égale, et leurs formes cérébrales ont quelque chose d'enfantin et d'embryonnaire ; elles sont moins droitières, plus souvent gauchères ou ambidextres ; elles ont, s'il est permis de le leur dire, le pied plus plat et moins cambré ; enfin, elles sont plus faibles de muscles et aussi complètement imberbes qu'a-

(1) Dr Saffray, *Histoire de l'homme*, p. 131.

bondamment chevelues. Autant de traits communs avec nos malfaiteurs. Ce n'est pas tout. Même imprévoyance en elles, même vanité, deux caractères que Ferri signale avec raison comme dominants chez le criminel (1). » Je m'arrête à ce dernier trait de ressemblance.

Je ne saurais admettre, à aucun point de vue, l'assimilation du type féminin au type sauvage ou criminel. Au même titre que l'homme, mais à sa façon propre, la femme est une civilisée. Chacun a profité du progrès, et y a collaboré pour sa part, conformément à sa destination sociale. Le rôle de la femme est surtout « de plaire à l'homme », dit Rousseau ; « la beauté de la femme est le signe de sa mission », dit à son tour Proudhon ; Renan a donc pu dire avec raison qu'en parant, en achevant, en idéalisant sa beauté, « elle pratique un art, un art exquis, en un sens le plus charmant des arts. » N'en déplaise aux anthropologistes extrêmes, le goût de la parure, contenu par la pudeur et le bon sens, marque plutôt une perfection du type humain dans la femme.

Mais il nous faut défendre aussi l'enfant contre les prétentions abusives de certains philosophes. Si la femme reproduit à certains égards le type sauvage et primitif, l'enfant en reproduit les différentes phases. Le développement individuel n'est qu'une forme abrégée du développement de l'espèce ; dès le sein de sa mère, et pendant plusieurs années, l'enfant répète la série de l'évolution préhistorique. A six mois, à un an, à deux ans, encore à trois ans, ce qui domine surtout en lui, c'est le sauvage. Je sais des transformistes qui n'auraient pas de peine à nous montrer dans « Bébé », d'abord le sauvage de la pierre brute, puis celui

(1) E. Ferri, cité par E. Tarde dans son article sur le *type criminel*, *Rev. philos.*, juin 1885.

de la pierre polie, et enfin celui de l'âge de bronze, tout cela très exactement.

Admettons la théorie, par hypothèse, et vérifions. Le malaise que le contact et la pression des étoffes procure au nouveau-né rappellera, j'y consens, l'heureuse et libre nudité du vieil ancêtre. Le curieux est que cette susceptibilité primordiale persiste chez beaucoup d'enfants, d'ailleurs fort bien doués, et que l'insensibilité de la peau est un des caractères attribués au type criminel (ou sauvage). Je ne me charge pas d'expliquer la contradiction. Mais en voici une autre : dès le douzième ou le quinzième mois, le goût naissant de la parure coexiste avec le plaisir d'être et d'aller tout nu. Nous faut-il voir là deux phases successives de sauvagerie qui fusionnent entre elles? Nous arrivons, en négligeant les transitions, à l'âge de trois ou quatre ans, et nous pouvons nous supposer au seuil de la pierre polie. Or, à cette époque, et surtout à l'époque du bronze, la parure était en général le privilège du sexe fort. Il nous faudra donc en trouver le goût plus précoce et plus vif chez nos garçons que chez nos fillettes; sans quoi la doctrine de la répétition historique nous paraît en danger. A moins de supposer encore (une hypothèse de plus ou de moins, ce n'est pas une affaire) qu'à ces âges lointains, la passion de l'anneau métallique et du chiffon ne fût un désir assez violent pour ressembler au sentiment de la possession. Mais venons aux faits, et étudions sans parti pris l'enfant des deux sexes.

II

L'amour de la parure n'est jamais un sentiment simple : il s'y ajoute, dès l'origine, un mélange de sentiments égoïstes et sociaux. Ainsi, le petit enfant de sept mois ou d'un an, qui frétille d'aise en voyant sa mère prendre son chapeau, en se voyant mettre lui-même ses souliers et son manteau, n'éprouve là que des sentiments associés à l'idée fort agréable de la promenade. Le plaisir pur des yeux, en présence d'une étoffe claire et colorée, lui procure une grande joie; mais il ne s'y mêle pas encore le plaisir d'en être orné, car toute espèce d'étoffe placée sur sa tête ou sur son corps l'amuse beaucoup. Cependant une partie de la sympathie qu'il éprouve pour sa nourrice et pour sa mère rejaillit sur les vêtements et les objets dont elles s'entourent; il en résulte un sentiment d'un genre particulier à l'égard de ces objets. En outre, on se montre à lui ordinairement très joyeux, très empressé, quand on se couvre d'habits plus frais de couleur, et qu'on lui passe des robes et des chapeaux un peu différents du costume ordinaire : le vêtement de fête et de parure acquiert bientôt pour lui une signification sentimentale très nette. Ainsi, grâce à la sympathie, le sentiment de la parure, d'abord simple sensation de couleur, va passer à l'état supérieur d'émotion esthétique. Il le devient de bonne heure, sous l'influence abstractive du langage. Les mots « beau », « joli », reviennent à propos de tout ce qu'on fait admirer à l'enfant, et de tout ce qu'on met sur sa personne. Il les applique, dès l'âge de quinze mois, à ses vêtements et à sa conduite, à ses jouets et à ses objets d'admiration.

L'enfant de quinze mois ressemble par là à celui de cinq ans. « Quand on lui met quelque chose sur la tête, dit Preyer de son fils, en disant *beau*, son expression de visage change ; elle prend un aspect bizarre et particulier de satisfaction : les sourcils s'élèvent et les yeux sont grands ouverts. Au vingt et unième mois, l'enfant se drape d'une dentelle ou d'une étoffe à broderie, en la laissant pendre des épaules; il se retourne pour voir la queue, s'arrêtant, et faisant des plis, avec grand empressement. Ici, à la vanité se mêle l'imitation, la singerie (1). » Il y a aussi le désir de plaire et d'être loué, et la joie d'avoir sur soi quelque chose de joli.

Tous ces sentiments se trouvent mélangés et presque confondus, de la plus aimable manière, dans un enfant bien élevé. La fille de Mme Roland a cinq ans et six semaines; voici comment sa mère parle d'elle à son ami Bosc : « Maintenant, sachez qu'Eudora ne sait pas ce que c'est qu'entraves de toilette, en aucun genre, ne se doute pas du prix que l'on peut mettre à des chiffons, pour la parure; se croit belle quand on lui dit qu'elle est sage et qu'elle a une robe blanche, remarquable par sa blancheur (2). »

Ainsi l'instinct du beau, pour une faible part, et la sociabilité, la vanité, l'imitation, pour une plus forte part, développent le désir de plaire par la vertu des habits. Quand c'est la vanité qui domine, la faute peut en être à l'hérédité, mais on peut y voir le plus souvent un effet de l'éducation. Ce n'était assurément pas une enfant gâtée sous ce rapport, celle qui devait garder toute sa vie ce frais souvenir d'enfance.

« Le second souvenir que je me retrace de moi-même, et qu'à coup sûr, vu son peu d'importance, personne n'eût songé à me rappeler, c'est la robe et le voile blanc que porta la fille aînée du vitrier le jour de sa première communion. J'avais alors environ trois ans et demi; nous étions dans la rue Grange-Batelière, au troisième, et le vitrier,

(1) *L'âme de l'enfant*, p. 117.
(2) V. *Trésor épistolaire* de E. Crépet, t. I.

qui occupait une boutique en bas, avait plusieurs filles qui venaient jouer avec ma sœur et avec moi. Je ne sais plus leurs noms et ne me rappelle spécialement que l'aînée, dont l'habit blanc me parut la plus belle chose du monde. Je ne pouvais me lasser de l'admirer, et ma mère ayant dit tout d'un coup que son blanc était tout jaune et qu'elle était fort mal arrangée, cela me fit une peine étrange. Il me sembla qu'on me causait un vif chagrin en me dégoûtant de l'objet de mon admiration (1). »

Nous trouverons sans peine des exemples du même genre chez des enfants des deux sexes. Mis à côté d'exemples un peu différents, sinon même tout à fait contraires, ils permettront à mes lecteurs de tirer des conclusions peut-être semblables aux miennes.

J'ai connu trois sœurs qui, au dire de leur mère, et malgré les mêmes principes d'éducation et les mêmes exemples de famille, ont montré toutes jeunes, sur le point qui nous occupe, des tendances très différentes.

Pour l'aînée, Adèle, morte du croup à l'âge de cinq ans, la parure et les amusements n'avaient aucun attrait. Elle était entièrement absorbée par l'amour de ses parents. Sa toilette d'été était une jolie robe d'indienne blanche, mouchetée de noir, que sa mère lavait et repassait le samedi, pour que l'enfant fût propre le dimanche. Cette robe servait ensuite les autres jours de la semaine. Adèle, déjà raisonnable, la salissait le moins possible, en classe et à la maison, pour ne pas trop fatiguer sa maman. L'après-dîner du samedi, la petite n'allait pas à l'école, puisqu'on lui lavait son unique robe. Pas d'autres soucis chez cette aimable enfant que d'éviter des ennuis à sa mère, et sur-

(1) G. Sand, *Histoire de ma vie*, t. II, p. 460.

tout à son père, qu'elle aimait passionnément. Rien de plus touchant que de voir les yeux bleus d'Adèle, profonds et sombres, un peu sauvages devant les étrangers, se voiler de larmes de tendresse en regardant son père.

La seconde fille, Hélène, fut l'extrême opposé de la sœur aînée, pour la sagesse et les sentiments affectueux. Il faut dire qu'elle ne connut pas, comme Adèle, les premières caresses de la famille; car la mère, fatiguée d'avoir allaité trois enfants, fut obligée de la mettre chez diverses nourrices, où on la laissa deux ans. Cette pétulante et jolie petite brune était folle de jeux, de bavardages et de chansons. Elle ne pouvait tenir en place, excepté devant son père dont la grosse voix la terrifiait, et sa mère occupée sans cesse à la gronder. L'expérience ayant montré à Hélène combien une robe neuve est embarrassante et gênante, quand on a toujours envie de courir et de sauter, elle ne faisait aucun cas de la toilette. Elle n'a pas souvenir d'avoir été particulièrement contente à propos de costumes neufs. Elle pleurait quand on lui en mettait un : si c'était de la laine, çà piquait le cou et les poignets; si l'étoffe était de coton, c'était trop raide ou trop juste. Vous auriez ri de voir cette enfant si leste et si sémillante transformée quelquefois en petite vieille rechignée, parce qu'elle avait chemise neuve ou bas neufs : elle marchait pliée en deux, les bras ballants, l'air malheureux et même stupide. Elle était alors incapable de faire quoi que ce soit. Pelotonnée dans un coin, elle ramenait sur lui-même son petit corps, pour éviter à son épiderme le contact offensant de la toile, et elle faisait descendre ses bas jusqu'aux talons de ses souliers.

La mère d'Hélène, croyant avoir affaire à de simples caprices, voulait dompter ces répugnances; mais elle y échoua. La sévérité, les raisons n'y purent rien. La mère, qui aimait beaucoup à lire, et qui en trouvait le temps, au milieu de ce tracas d'enfants et d'occupations domestiques, lui disait une fois : « Tu es donc comme Anne d'Autriche, qui ne trouvait jamais assez fine pour sa peau la batiste de ses chemises ? Comment faire cependant ? Nous ne sommes pas assez riches pour te mettre dans des chemises et des bas de soie. » Ce n'était pas de la soie que demandait Hélène : elle n'en comprenait pas l'usage, et ne voyait que l'aisance et la liberté dans le vêtement. Elle atteignait ce but en mettant une vieille chemise sous la neuve, et des bas de coton avant ceux de laine. Un souvenir très pénible se rattache pour elle à l'idée de vêtements neufs. Pour le baptême de sa sœur Jeanne, on lui mit (elle avait quatre ans) une jolie robe, une cravate de soie mauve, et des souliers charmants, à frange et à lacets. Après le goûter, on alla se promener dans la campagne. Hélène, s'écartant du groupe, courut dans une prairie, et bientôt des cris perçants apprirent aux parents qu'elle s'était laissée tomber dans une rigole de drainage toute boueuse. On dut l'emporter. Elle eut le fouet, et on la mit au lit, bien que le soleil fût encore haut au ciel. Elle ne pouvait dormir, la petite, et déjà son esprit avait des révoltes contre l'injustice des gens qui vous mettent une jolie robe malgré vous, et qui, au lieu de vous consoler quand vous êtes tombée, vous claquent et vous fourrent au lit.

Aujourd'hui Hélène est mariée. Sa vieille rancune contre les bas de laine dure encore. C'est plus fort que sa volonté, elle détourne la tête, en plaignant son mari, quand elle lui voit mettre ses chaussettes de laine. Son frère lui représente souvent, en plaisantant, ce qu'on appelait dans la famille la *marche d'hiver* d'Hélène. Il avait eu, lui aussi, l'horreur des bas de laine, et avait ressenti le malaise du vêtement neuf. Longtemps, et malgré le désespoir de sa mère, il chiffonnait et tortillait sa chemise, quand elle était empesée. Il est devenu quelque peu écrivain; mais, contrairement à Buffon, qui avait besoin, pour bien écrire, d'avoir ses manchettes de dentelle et sa perruque bien bâtie, il n'a jamais trouvé sa verve et son entrain littéraire que dans le plus complet débraillé.

Revenons à Hélène. Pour une distribution de prix, le coiffeur, chargé de lui papilloter les cheveux, lui brûla un peu le haut de l'oreille. Hélène pleurait beaucoup; le perruquier, pour la consoler, lui dit qu'il fallait savoir souffrir pour être belle. Hélène ne fut jamais de cet avis. Elle ne supporte ni corset trop serré, ni chaussures trop étroites. Elle a aimé à plaire en société, mais ce n'est jamais par la toilette qu'elle a voulu briller. Ce qui lui plaît dans les autres femmes, c'est une agréable physionomie, des manières simples et naturelles, une conversation polie, gaie et variée. Vous lui aurez parlé des heures entières, qu'elle n'a pas pris garde à votre mise, à moins qu'elle n'ait attiré son attention par quelque chose de vraiment extraordinaire.

Voulez-vous que nous écoutions la troisième sœur, Jeanne, qui a de tout autres aveux à nous faire? Celle-ci a poussé comme elle l'a entendu; on l'a gâtée, parce qu'elle avait les beaux cheveux blonds et quelque air de la pauvre Adèle. Mais je me hâte de dire qu'elle n'a pas abusé de la gâterie de sa famille, la nature ayant doué la petite femme d'une forte dose de raison, de respect humain et d'amour-propre.

« Tout enfant (1), la toilette fut pour moi une très grande préoccupation, parce que je voulais être comme les autres.

(1) Par souci de la vérité psychologique, je reproduis les propres paroles de ma confidente.

Je ne voulais pas précisément être remarquée, car j'étais timide à l'excès; mais il me semblait que mes maîtresses favorisaient les enfants mieux habillées que moi, et qu'on ne pouvait m'aimer, si j'avais sur moi des vêtements usés ou démodés.

« Une fois, désirant un petit tablier gris, pareil à celui de mon amie Mathilde, et maman ne pouvant donner l'argent nécessaire pour cette emplette, j'eus la permission de vendre au chiffonnier la ferraille, les vieux chiffons et les os qui se trouvaient au logis. Ai-je donc fureté les coins et les recoins ce jour-là, pour avoir un beau tas ! Je croyais naïvement que le chiffonnier me donnerait beaucoup d'argent ; j'ignorais le talent de ces industriels dans l'art de faire danser la romaine : je n'eus que dix-huit sous ! « Quatre-vingt-dix centimes ! disait-il pour faire un nombre plus fort. — Une vieille poêle à frire valait, à elle seule, plus que tout cela : le vilain homme n'en donna que trois sous. Le tablier coûtait trois francs, avec le velours noir des pochettes et de la ceinture. Mon père et ma mère, qui ne pouvaient supporter de me voir en chagrin, comblèrent mes vœux en parfaisant la somme nécessaire.

« On n'attendit pas longtemps pour acheter et confectionner ce cher petit objet. Le tout fut bâclé en trois heures. Mathilde, bonne et aimante, était aux anges de me voir si heureuse. Elle se prêtait à mes désirs avec une extrême complaisance. Elle me mit le tablier, et, de l'air sérieux d'un artiste qui met la dernière main à son chef-d'œuvre, elle rangeait les plis, s'avançait, s'éloignait, pour mieux juger de l'effet que j'allais produire. Car il fallait montrer ce beau tablier !

« Le lendemain, le père de Mathilde nous porta dans sa voiture au marché de la petite ville de Tartas, peu éloignée de Saint-Sever, notre résidence. Nous nous gardâmes bien de mettre ce précieux ornement durant le trajet, de peur de le salir ; il resta enveloppé dans un journal, en un coin de la voiture. Pour moi, je ne le perdais pas de vue un instant, protégeant de mon regard, pour ainsi dire, ce cher trésor. Raconter le succès fou que nous eûmes à Tartas serait difficile ; je crus que nous étions redevables à nos tabliers de toute cette admiration. Depuis, je me suis dit qu'on nous regardait forcément avec surprise, parce qu'une joie excessive se lisait sur nos visages et dans tout notre maintien.

« J'avais huit ans, et j'allais en classe au couvent. Je tenais beaucoup à une élève de mon âge, du nom de Sidonie. Elle arrivait toujours parée comme une poupée, tandis que moi, fille d'un professeur de collège dont les appointements étaient fort minimes, j'étais très simplement mise. Tout mon luxe consistait en propreté. Jamais ma mère ne m'envoya en classe sans me mettre un tablier fraîchement lavé et repassé. J'appréciais bien cette propreté, et je trouvais que cela sentait bon.

« Cette délicatesse, poussée à l'excès, m'a rendu souvent mauvais service dans la suite. On ne la réprima pas ; au contraire, on s'en amusait, comme de toutes mes fantaisies. Ainsi, quand on cirait mes souliers, je ne voulais pas qu'on se servît de salive autre que la mienne, et l'on courait à ma recherche, par la maison, la brosse à la main, pour recueillir ma précieuse salive.

« Ma propreté irréprochable ne m'empêchait pas d'envier Sidonie, qu'on entourait pour admirer ses jolies toilettes, si réussies et si variées. J'aimais surtout ses robes extrêmement courtes, qui laissaient voir à peine des pantalons brodés ou à dents de loups. Ma robe, à moi, allait jusqu'aux mollets, avec des pantalons plus bas encore. Une autre de mes bonnes compagnes, Evelina, était mise à peu près comme moi. Voilà qu'aux beaux jours, sa toilette changea. J'eus le cœur serré, la première fois que je la vis arriver en classe en pantalons et jupons courts. Je vois, comme si c'était d'hier, sa jolie robe de jaconas lilas, un peu décolletée, qui laissait à découvert depuis le genou des bas blancs fins et bien tirés. Qu'elle avait charmante façon ! La religieuse même, Madame Marie-Angélique, ne put réprimer un léger cri d'admiration en la voyant entrer ainsi. Je me sentais défaillir, et j'étais confondue de honte. Je m'enhardis pourtant, et je profitai d'un instant où je pouvais parler à Evelina, pour lui dire qu'elle n'allait pas bien avec des pantalons aussi courts. Elle se hâta de les faire descendre. Quand je la vis semblable à moi, je fus consolée. »

Voilà donc trois sœurs qui, selon leur mère, et aux yeux du monde, ont reçu les mêmes leçons et les mêmes exemples : elles ont montré cependant, à l'endroit de la parure, des sentiments bien différents. Adèle ne veut être que propre ; Hélène adore les guenilles, et Jeanne les jolis atours. Leurs trois caractères sont loin aussi de se ressembler. Pour des observateurs superficiels, le jugement serait vite prononcé en faveur de l'hérédité contre les effets de l'éducation. Nous qui ne nous fions pas aisément aux apparences, et qui prenons l'élève dans les langes et au berceau, que voyons-nous dans ces trois cas divers ?

D'abord, Adèle, reçue avec transport après ses deux frères, sans heurt au début de la vie, entourée de caresses et de joyeux chants, ne quittant jamais sa jeune mère, qui lui parle toujours et répond tendrement à toutes ses questions, cette heureuse petite fille se plaît à imiter sa mère, qu'elle admire profondément. Nous la voyons encore sans défaut, douce, sensible et bonne, comme sa mère, tout entière à l'amour que lui inspirent son père et sa mère, et s'apercevant à peine des taquineries de ses frères. Il est à croire que, si elle eût vécu, elle eût ressemblé à sa mère par le sérieux de l'esprit, la simplicité des goûts, la générosité des sentiments.

La seconde fille, Hélène, abandonnée à des gens sans éducation ni délicatesse, se ressent un peu du milieu qu'elle a d'abord connu. Ses nourrices ne la gâtaient point de leur affection. Elle se souvient avec terreur d'avoir été fort maltraitée pour s'être oubliée dans son berceau, comme s'oublia autrefois sur les fonts baptismaux Constantin Copronyme.

Notre petite sauvage devint pleine de méfiance contre les grandes personnes, et cela peut-être contribua-t-il à lui aliéner un peu l'esprit de sa mère. Toute autorité était pour elle un joug odieux, comme tout vêtement neuf une entrave et un malaise. On ne lui apprit pas à admirer sur elle une jolie robe ou un ruban aux vives couleurs. Elle ne connut de la parure que la contrainte et la torture; elle pleura d'abord d'être forcée de la salir, et plus tard, ce supplice nécessaire lui coûta bien des larmes, parce que ses parents devaient économiser fort sur les dépenses.

Mais la petite Jeanne, fille d'une telle mère et allaitée par elle, d'où lui est venu cet étrange amour de la toilette? Sa mère, très complaisante pour elle, la laissait librement voltiger dans la maison, pendant que ses frères et sa sœur étaient en classe. Or, au rez-de-chaussée, demeurait une modiste qui accueillait la petite fille avec beaucoup de plaisir et de prévenance. Pendant que Jeanne chiffonnait, se croyant une vraie modiste, elle entendait et comprenait fort bien les conversations mondaines des clientes et de la marchande. Son esprit et son cœur en faisaient leur profit, aidés encore par les yeux qui ne voyaient tous les jours que des images de modes coloriées.

Nous venons de voir un certain nombre de circonstances, minimes en apparence, mais qui ne sont pas négligeables quand il s'agit des influences agissant sur la première évolution de l'intelligence et du caractère. Ces circonstances n'ont certainement pas enrayé les dispositions héréditaires ; mais entre les diverses dispositions, elles en ont favorisé ou contrarié certaines, qui, par la suite, se sont bien ou mal développées. C'est ainsi qu'il faut entendre l'éducation : elle ne crée rien, mais elle modifie plus ou moins notre fonds dans ses manifestations apparentes, en donnant à certaines tendances l'occasion de s'exercer plus que d'autres. Elle fait du nouveau avec l'ancien. Elle est un des mille canaux de l'hérédité.

A côté de ces trois enfants, qui offrent les types les plus ordinaires du sentiment ou du caractère ici étudié, plaçons quelques autres exemples, dans lesquels nous pourrons voir l'exagération ou la corruption de chacun de ces trois types.

La petite Sophie est une fillette des champs, née de parents picards. Jusqu'à neuf ans, elle a gardé les vaches une partie de la journée ; à la maison, son père, tisserand, lui faisait préparer ses bobines. Elle s'échappait, quand elle le pouvait, pour aller dénicher des oiseaux dans les haies ou jouer aux gros jeux avec les gars de son âge. L'hiver, quand les étangs étaient pris par la glace, elle était la reine des glissades et des culbutes. La toilette ne fut jamais sa plus grande préoccupation : l'été, elle court nu-pieds, en bras de chemise ; l'hiver, vous la voyez se couvrir de n'importe quel châle en loques, avec des sabots jaunes de boue et des bas peut-être mis à l'envers. Pas de chien de berger aussi mal peigné qu'elle. Ce n'est pas à dire pourtant qu'elle ne soit pas fière, un jour de fête, d'être un peu cossue : elle se donne même alors, si elle y pense, des airs de grande fille, et se dandine en marchant. Mais elle y pense si peu !

Ici, dans un milieu peu favorable au développement du luxe, et grâce à l'exemple de simplicité grossière donné par les parents, le plaisir de la parure est un plaisir d'exception, jamais très vif. Sophie occupe une place intermédiaire entre Adèle et Hélène : elle ignore la toilette, mais elle ne l'a pas en mépris ou en dégoût.

Rousseau et Proudhon, ces philosophes amis de l'égalité et des mœurs austères, tout en refusant à la femme certaines qualités sérieuses, ont eu raison de vouloir qu'elle n'oublie jamais le premier de ses droits et de ses devoirs, qui est de plaire. « Modeste autant que belle », voilà l'idéal de la jeune fille, à toutes les époques. « La modestie, dit Proudhon, ajoutera à sa beauté; mais il n'est pas bon qu'elle s'ignore. Aussi je blâme les pédagogues qui combattent et répriment chez les jeunes filles la joie qu'elles éprouvent de leur beauté; j'aimerais autant qu'on fît un reproche au citoyen de l'orgueil que lui inspire la liberté, un crime au soldat de la fierté que lui donne son courage (1). »

Il y avait dans Hélène une absence regrettable de cette recherche féminine qui suppose un peu d'abandon, ou quelque fierté, et qui plaît à l'homme, toujours porté à croire que la femme doit s'embellir pour lui. Chez Hélène, les tendances premières n'ont pas changé. Si elle consent

(1) *De la justice*, t. III, p. 441.

à arborer un vêtement neuf, c'est par soumission et par condescendance. Elle porte volontiers un habit jusqu'à usure; et ce n'est nullement par avarice, car elle accepterait facilement d'aller presque nue pour vêtir les siens. Peut-être chez elle la part de l'hérédité est-elle plus grande que je ne l'ai faite. Deux ou trois membres de la famille, du côté maternel, professent le goût de l'humilité au point, dit-elle, « de sentir presque le troupeau de saint François. » Je lui laisse la responsabilité de cette confidence indiscrète.

Elle aime pourtant la toilette chez les autres; et même, un de ses plus chers passe-temps est de leur confectionner de beaux atours. Sérieuse et fort instruite, elle a donc quelques traits de ressemblance avec George Sand, qui n'a jamais été folle de la parure, quoique l'admirant en artiste. Aurore Dupin désespérait sa grand'mère, même à l'âge de l'adolescence, par son entêtement à ne pas comprendre ce que c'est qu'une femme à la mode, une toilette de mauvais goût. Cette rêveuse enfant, ivre d'affection et de liberté, n'eut rien de plus pressé, quand on la sangla dans son premier corset, que de s'enfuir et de le jeter dans une barrique de lie de vin, où personne ne s'avisa de l'aller découvrir (1). Elle garda aussi un souvenir amer de certaine coiffure à *la chinoise* qui lui fut imposée bon gré mal gré. « Je me soumis aveuglément à ce supplice, quoiqu'il me fût absolument indifférent d'être laide ou belle, de suivre la mode ou de protester contre ses aberrations. Ma mère le voulait, je lui plaisais ainsi, je souffris avec un courage stoïque (1). »

Et voyez ce qu'elle fut plus tard.

(1) *Histoire de ma vie*, t. II, p. 148.

« Je ne hais pas le luxe, tout au contraire, je l'aime ; mais je n'en ai que faire pour moi. J'aime les bijoux surtout de passion. Je ne trouve pas de création plus jolie que ces combinaisons de métaux et de pierres précieuses qui peuvent réaliser les formes les plus riantes et les plus heureuses dans de si délicates proportions. J'aime à examiner les parures, les étoffes, les couleurs ; le goût me charme. Je voudrais être bijoutier ou costumier pour inventer toujours, et pour donner, par le miracle du goût, une sorte de vie à ces riches matières. Mais tout cela n'est d'aucun usage agréable pour moi. Une belle robe est gênante, les bijoux égratignent, et, en toutes choses, la mollesse des habitudes nous vieillit et nous tue. Enfin, je ne suis pas née pour être riche, et si les malaises de la vieillesse ne commençaient à se faire sentir, je vivrais très réellement dans une chaumière du Berry, pourvu qu'elle fût propre, avec autant de contentement que dans une villa italienne (1). »

Voilà bien Hélène ! Ce n'est point tout à fait la ménagère que Proudhon a rêvée ; mais ce n'est point, non plus, la femme bas-bleu qui ne savait pas écumer le pot ; encore moins la femme ni lettrée ni domestique, qui n'était pas rare en France au bon vieux temps, du moins dans les hautes classes. « La plupart des femmes, dit Mlle de Scudéry, pensent qu'elles ne doivent jamais rien savoir, sinon se coiffer. Elles ne peuvent parler que de parure et font consister toute la galanterie à bien manger les collations qu'on leur donne, et à les manger en ne disant que des sottises. »

Maintenant voici quelques exemples de fillettes chez

(1) Même ouv., t. III, p. 295.

lesquelles le goût encore modéré de la toilette s'accompagne, comme chez Jeanne, d'un extrême besoin de propreté, et d'un sentiment de distinction peut-être excessif.

Marie, à cinq ou six ans déjà, mais beaucoup plus à huit ou dix ans, était contente de se voir bien habillée, d'avoir une robe neuve, achetée pour elle, et non pas faite avec une robe de sa maman. Quelle fête à la première robe qu'on lui acheta ! Une robe écossaise, aux nuances mélangées ! « J'étais fière, nous disait-elle le soir, il me semblait qu'on me regardait. » Au goût déjà prononcé de la parure, elle joignait une certaine politesse. Comme sa mère, elle n'aimait pas entendre les gros mots ; elle détestait les « gens communs. » Elle ne parlait pas à tout le monde. Elle se faisait surtout remarquer par une exquise propreté. L'exemple lui en était donné par son père, bijoutier de son état, très vétilleux, qui ne pouvait souffrir un poil sur ses habits ni un grain de poussière sur les meubles. Marie non plus n'était pas à son aise, quand elle avait les mains peu nettes ou des habits négligés. Il ne fallait pas faire mine de vouloir l'embrasser, si l'on était mal mis. Je la vis un jour sérieusement grondée pour avoir refusé de toucher la main à une cliente de son père, et surtout pour avoir exprimé ainsi le motif de son refus : « Non, non, je ne veux pas ; la dame a les doigts sales. »

Descendons d'un degré encore l'échelle de la distinction apprise. Amélie a aujourd'hui dix ans. Elle est la fille d'un marchand de bois en gros. Ses parents, tout à leur commerce, n'ont guère souci que d'entasser des écus. Ils se nourrissent bien, ne connaissent pas les privations ; mais ils ne font rien pour l'apparat. Amélie n'a pas la passion de la toilette. Une belle robe lui plait, mais sans excès. Elle ressemble en cela à sa mère, mise proprement, d'une façon ordinaire; pourtant elle aime les gens « comme il faut », et, quoique ne faisant aucun effort pour paraître distinguée, elle est un peu dédaigneuse de l'ouvrier. Amélie a déjà un peu de tout cela. En somme, elle n'a pas la passion de la toilette, et, sous ce rapport, l'influence du milieu a eu des effets tout négatifs.

Ai-je dit que chez Jeanne, comme chez sa sœur Hélène, les goûts du jeune âge ont persisté, malgré les complications et les incidents variés de leur carrière? Jeanne, à trente-quatre ans, avoue qu'elle est toujours fort aise de changer de toilette et d'avoir de jolies confections lui séant bien. Sa couturière la connaît; avant de lui livrer son ouvrage, elle le touche et retouche minutieusement. Quand une tache ou une brûlure gâte une de ses robes, son premier mouvement est de se réjouir, parce qu'elle se dit : « J'en achèterai une autre. » Jeanne appelle cela une qualité, un sens plus fin du beau. Elle a raison, mais un peu plus qu'il ne faut peut-être.

Une institutrice ayant plusieurs points de ressemblance avec elle, me disait que les enfants propres, bien lavés, soignés dans leurs toilettes, sont, en général, plus tranquilles en classe, plus rangés, plus soigneux de leurs livres et de leurs cahiers. Les enfants mal tenus lui paraissaient plus portés à la dissipation. Quand elle les voyait ainsi, mal à l'aise, et comme agacés par leur malpropreté, elle les envoyait se laver la figure et les mains, et ils rentraient mieux disposés pour le travail et la conduite. Voici donc l'esthétique unie à la moralité. Mais ne généralisons pas outre mesure : le goût de la propreté, le goût de la toilette, vont très bien sans la sagesse, et même sans la pudeur; en un mot, délicatesse n'est pas vertu.

S'il y a une apparente liaison de cause à effet entre la

tendance à se tenir tranquille, à ranger plus qu'à déranger, et l'habitude ou le besoin de ne pas se salir, il y en a une plus certaine entre le désir de se bien mettre et la répugnance à se voir sale. Cette qualité paraît surtout dépendre de l'exemple et des premières leçons de la famille. Mais elle est aussi héréditaire, puisqu'elle tient beaucoup du caractère et du genre d'esprit. Elle peut, il est vrai, coexister à un certain degré avec la simplicité, mais jamais avec la rusticité de la mise. Elle manque, en effet, à des personnes ayant un goût passionné et même extravagant pour la toilette, qui négligent le dessous pour le dessus, ce qui ne paraît pas pour ce qui paraît. Quelques-unes des fillettes dont il me reste à parler plus loin seraient dans ce cas. Mais la malpropreté sur soi et autour de soi peut aussi pécher par excès, et presque par malséance, lorsqu'elle fait oublier de plus nobles soins ou mépriser des occupations utiles. La Sophie de Rousseau n'est pas, sous ce rapport, tout à fait irréprochable. Elle est « bien plus que propre, elle est pure. » Elle « fait proprement tout ce qu'elle fait ; mais il est des choses dont un dégoût inexcusable l'éloigne. Ainsi, quoiqu'elle soit gourmande (pas trop, naturellement), elle n'aime pas la cuisine ; le détail en a quelque chose qui la dégoûte ; elle n'y trouve jamais assez de propreté. Elle est là-dessus d'une délicatesse extrême, et cette délicatesse poussée à l'excès est devenue un de ses défauts : elle laisserait plutôt aller tout le dîner par le feu que de tacher sa manchette. Elle n'a jamais voulu de l'inspection du jardin, par la même raison : la terre lui paraît malpropre ; sitôt qu'elle voit du fumier, elle croit en sentir l'odeur (1). »

(1) *Emile*, livre V.

Comme je ne raconte pas pour raconter, et que mes anecdotes sont par elles-mêmes démonstratives, je crois devoir mettre sous les yeux du lecteur quelques autres exemples, pris au hasard parmi les enfants de ma connaissance. Blanche va nous montrer l'influence immédiate de l'hérédité, aggravée par celle du milieu. Sa mère, frivole et romanesque, l'éleva en dépit du bon sens. Elle la pomponnait du matin au soir, et tenait avec elle des entretiens ridicules. Ce pauvre être malingre, jaune, les yeux éteints, épuisé par des préoccupations sans nombre, nerveux, et qui sentait déjà le blasé à quatre ou cinq ans, jouait son rôle et faisait le personnage. A six ou sept ans, Blanche parlait théâtre, romans, toilettes en connaisseuse. Son estime se basait uniquement sur le costume que l'on portait. A la promenade, au lieu de jouer, elle passait son temps à dresser l'inventaire des toilettes ; elle se croyait de l'importance, quand elle avait prononcé des phrases du jargon mondain : « Quand on se respecte, on n'a pas de pareils gants... Voilà une toilette des mieux portées... Oh ! ces grisettes (nous sommes en province, et dans le Midi), c'est dégoûtant : on ne saura plus bientôt comment se mettre ! Elles nous prennent jusqu'au velours et aux bijoux ! » Pauvre victime du sort, qui lui donna pour mère et pour éducatrice une détraquée !

Une autre, Elisa, qui a donné la mesure de tout ce que peut l'esprit d'une mère entichée de luxe et de toilette, n'aimait pas à aller en classe en compagnie d'enfants de familles modestes. En rang avec d'autres élèves, elle trouvait toujours le moyen, en les tirant sournoisement par la robe, de s'associer avec celles qui avaient une toilette tapageuse, faite de soie et de velours. Encore une victime de l'hérédité et de l'éducation réunies. Jeune femme, elle avait quatre manteaux magnifiques chaque hiver; mais les affaires de son mari étaient bien embarrassées.

Chez la petite Marthe, les effets de l'éducation se sont combinés aux certaines influences d'hérédité pathologique. C'est la seule enfant qu'aient pu conserver ses parents; ils les perdent tous avant l'âge de cinq ans. Marthe a neuf ans; elle est gâtée au possible, capricieuse et vaniteuse à l'excès. Elle a un penchant effréné pour la toilette. Sa mère, petite bourgeoise qui se met avec assez de simplicité, est engouée du beau monde et du luxe qui l'entoure. On alla, l'été dernier, aux bains de mer; mais la petite, ainsi que sa mère, ne prenait aucun plaisir aux magnificences et aux imposants spectacles de la mer. « Je ne suis pas venue ici pour voir de l'eau, toujours de l'eau, disait l'enfant d'un air boudeur. Allons voir les toilettes de la plage, ou bien les dames et les enfants qui écoutent la musique du Casino. » Elle ne souffre pas les enfants pauvres et mal vêtus. Comme Elisa, elle s'entend très bien aux choses de la toilette.

Voici, sur son compte, une anecdote fort significative. Le jour de la Fête-Dieu, quoique malade, il fallut l'habiller de blanc et la conduire à la procession. Pauvrette! Elle avait l'air d'une morte qui marche. Sa mère, habituée à lui céder, par crainte de ses colères désastreuses, fit tous ses efforts pour l'en dissuader. Ce fut peine inutile. L'enfant, dehors, fut prise plusieurs fois de vomissements. « Il faut rentrer à présent, Marthe, tu as besoin de te reposer. — Non, je ne veux pas. » Et, malgré son piteux état, elle suivait les bannières, heureuse de marcher sur les jones et les fleurs, au milieu des rues tendues de draps blancs et tapissées de feuillage, pour montrer sa jolie robe et sa belle couronne. Quand la procession passa devant sa porte, on se hâta de la pousser dans le corridor, et on l'enferma, en dépit de ses cris, car il y aurait eu danger à lui céder encore. Son père, sans courage, ne savait que pleurer.

III

L'amour de la parure se montre aussi de bonne heure chez les garçons, même en ce qu'il a d'excessif. J'ai bien peur que l'éducation n'y soit pour beaucoup. On ne se contente pas, au moment de la sortie, les jours de fête, à l'heure des parties de plaisir, de se parer devant eux, de les pomponner, de leur faire associer l'idée de toilette à celle de réjouissance. Mais on leur dit avec affectation : « Bébé a mis sa belle robe, son joli chapeau, ses jolies pépés », et cent formules pareilles. Plus tard, on dira : « Si Henri est sage, je lui mettrai ceci ou cela (un attifement quelconque). » On les invite à s'admirer dans la glace en leur disant : « Voyez le petit Henri ! Vraiment le petit Henri est un joli enfant. » Il faut bien regarder autour des enfants, quand le goût de la parure se développe chez eux à l'excès. Nous attribuons souvent à l'hérédité, au tempérament, au caractère inné, les torts de l'éducation.

Croyez-vous que les parents n'aient rien à se reprocher, quand il s'agit de cas pareils au suivant ? Je sais un petit garçon de huit ans qui est très malheureux quand sa mère sort avec une vieille robe, mais qui lui donne le bras d'un air triomphant quand elle est bien mise. Il ne supporte pas d'avoir de longs bas, pendant l'été, parce que ce n'est pas de bon ton comme les petites chaussettes. Un autre, un peu plus âgé, que j'ai connu autrefois, la mode étant aux pantalons collants, se mettait en fureur devant des culottes neuves que le tailleur venait d'apporter, et qui semblaient larges. « Si j'y entre, criait-il, je ne les veux pas ! »

Nous avons vu chez G. Sand un goût de la toilette restreint dans les limites les plus étroites, ce qu'elle ne tenait héréditairement ni de son père, le brillant officier, ni de sa mère, fille du peuple aux goûts mobiles et extravagants. Mais elle n'avait pas été élevée tout à fait comme son frère, et celui-ci était décidément un enfant vaniteux.

« Je crois que ce fut cette année-là ou la suivante qu'Hippolyte fit sa première communion. Mon frère fut habillé de neuf ce jour-là. Il eut des culottes courtes, des bas blancs et un habit-veste en drap vert billard. Il était si enfant que cette toilette lui tournait la tête, et que s'il réussit à se tenir sage pendant quelques jours, ce fut dans la crainte, en manquant la première communion, de ne pas endosser ce costume splendide qu'en lui préparait (1). »

Mais il est bien difficile, je le répète, de découvrir les influences directes ou éloignées, les mobiles divers qui font agir l'enfant, soit garçon, soit fille, en petite personne vaniteuse. Félicie, âgée de trois ans, quand elle vient voir sa grand'mère, ne cesse d'attirer l'attention sur sa robe, sa collerette, sa ceinture et ses souliers : tout cela est fort beau, et elle est fort belle. Deux fillettes de la voisine viennent jouer avec elle. « Oh ! qu'elle est belle ! Oh ! le beau bébé ! » dit-elle à chaque instant de la plus petite, qui a quinze mois. Ceci me rappelle un autre enfant de mon quartier qui, à l'âge de quatre ans, menait partout avec lui son frère, pour faire les commissions. A toutes les personnes qu'il rencontrait, il disait : « Regardez le beau frère que j'ai. N'est-ce pas qu'il est beau, mon frère ? » L'instinct plus ou moins primitif du beau se reconnait ici, dans toute sa pure naïveté ; mais la vanité commence peut-être à se

(1) *Histoire de ma vie*, t. II, p. 319.

laisser voir chez Félicie. Sa mère, une jeune ouvrière dont la propreté est le moindre défaut, aime pourtant beaucoup la parure. Son fils, âgé de sept ans, est toujours à parler avec mépris d'autres enfants qu'il voit à l'école des frères. Quant à lui, il est propre, il est gentil, il est un *monsieur*. L'autre jour, il hésita un moment à jouer dans la rue avec le fils du concierge, parce qu'il avait, lui, « des souliers qui font cri-cri, comme ceux de papa ». Quand on m'a raconté le fait, j'ai pensé tout de suite à cette bien amusante histoire des bottes d'Hippolyte, des bottes qu'il se fit lui-même, et des bottes qu'on lui fit faire. Lisez-la dans George Sand (1).

Ce qui est vrai pour le goût de la parure l'est aussi pour la manie de juger les personnes d'après leurs habits. Ce défaut n'est point spécial au sexe féminin : là-dessus bon nombre d'hommes sont femmes. Cette habitude existe chez des garçons de sept à huit ans, qui la tiennent évidemment de leurs parents. Un jeune garçon, devenu plus tard conseiller de cour d'appel, se détourna un jour dédaigneusement d'une dame qu'il croyait de bonne compagnie; mais elle portait des bas noirs, alors que la mode était rigoureusement aux bas blancs : selon lui, elle était jugée.

Ainsi, aucune différence essentielle, pour les deux sexes, quant au goût de la toilette. Il n'en est pas toujours de même plus tard, et l'on peut voir là un effet du développement des facultés distinctes chez le mâle, plus porté, en général, aux jeux bruyants et à l'activité extérieure qu'aux plaisirs et aux occupations de la vie domestique. Encore ne faut-il rien exagérer. L'amour du chiffon, de l'oripeau,

(1) G. Sand, *Histoire de ma vie*, t. II, pp. 379-381.

du bijou, du fétiche, de la poupée même, reste toujours plus ou moins le péché mignon du mâle, héritier, lui aussi, du sauvage préhistorique, ou plutôt, ni plus ni moins homme que la femme.

J'ai dit la poupée. Rousseau en a parlé un peu à la légère. « Les garçons, dit-il, cherchent le mouvement et le bruit, les tambours, les sabres, les petits carrosses; les filles aiment mieux ce qui donne dans la vue et sert à l'ornement : des miroirs, des bijoux, des chiffons, surtout des poupées; la *poupée* est l'amusement spécial de ce sexe; voilà très évidemment son goût déterminé par sa vocation (1). »

Si les petites filles aiment tant la poupée, c'est surtout parce qu'on les y habitue, et non par frivolité pure, encore moins en vertu de l'instinct maternel, qui n'a pas encore fait son apparition à cet âge. Combien ne voit-on pas de garçons s'éprendre d'une belle et durable passion pour ces fantoches dont la jeune Odette, habile à distraire le fou Charles VI par d'intéressantes petites comédies, se servait pour amuser le pauvre roi ! Un garçon de six ans, et très garçon, demandait pour étrennes à sa mère une poupée, « et qui s'habille et se déshabille ! » Sa mère, chez qui l'instinct conservateur était fort prononcé, avait ménagé ses poupées et les avait « gardées pour ses filles. » N'ayant eu que des garçons, elle leur avait donné ces joujous. Mais l'aîné, qui avait vu entre les mains des fillettes des poupées plus jolies, en voulait une à la mode.

Un autre garçon, très garçon aussi, fut bien heureux, à l'âge de cinq ans, d'avoir une poupée. Dans ce temps-là, sa mère nourrissait son jeune frère. Un jour, pendant le

(1) *Emile*, livre V.

repas (on était chez les grands parents, et il y avait du monde), le petit se penche vers sa mère, et lui dit à l'oreille : « Je veux manger beaucoup de gâteaux, pour avoir du lait ; il faut que je nourrisse la poupée. » Une autre fois, sa poupée reposait. Au bout de quelques instants, on le voit plein d'inquiétude, et il se met à courir. « Il faut que je m'en aille vite ; ma poupée pleure. Vous ne pouvez pas l'entendre, vous autres ; mais moi, je l'entends. — Je le crois bien, fit la maman : les oreilles d'une mère ! » Un accident étant survenu, et un bras de la poupée s'étant cassé, notre petite mère, sans rien dire à personne, alla enterrer le bras de son poupon sous les lauriers du jardin. Qu'est-ce que ce jeu sérieux, sinon de l'imitation ? Cet enfant aurait aimé longtemps sa poupée, même mutilée ; mais le père, à qui cela déplaisait, y mit bon ordre.

Ne regardons pas davantage comme inné chez la femme le goût de la confection, dont Rousseau fait un attribut de la petite fille. « Presque toutes les petites filles, dit-il, apprennent avec répugnance à lire et à écrire ; mais quant à tenir l'aiguille, c'est ce qu'elles apprennent toujours volontiers. » Double erreur, du moins pour l'époque où nous vivons. Il est, en effet, très peu d'enfants des deux sexes qui, avec de bons maîtres, et par les nouvelles méthodes, n'apprennent à lire et à écrire en fort peu de temps, et comme en se jouant. En revanche, que de fillettes insensibles à l'attrait de l'aiguille, et qui ne se livrent qu'avec la plus grande difficulté aux travaux manuels ! L'exemple des autres ne suffit pas toujours à vaincre ce dégoût, qui vient le plus souvent, soit d'un défaut de dispositions naturelles, soit d'une mauvaise direction à l'âge où elles ont dû recevoir les premiers principes. Les examens du brevet de capacité en France nous donnent des renseignements très instructifs sur ce point : l'épreuve de couture, quelque élémentaire qu'elle soit, est une des plus mauvaises. A peine une aspirante sur dix mérite la mention *bien*.

Beaucoup d'hommes ont, d'ailleurs, un goût prononcé pour les travaux d'aiguille. Serait-ce parce que les premiers hommes ont cousu leurs manteaux de cuir avec des poinçons et des aiguilles en os et du fil fabriqué avec des tendons, parce qu'ils ont inventé la quenouille et le fuseau, comme Proudhon le prétend ? Voilà, par ma foi ! de bien savantes raisons. Si nous voyons aujourd'hui tant de jeunes garçons se livrer volontiers à ces tâches dévolues aux petits doigts des femmes, *mollia pensa*, c'est pur hasard, ou effet d'imitation, ou plaisir de travailler avec des amies, mères, sœurs, camarades.

La femme d'un ingénieur distingué s'était chargée de l'éducation de ses enfants, garçons et filles. Le plan était unique pour tous. Les deux filles sont aujourd'hui bacheliers, ce qui ne fait aucun tort à leurs qualités de femmes et de ménagères; le garçon, qui, à six ou sept ans, excellait dans la broderie et le tricot, est acheminé vers l'École polytechnique. Tout le monde sait que les bergers des Landes tricotent des bas et des gilets et filent à la quenouille en gardant leurs moutons, debout sur leurs échasses. J'ai vu souvent aussi, à Bagnères-de-Bigorre, de pauvres paysans béarnais, venus pour leur cure, employer leurs longues journées à faire des bas. Il n'y a pas deux mois, à S..., deux soldats, deux ordonnances d'officiers, occupaient leurs loisirs à confectionner leurs chaussettes, tout en chantant avec expression les romances à la mode. L'officier de l'un d'eux coud à la machine tous les vêtements de la famille, sa femme les taille : ce sont des gens riches, qui font cela par goût, non par économie.

Bien que les convenances aient considérablement diminué et simplifié pour les hommes tout ce qui se rattache au goût, ou, si l'on veut, à l'instinct de la parure, elle occupe une bien grande place dans les préoccupations du plus grand nombre. Les tailleurs, les chemisiers et les coiffeurs en pourraient dire long là-dessus. Plus d'un membre du sexe fort, du premier arrivé en civilisation, s'affublerait volontiers, si la mode le lui permettait, des costumes largement décoratifs du XVIe et du XVIIe siècle. Et combien il en faut peu, un caprice de femme, une petite révolution, un rien, pour ramener les plus sérieux aux accoutrements grotesques des temps barbares ! Tel qui a juré de refuser la croix, ou de ne jamais la porter, la demande, la sollicite; on le voit un jour étaler discrètement le petit bout de ruban sur sa poitrine. « Cela vous fait regarder en wagon, et prendre pour quelqu'un », disait l'un d'eux, un savant modeste. « J'étais honteux, à mon âge, disait un autre, de n'être pas décoré, quand tous mes collègues l'étaient. Mon public me dépréciait. » On sait aussi de quelle orgie de soie, de clinquant, de ceintures, de galons et de panaches, chaque changement un peu brusque de gouvernement égaie la voie publique, tout en l'attristant, hélas ! quelquefois par le réveil des plus féroces appétits du vieil homme.

M. Dionys Ordinaire, de sa plume alerte et fine, nous a retracé une curieuse exhibition de ce luxe atavique, et d'autant plus curieuse qu'elle contrastait singulièrement avec les habitudes d'esprit des jeunes gens, très savants et très graves, qui paradaient ainsi en public.

« Au lendemain de la révolution qui renversa Louis-Philippe, le bon peuple manifesta son amour pour l'égalité par une exhibition de rubans et d'oripeaux dont il n'y a peut-être jamais eu d'exemple. Comme tous se vantaient d'avoir été les héros des journées de Février, tous prenaient les couleurs de la victoire, et chacun à sa fantaisie. Tout Paris était enrubanné, empanaché, chamarré, brodé sur toutes les coutures : une vraie mascarade.

« ... Il faut dire que les braves gens qui formaient le gouvernement provisoire recevaient tout le monde, écoutaient tout le monde, donnaient des missions à tout le monde. Or, parmi ces missionnaires on remarquait quelques jeunes gens juchés ou, pour mieux dire, accroupis à cheval, et assez tristement vêtus d'un frac orné de palmes au revers, qui leur donnait un air de famille avec les pensionnaires des Quinze-Vingts. Leur pantalon relevé au petit trot de leur monture, laissait voir des bas bleus, les bas du trousseau de l'État... Ces jeunes gens, avec leur costume funèbre, leurs chapeaux à haute forme (et quels chapeaux !), faisaient assez piètre figure au milieu de cette multitude bariolée. Si piètre figure qu'on n'avait pas même la curiosité de demander qui ils étaient. Or ces cavaliers médiocres, et quelque peu ridicules, étaient les élèves de l'École normale...

« ... Jaloux de leurs voisins de l'École polytechnique, mortifiés de leur frac noir et de leur obscurité, ils s'empressèrent de demander un uniforme. Et vous pensez si le bon gouvernement provisoire, qui ne pouvait rien refuser à personne, s'empressa de le leur accorder. Ce fut vraiment un bel uniforme. David d'Angers le dessina lui-même. Nous eûmes le bicorne en tête, la tunique avec parements verts au côté. Ainsi métamorphosés, avec le manteau ample rejeté sur l'épaule, comme c'était alors la mode, nous faisions bonne figure dans les rues. Ah ! les beaux militaires (1) ! »

IV

Nous avons distingué, dans le goût de la toilette, ce qui vient de l'amour plus ou moins délicat et désintéressé du beau, ce qui vient de l'amour de soi, de la vanité, et ce qui, du moins au début, vient de la sympathie humaine, dans le sens large du mot : n'y aurait-il pas à distinguer chez l'enfant, comme on le fait chez l'animal, ce qui vient de la tendance sexuelle, ce qui se rapporte à la séduction du mâle ou de la femelle ? Cette question paraît assez obscure, surtout si on la complique de données tirées de la psychologie pathologique. Je ne prétends pas la résoudre, et je me contente de dire ce que j'en sais.

Je n'ai remarqué, ni chez les petites filles, ni chez les petits garçons, aucun mélange de sentiment sexuel, dans leur goût même exagéré de la toilette. Toutes leurs idées sur l'effet produit pourraient se résumer dans cette question, qu'ils semblent nous faire des yeux, quand ils se posent, frais et parés, devant nous : « Comment me trouvez-vous ? » Ils veulent seulement que l'on dise d'eux : « Oh ! le joli petit garçon ! La jolie petite fille ! » Ils veulent être remarqués par les grandes personnes, par toutes indifféremment, et admirés, enviés par les autres petits enfants. Ajoutons même que cette prétention s'adresse plutôt des petites filles aux petites filles, et des petits garçons aux petits garçons. La rivalité de parure s'exerce entre camarades naturels.

Je ne crois pas non plus qu'il faille attacher, en général, beaucoup d'importance au goût que certains enfants peuvent

(1) *Revue bleue*, 6 nov. 1886.

montrer pour les habits du sexe qui n'est pas le leur. Ce n'est souvent là chez eux qu'un jeu appris, une des formes de l'imagination dramatique.

Les aliénistes nous ont décrit la manie fort singulière qui, chez des hommes même très distingués, unit le goût du costume féminin à une tendance à l'inversion sexuelle. Leurs observations ne sont pas indifférentes à la psychologie de l'enfant.

« J'adore la toilette féminine, dit un sujet étudié par M. Charcot et M. Magnan ; j'aime à voir une femme bien habillée, parce que je me dis que je voudrais être femme pour m'habiller ainsi. A l'âge de dix-sept ans, je m'habillais en femme au carnaval, et j'avais un plaisir incroyable à traîner mes jupes dans les chambres, à mettre de faux cheveux, et à me décolleter. Jusqu'à l'âge de vingt-deux ans, j'ai eu le plus grand plaisir à habiller ma poupée ; j'y trouverais encore du plaisir aujourd'hui (1). »

Evidemment, nous voici en présence d'un cas pathologique très déterminé : l'amour du costume féminin n'a été, semble-t-il, que la conséquence d'une inversion de l'instinct sexuel. Celle-ci a tenu à des circonstances particulières, que le sujet raconte avec précision ; mais il était presque fatal que la prédisposition pathologique se manifestât sous une forme ou sous une autre. Telle est la doctrine courante parmi les aliénistes : la grande cause qui détermine la perversion est l'hérédité ; la cause accidentelle qui en produit la forme spéciale n'est presque rien. Pourtant, ces savants soutiennent que « tout homme a quelque point faible dans l'esprit comme dans le corps, » et que « la névropathie ou la folie, suivant la ligne de

(1) *Arch. de neurologie*, nos 7, 12, 1882.

moindre résistance, se traduira par une manifestation spéciale. Les représentations des cérébraux, comme leurs sensations, sont extrêmement intenses et très persistantes. La bestialité, par exemple, peut ne tenir d'abord qu'à l'occasion (1). » Un grand nombre d'enfants, sains d'esprit et de corps, mais d'une impressionnalité fort vive, ne sont-ils pas un peu dans le cas des *cérébraux* ? N'est-il pas à craindre que certaines associations d'idées et de sentiments, à la suite d'une impression très forte, ne s'établissent à tout jamais dans leur esprit, soit pour y déterminer un certain genre d'habitudes voluptueuses, soit pour y réveiller plus tard des désirs et des goûts tout à faux anormaux ! Telle serait peut-être la trop grande facilité accordée à l'enfant de changer les vêtements de son sexe.

Mme G. Sand nous raconte que ses parents, par flatterie envers Murat, dont son père était officier d'ordonnance, lui firent endosser à Madrid un costume d'aide-de-camp, « une merveille. » Mais cet uniforme, dit-elle, « me mettait au supplice. J'avais appris à le très bien porter, il est vrai, à faire traîner mon petit sabre sur les dalles du palais, à faire flotter ma pelisse sur mon épaule de la manière la plus convenable ; mais j'avais chaud sous cette fourrure, j'étais écrasée sous ces galons, et je me trouvais bien heureuse lorsqu'en rentrant chez nous ma mère me remettait le costume espagnol du temps, la robe de soie noire, bordée d'un grand réseau de soie, qui prenait au genou et tombait en franges sur la cheville, et la mantille plate en crêpe noir bordée d'une large bande de velours (2). » Il y aurait de la mauvaise grâce à supposer que le souvenir de

(1) Dr E. Gley, *Les Aberrations de l'instinct sexuel*, *Revue philosophique*, janvier 1881.
(2) *Histoire de ma vie*, t. II, p. 109.

ce splendide, mais gênant costume, ait pu suggérer plus tard à Mme Sand l'idée de revêtir l'habit masculin. Il y en aurait encore davantage à se demander si je ne sais quelle mystérieuse influence de l'enveloppe virile ne lui aurait pas fait écrire certain dialogue entre Pulchérie et Lélia, que Proudhon a rudement qualifié. Non, sous le costume de l'homme, G. Sand n'a jamais cessé d'être extrêmement et absolument femme. Passionnée, mystique, elle le fut ; mais elle n'était pas une déséquilibrée : sans quoi, l'habit de l'autre sexe aurait pu lui jouer quelque mauvais tour.

Le costume masculin doit nécessairement paraître à la femme l'emblème de l'indépendance idéale. Quelle femme bien douée n'a pas un jour rêvé d'être un homme, un homme supérieur, bien entendu ? « Viens donc à Paris, écrivait Manon Philipon adolescente à son amie Sophie ; rien ne vaut ce séjour où les sciences, les arts, les grands hommes, les ressources de toute espèce pour l'esprit, se réunissent à l'envi. Que de promenades et d'études intéressantes nous ferions ensemble ! Que j'aimerais à connaître les hommes habiles en tout genre ! Quelquefois je suis tentée de prendre une culotte et un chapeau, pour avoir la liberté de chercher et de voir le beau de tous les talents. On raconte que l'amour et le dévouement ont fait porter ce déguisement à quelques femmes... Ah ! si je raisonnais un peu moins, et si les circonstances m'étaient un peu plus favorables, tête bleue ! j'aurais assez d'ardeur pour en faire autant (1). »

(1) Cité par Sainte-Beuve dans ses *Portraits de femmes*.

V

Concluons, ou plutôt résumons. Pour certaines fillettes, même à peine âgées de cinq ans (Adèle, Eudora), l'amour de la parure ne va pas au delà d'une robe bien blanche ou bien propre : elles sont tout à l'affection de leurs parents et aux modestes occupations de leur âge. Chez d'autres enfants un peu refoulées dans leur famille, d'ailleurs sérieuses, intelligentes, d'un caractère vif et indépendant (Hélène, G. Sand), l'horreur de la contrainte et du malaise produit ou accompagne une indifférence pour la parure, qui va presque jusqu'au dégoût. Si le premier cas nous montre chez l'enfant la prédominance des sentiments les plus élevés de l'homme civilisé, le second ne justifie d'ailleurs aucun rapprochement avec les habitudes de l'homme sauvage ou à demi-policé, qui, par mode, par vanité, subit les douloureuses incisions du tatouage, se passe des baguettes dans le nez et des anneaux dans les oreilles, ouvre sous sa lèvre inférieure une seconde bouche, et se met pendant des années à la torture pour bâtir le stupéfiant édifice de sa chevelure. Ces exemples divers nous autorisent déjà à inférer que le goût de la parure n'est pas une de ces tendances simples comme le sont plus ou moins tous les instincts. Il peut être favorisé ou contrarié, dans une mesure considérable, par certaines dispositions innées ou acquises du caractère, mais il l'est surtout par les influences du milieu, l'éducation et l'exemple.

Ce goût prend un certain développement, mais point excessif, sous l'influence manifeste de l'éducation ; il est uni à un grand amour de la propreté et même de la distinction (Marie, Jeanne). L'amour de la distinction, avec un peu de dédain pour les gens communs, soit par l'effet de l'hérédité, soit par l'effet de l'éducation, peut aller aussi fort bien avec un amour très modéré de la toilette (Amélie). La distinction et la propreté sont, par contre, à peu près inconnues, et ceci par le fait du milieu et du genre de vie, à de petites campagnardes qui ne s'avisent de leur belle toilette que par intervalles, les jours où on leur fait mettre leurs habits de fête. Un exemple (Sophie) nous a suffi pour indiquer ce type. On le rencontre fréquemment en province, parmi les gens de la basse classe et surtout les paysans. Il est cependant des familles, des villages, des contrées, où le sentiment de la propreté, et même d'une coquetterie relative, existe par tradition ou pour d'autres causes mal établies. Ainsi les paysannes des Landes sont plus propres et plus élégantes que celles du Gers et des Hautes-Pyrénées; celles de la montagne plus que celles de la plaine; celles de la Normandie et de la Haute-Bretagne plus que celles de la Beauce et de la Basse-Bretagne.

Nous avons vu, en revanche, le goût de la parure se développer au plus haut point dans des milieux, et sous l'influence d'une éducation qui aurait dû, semble-t-il, amener des résultats contraires. Sur trois sœurs, une seule, un peu plus gâtée, il est vrai, que ses aînées, a montré fort jeune, et a toujours conservé le culte du chiffon (Jeanne); ce goût, qu'elle avait peut-être pris en jouant dans un atelier de modiste, s'est vers l'âge de huit ans compliqué de jalousie à l'égard de ses camarades d'école mieux habillées qu'elle. Si le tempérament (nerveux) et le caractère originel (très mobile) étaient pour quelque chose, il est du moins bien certain que l'hérédité n'agissait ici directement, ni du côté du père, ni du côté de la mère, gens simples et modestes au dernier point.

D'autres exemples nous ont montré, chez des filles de mère détraquées, la manie en quelque sorte congénitale de la parure, et surexcitée par les exemples journaliers (Blanche, Elisa). Cette passion en est arrivée à une obsession et à un raffinement singuliers, avec complication d'effets héréditaires morbides, chez une petite fille à qui sa mère a donné, non par son propre exemple, mais par son admiration pour les gens du grand air, de déplorables leçons de coquetterie (Marthe). Ces derniers cas rappellent franchement la ridicule ostentation des sauvages, capables de tout sacrifier à la parure, de tout endurer pour un colifichet. Mais ne nous y trompons pas : nous avons bien affaire ici à de jeunes civilisées, à des filles de familles honnêtes et intelligentes, intelligentes et morales elles-mêmes ; du sauvage il n'y a rien chez elles que ce besoin immodéré de la parure, rien surtout qui rappelle le criminel moderne, auquel on pourrait fort légèrement les assimiler.

Le goût de la parure est aussi vif chez les garçons que chez les petites filles. Plus tard, c'est bien souvent à contre-cœur que l'homme observe les bienséances qui le condamnent à une simplicité de bon goût. L'hérédité, la sélection sexuelle, n'ont donc rien à faire ici. Tout comme la femme, et plus ou moins, selon son bon sens et les influences du milieu, l'homme cherche à se distinguer par son extérieur, et il juge des autres sur l'habit. La poupée, que volontiers il manie, caresse et affuble, étant petit garçon, il aime encore à étaler ce souvenir des vieux fétiches dans ses bijoux, dans ses breloques, sur les poignées de ses cannes, sur ses instruments de chasse ou de guerre.

Tout cela ne prouve-t-il pas que l'art de la parure est, malgré tout, éternellement humain ? Il ne peut que gagner encore à se simplifier et à s'épurer pour les deux sexes. C'est à l'homme, non seulement de prêcher d'exemple à la femme, comme il l'a déjà fait dans beaucoup de pays, mais de lui montrer décidément que ce qu'il aime le plus en elle, c'est d'abord elle-même, et ensuite, c'est le bon sens, la grâce, la sincérité, la tendresse. Je ne saurais accepter sans restriction ce mot d'un artiste convaincu : « Les femmes ne renonceront jamais à ce moyen de plaire qui est la couleur; jamais elles ne consentiront à désarmer (1). » Combien de femmes ont déjà désarmé... dans une juste et louable mesure !

(1) Ch. Blanc, *l'Art dans la parure et dans le vêtement*, p. 26.

CHAPITRE II

Le sentiment de la nature

I

Au début, comme au terme de son évolution, le sentiment poétique de la nature a pour cause essentielle ce que Fénelon appelait « le plaisir des yeux ». Les physiologistes nous apprennent que les excitations dues à la lumière et aux rayons colorés ont un profond retentissement dans tout l'organisme. Si elles sont fortes, sans être excessives ou douloureuses, elles concourent à des émotions agréables, et se traduisent généralement par un état d'érection des organes, par la fréquence des inspirations, la tension musculaire au moins des membres supérieurs, et la projection du globe de l'œil. On constate dans ces divers phénomènes, résultant d'une circulation encéphalique plus active, les modifications organiques et les attitudes extérieures qui caractérisent tout à la fois l'attention, l'admiration et la joie exubérante. Le plaisir de la vue, que procure le contact immédiat de la nature, suffirait donc à lui seul, et abstraction faite des plaisirs des autres sens, pour expliquer l'émotion toute particulière que le jeune enfant, et aussi l'animal, éprouvent en présence des objets naturels.

Les vives excitations que produisent les couleurs claires et assez étendues causent au jeune animal une jouissance bien marquée. Dès la fin du premier mois, ou vers le milieu du second, la fixité du regard, l'attention soutenue, le sourire, les actes automatiques de la tête, des bras et des jambes, chez l'enfant mis en présence d'objets bien éclairés, vivement colorés, et surtout agités, ne paraissent pas exprimer autre chose que le plaisir résultant de sensations très excitantes (1). Mais il s'y mêle une sorte d'étonnement, qui semblerait causé par le fait que ces sensations agréables de la vue ne se confondent avec aucune autre des satisfactions sensitives ou sensorielles. Ce sentiment de plaisir, isolé des autres plaisirs ordinaires, en est d'autant plus vif et plus intense : il tire tout à lui, il absorbe tout l'être.

Ce qui se passe pour les aveugles opérés de la cataracte, comme amenés au jour du plus profond de la caverne de Platon, peut nous renseigner sur la nature de la jouissance pure des yeux chez le jeune enfant muet encore. Une femme opérée par James Wardrop, à l'âge de quarante-six ans, « le douzième jour, alla se promener avec son frère. Le ciel bleu et clair attira d'abord son attention. Elle dit : « C'est ce que j'ai encore vu de plus joli, et c'est tou-
« jours aussi joli chaque fois que je me retourne et que je
« regarde. » Le dix-huitième jour, elle fit le tour de l'étang, et le reflet brillant du soleil dans l'eau, la coloration bleue du ciel et la teinte verte des plantes lui plaisaient beaucoup. Le vingt-cinquième jour, en entrant dans Regents Park, on lui demanda ce qu'étaient certains objets qu'elle apercevait : « Oh ! oui, s'écria-t-elle, voilà le ciel, voilà
« l'herbe, voilà l'eau avec deux objets blancs (deux
« cygnes) » (2).

(1) *Les trois premières années de l'enfant*, p. 315.
(2) *Philosophical transactions of the Royal society for* 1826, III, pp. 529-540.

Ceci ressemble tout à fait à la joie et à l'admiration que les vives excitations de la lumière et des couleurs font éprouver au petit enfant. « Un jet d'eau qu'elle a vu pendant trois mois (la fille de Taine à vingt mois) sous ses fenêtres la mettait tous les jours dans un transport de joie toujours nouvelle ; de même la rivière au-dessous du pont : il était visible que l'eau luisante et mouvante lui semblait d'une beauté extraordinaire ; « l'eau, l'eau ! » ses exclamations ne finissaient pas. — Un peu plus tard (deux ans et demi), elle a été extrêmement frappée par la vue de la lune. Tous les soirs elle voulait la voir ; quand elle l'apercevait à travers les vitres, c'étaient des cris de plaisir ; quand elle marchait, il lui semblait que l'astre marchait aussi, et pour elle cette découverte était charmante. Comme la lune apparaissait, selon les heures, à divers endroits, tantôt devant la maison, tantôt par derrière, elle criait : « Encore une lune, une autre lune (1) ! »

Cette sensation tout animale du beau, si j'ose dire, n'est pourtant pas aussi simple qu'elle pourrait le paraître. Le chien qui aboie après la lune, ne le ferait pas, si la lune paraissait tous les soirs à la même place, et si le jeu des ombres et de la lumière ne provoquait pas chez lui des images hallucinatoires. C'est même parce qu'elle est un point très brillant au milieu d'une vaste étendue monochrome, qui la met en relief, que la vue de la lune nous frappe à un degré extraordinaire. Nous savons aussi le plaisir très vif que cause à certains animaux, à tous les enfants, et aux gens des pays chauds, qui n'ont encore vu rien de tel, l'aspect d'une ville ou d'une campagne couvertes d'un blanc linceul de neige. Ce plaisir cesserait d'en

(1) *Note sur l'acquisition du langage*, *Revue philos.*, janvier 1876.

être un, si le même spectacle se reproduisait tous les jours. Ce qui nous paraît une sensatien pure et simple de la vue n'émeut tant l'enfant, que parce qu'il s'y mêle quelque élément intellectuel, et même quelque élément émotionnel.

Un enfant d'environ trois ans admirait tous les jours, à l'exemple de sa mère, ce beau pic de Ger, qui domine de loin les montagnes entourant les Eaux-Bonnes. Cette montagne, située à peu près au sud de la ville, change d'aspect suivant les heures de la journée; l'enfant l'avait entendu dire, et il répétait à sa façon : « Elle est bien grande la *mountane* ! Ce matin elle est toute blanche, hier toute noire, et l'autre hier toute rose. Oh ! la belle mountane ! Elle est bien plus grande que notre maison, peut-être quatre fois plus grande ! » D'un bel animal, ce même enfant disait qu'il était de telle et telle couleur, et puis, bien grand, ou bien gentil, pas méchant, pas vilain du tout; d'un beau peuplier, qu'il était bien grand et bien joli, mais pas si gros que le figuier, le grand figuier du jardin de grand'mère (1). Le même enfant, à trois ans et demi, aperçoit des pins, en passant. « Les jolis pins ! s'écrie-t-il ; il y en avait comme ça à Arcachon, sur le bord de la mer. Je suis allé l'année dernière à Arcachon, avec papa et maman. C'est un beau souvenir pour moi. Je me suis bien amusé, et l'on ne m'a pas beaucoup grondé (2) ! »

Il y a d'abord, dans la nature conçue par nous, les perceptions et les émotions qu'elle doit nécessairement suggérer à l'homme, et jusqu'à un certain point à l'animal; c'est là le fond primitif et éternel, qui peut recevoir une

(1) *Les trois premières années de l'enfant*, p. 320.
(2) *Ibid.*, p. 183.

infinité de broderies et d'arabesques individuelles. Dire qu'il n'y a dans la nature que ce que nous y mettons, ce n'est pas exprimer une vérité philosophique, mais une vérité littéraire, une demi-vérité. Nous la voyons d'abord et toujours telle qu'elle est, dans ses lignes et ses couleurs fondamentales; mais elle nous apparaît à travers un merveilleux réseau de perceptions et de conceptions de toute espèce et de toute date, et d'émotions de tout ordre, sympathiques, utilitaires et morales. Il faut être artiste ou penseur pour savoir dégager à propos l'idée pure, l'idée esthétique (qui n'est, à tout prendre, qu'un aspect de l'idée scientifique), de tous ces éléments fondus avec elle, qui l'accompagnent dans son évolution et qui l'aident même à se former.

Que trouve, ou que met un jeune enfant dans la nature? En premier lieu, des analogies et des comparaisons sans nombre, d'où se dégagent par la suite les conceptions plus ou moins parfaites de proportion, d'harmonie, d'unité, de vérité d'expression. Il voit toutes choses en petit, en particulier; il exprime tout haut, avec surprise ou émotion, ce qu'il remarque au passage : « Cet arbre est vert, grand, joli, il l'est plus ou moins que tel autre, soit présent, soit imaginé. Ce caillou est blanc comme du lait. Cette fleur sent le miel. » En un mot, des souvenirs de couleurs, de formes, de sons, de perceptions thermiques, tactiles et musculaires, que lui suggèrent tous les objets naturels. Plus tard, il les appliquera sans le dire et sans le savoir; mais il sera plus ou moins capable de les considérer à part dans un objet, d'en faire des objets d'imagination, et d'en jouir comme d'un jeu.

Même à cet âge tendre, les analogies d'un ordre plus relevé lui sont familières. Il trouve, dans les mille objets qui s'offrent à ses yeux, des rapports avec ses propres états et ses propres puissances. A cet égard, il ne diffère de l'animal que par le degré et la conscience de ces opérations. Tout se tient, en effet, tout se répète dans la nature : la loi des corps est celle des êtres vivants et celle des esprits. Chaque objet est une somme de métaphores réelles.

Est-ce que l'animal ne les entend pas, ne les applique pas à sa façon? Par exemple, le chien, lorsqu'il poursuit, comme quelque chose d'animé, la feuille ou le chiffon emporté par le vent, ou le même animal lorsqu'il dispute rageusement à un bâton agité la nourriture dont il ne voulait pas tout d'abord? Ainsi l'homme prête imaginairement ses pensées et ses sentiments à la nature tout entière. Un paysan, dont la hache mordait non sans peine au tronc résistant d'un chêne, s'écriait : « Tu as beau faire le têtu, je te ferai voir ton maître. » Un enfant de cinq ans, à qui je faisais remarquer le feuillage ondoyant d'une épaisse futaie, me dit : « C'est le vent qui fait çà. Tu n'en ferais pas autant, je parie, en soufflant de toutes tes forces ! »

Ce n'est là, bien entendu, qu'une tendance analogique ; elle ne devient anthropomorphique dans l'enfant que grâce à la synonymie des mots et à leur caractère métaphorique, et surtout à l'exemple que nous lui donnons maladroitement d'assimiler l'objet inanimé à l'animal et à lui-même. Un enfant dit : « La lune est dans le ciel : est-ce qu'elle a des ailes ? » Cette façon de parler ne prouve aucunement la croyance que la lune vole et qu'elle a des ailes, encore moins qu'elle sent, pense et agit humainement. C'est là un simple jeu d'imagination, mais qui plaît fort à l'enfant. Ainsi fait le poète, cet enfant sublime : il aime à faire tout vivre. Tout ce qui a beaucoup d'éclat et de mouvement le ravit. Une des grandes joies de l'enfant est de regarder les fleurs et les nuages brillants, de voir couler l'eau, voler les oiseaux, et marcher les insectes, quand il n'en a plus peur.

Au point de vue intellectuel et au point de vue émotionnel, le sentiment de la nature est, en somme, très limité chez un jeune enfant. Le *beau* uni au *bon* s'y confond pour lui, s'y évanouit la plupart du temps. Il est trop avide de sensations utiles à son développement d'ensemble, il est trop oublieux du passé, il a trop peu de temps à lui, pour s'arrêter à l'impression séparée du beau, pour jouir de son idéal, pour rêver éveillé. La grande quantité d'impressions variées, souvent nouvelles, qui l'assiègent à chaque instant, est pour lui une cause de distraction, et surtout de fatigue; ce qu'il voit, il ne le regarde pas, surtout il ne cherche pas à le comprendre. Presque tout entier à la minute fugitive, à l'endroit présent, à des souvenirs récents, peu enchaînés et mal généralisés, il ne voit pas dans leur ensemble, et à leur vrai point de vue, les tableaux qui s'offrent à ses yeux.

S'il est vrai, d'ailleurs, comme le croit Preyer, que la portée de l'œil soit normale chez un enfant de cet âge, il lui manque la connaissance réfléchie de l'espace et le sens de la perspective pour les objets éloignés. L'horizon doit être pour ses yeux comme une grande étendue plate, aux nuances vagues et indécises, auxquelles il ne s'est pas encore habitué à substituer mentalement les couleurs réelles. Il doit donc s'y intéresser fort peu. Même à l'égard des objets assez rapprochés, sa perspective est assez défectueuse : les objets du premier plan lui paraissent plus grands que ceux de l'arrière-plan, et il ne s'inquiète guère de ceux-ci. Que d'expériences de toute sorte il lui faudra faire, pour reconnaître la nature, la couleur, les proportions, la situation des différents objets à différentes distances ! Ce sont là autant d'éléments intellectuels qui font défaut à l'esthétique du petit enfant.

Même quand le sentiment du beau visuel en est encore à sa phase rudimentaire, aux pures jouissances des sensations de l'œil, il s'y mêle un sentiment qui lui sera toujours incorporé : c'est la sympathie. Le tout jeune enfant a l'admiration expansive ; ses gestes et ses mines, ses exclamations nous invitent à jouir d'impressions qui ne seraient pas aussi attrayantes pour lui, si nous n'étions pas là. Son attention et son imagination n'ont pas de plus fort stimulant que le désir de nous plaire ou de se réjouir avec nous. C'est aussi la sympathie directe ou dérivée qui fixe les yeux de l'enfant sur les mouvements et les manifestations variées de la vie chez les êtres même les plus éloignés du type humain. L'élément intellectuel du beau dans la nature pourra s'amplifier et s'affiner ; ce qui est déjà chez le tout petit enfant, et qui persistera toujours, même chez l'artiste le plus parfait en son genre, c'est cette force d'enthousiasme que la sympathie seule peut communiquer au sentiment esthétique. Le véritable artiste a la religion tendre ou passionnée de la nature, il va droit à elle d'un élan presque enfantin, auquel l'enfant peut d'ailleurs s'associer dans une certaine mesure.

II

Les souvenirs d'enfance qu'Hélène a bien voulu me communiquer, rapprochés de quelques confidences déjà faites au public par des personnes illustres, nous feront voir le sentiment de la nature à une phase ultérieure de son développement.

« Je crois avoir vécu en aveugle pendant les cinq premières années de ma vie, au milieu des belles choses que l'univers étale à nos yeux. Je ne savais rien des fleurs, si ce n'est qu'elles ont des couleurs variées, et qu'elles sentent bon. Elles représentaient surtout pour moi un jeu des fillettes de mon pays. Une fleur était une chose bonne à froisser dans les doigts, pour l'effeuiller ensuite dans les airs. « Voulez-vous aller au ciel ? Les anges viennent vous chercher. » Et toute une envolée de pétales multicolores retombaient en douce pluie sur nos épaules. Je savais aussi qu'il y a des fleurs faciles à aborder, mais qu'il faut se garder du piquant chardon, de l'ortie hypocrite, et ne pas goûter la languette blanche ou les fruits rouges de l'arum à la feuille de lance. De plus, je savais les rivières perfides et trompeuses, et les bois sombres peuplés de loups et de bêtes malfaisantes...

« A cinq ans, je commençai à aller en classe, et mes yeux se dessillèrent, en même temps que mes oreilles s'ouvraient davantage. J'aimais entendre chanter, pour les sons et les cadences agréables en elles-mêmes, et pour les paroles, dont je ne demandais pas l'explication, mais que je comprenais à ma manière. Je connaissais de réputation le rossignol, dont le nom était mêlé à quelques-unes des romances champêtres dont nous régalait ma mère. Mon goût, à l'école, se prononça bien vite pour les poésies que nous récitions tous les jours, et où il était question du rossignol, ce chantre de la nuit, des linottes joyeuses, des bois, des plaisirs et des travaux des champs. Mon imagination surexcitée personnifiait tout. Les nuages dans l'espace étaient les âmes des morts qui s'intéressaient à nous du haut des cieux ; je les suivais des yeux, je leur voyais des formes d'animaux ou de personnes ; ils s'allongeaient, s'embrouillaient ensemble, et me laissaient rêveuse, quand ils étaient dissipés. Ne m'avait-on pas dit qu'en regardant bien, on pouvait apercevoir dans la lune un homme et sa femme, punis et emportés là vivants, pour avoir coupé du bois le dimanche? *L'étoile du marin* m'avait donné à entendre que le destin y avait placé la mienne aussi, et je l'y cherchais naïvement pour la consulter et lui obéir.

« Nous allions nous promener en famille fort souvent dans la campagne et loin des foules. Mon père nous menait de préférence dans une propriété magnifiquement entretenue, dont le maître vivait à Paris. Le public, un peu choisi et discret, avait toute liberté de circuler dans le parc et les charmilles. Les jeudis, nous étions presque toujours seuls dans ce vaste enclos. Le seul ennui que nous y éprouvions venait du grand chien qui aboyait en fuyant devant nous, et que mon père savait écarter en le menaçant sans lui faire de mal. J'ai rêvé souvent que ce chien me déchirait et m'emportait dans le buisson, « sans autre forme de procès ». Mais heureusement ce ne fut jamais qu'un songe.

« Nous étions si heureux dans ce coin de terre plus à nous qu'à son maître, véritable Paradis qui changeait de décor en toutes saisons, et presque à chaque moment du jour ! Les charmilles étaient si ombreuses, et le bosquet si frais contre les ardeurs du soleil ! Que de fleurs, que d'oiseaux, que de papillons ! L'étang, aux grands nénuphars entourés de joncs élancés, nous attirait aussi par les jeux incessants et les poursuites des petits insectes aquatiles. Nous y regardions, avec un léger mouvement d'horreur, la salamandre traîner dans la vase son ventre de lézard bariolé de gris, de jaune et d'orange.

« On faisait des collections de papillons, comme on en fit

plus tard de coléoptères et de plantes. Mon frère aîné était un ardent naturaliste, depuis l'âge de huit ou neuf ans. Il avait tout jeune avisé une famille d'araignées qu'il nourrissait et observait ; un peu plus tard, il avait décollé d'un mur où elle se rattachait avec un filet de soie d'argent une chrysalide mystérieuse, qu'il couva plusieurs jours de ses yeux de savant, et qui lui donna un beau vulcain ou un magnifique paon de jour, je ne me rappelle plus trop lequel : il en faut bien moins pour décider une vocation ! Quant à mon autre frère, il aimait mieux voir les papillons que les prendre au vol, en futur poète, insoucieux de saisir l'occasion fugitive. Je me souviens très bien qu'il avait une peur énorme des serpents, en ayant une fois foulé un qui dormait au soleil : mais, soit timidité naturelle, soit défaut de rancune contre les méchants eux-mêmes, je ne lui ai jamais vu, ni alors ni plus tard, la moindre velléité de tuer un reptile à coups de houssine. De mon côté, j'étais toujours à l'affût des mouches à mille couleurs, miroitantes et chatoyantes, des macoubas et des araignées à l'odeur de musc. Mais les fleurs ! j'aurais voulu en avoir des brassées, et les serrer contre mon cœur. Chaque fois, j'en dénichais de nouvelles ; et il me semblait que ce serait comme cela toute la vie, que je ne reverrais jamais les mêmes fleurs : c'est bien presque cela, en effet, chaque rose a sa physionomie bien à elle, ses nuances propres. Je voyais des fleurs partout. J'étais désolée qu'il n'y eût pas des chats et des chiens bleus et rosés.

« Deux de mes cousins, élevés à peu près comme moi, ne me ressemblaient guère, dans leur enfance, par le sentiment poétique de la nature. L'aîné, premier enfant d'un père né à la campagne, et tout le portrait d'une de ses cousines rustiques, ne se trouvait jamais plus heureux qu'au village, au milieu des paysans, des oies, des cochons et des vaches. Tout jeune, il était allé souvent chez les parents de son père, qui disaient : « Celui-là est nôtre. » Peut-être ses premières impressions, avec une influence d'hérédité, avaient-elles contribué à lui donner un caractère et des goûts champêtres. Il a bien changé depuis : il a horreur du paysan, dont il pense presque autant de mal que Zola ; mais il aime la campagne en touriste.

« Son frère cadet s'ennuyait extrêmement au milieu des paysans, des vaches, des cochons et des oies. Après s'y être pendant un ou deux jours gorgé de fruits et de pâte au lait, il reprenait seul, même sans avertir son monde, le chemin de la ville. Ici, il était gâté, fêté ; « il est à nous, » disaient ses tantes, qui lui passaient toutes les espiègleries imaginables, peut-être parce qu'il ressemblait à la famille de la mère. A la campagne, il était contrariant et contrarié. Un point à ne pas oublier : poltron, il avait peur des vaches. Étourdi et joyeux, il s'amusait à contrefaire le patois de ses parents sans essayer de le comprendre. Ajoutons que ses pieds de sauterelle étaient fort gênés dans les sabots qu'il mettait pour faire comme les autres. En un mot, tout le rappelait à ses plaisirs et à ses jeux de la ville. Eh bien, plus tard, à l'époque de l'adolescence, la *Jeune captive* de Chénier, qu'un de ses professeurs avait très bien dite en classe, puis la lecture de l'*Homme des champs* du bon abbé Delille, lui apprirent à regarder la nature. Bientôt il dévora les *Idylles* de Chénier et les *Méditations* de Lamartine, qu'un de ses amis lui prêta. C'en fut assez : le voilà, pour la vie, un poétique amant de la nature, qu'il aurait pu chanter en beaux vers, si d'autres soins n'étaient venus l'en distraire.

« De temps à autre, mon père parlait à mes frères des

objets de leurs études, et il me souvient qu'un jour il leur faisait admirer une application d'un beau vers de Virgile qui finissait ainsi : « Zephyrisque motantibus umbras. » J'ai retenu le vers, j'ai su depuis ce qu'il voulait dire, et je l'ai admiré à mon tour. Ma mère, très sensible, très compatissante aux souffrants, aux faibles et aux déshérités, nous apprenait à comprendre avec le cœur les choses de la nature. Nous avions des chiens malheureux qui connaissaient notre porte. L'hiver, à nos fenêtres, ma mère ne manquait jamais d'émietter du pain ou de faire de la pâte aux oiseaux.

« Nous recueillions et nous ruminions ainsi de bonne heure des impressions que beaucoup d'autres enfants, très intelligents et très aimants, ne soupçonnaient même pas. La fleur la plus modeste devenait notre protégée ; nous étions reconnaissants à la mousse des arbres d'être lisse et molle à nos doigts, aux chanterelles des souches cachées sous les feuilles mortes d'exhaler pour nous une odeur fraîche et sauvage. Nous n'eussions pas de sang-froid vu quelque autre enfant s'amuser à faire souffrir un hanneton ou une mouche. Et pourtant combien de fois il nous a fallu voir cela ! Nous aimions voir nos mouches (tout enfant je croyais que chaque maison avait ses mouches) se frotter les pattes sur les feuilles de nos livres, et s'avancer, allongeant leurs trompes, dans la jatte de lait, trop heureux de lui avoir tendu à temps une planche de salut : la pointe d'un couteau ou le bout de notre doigt.

« Je voulus entraîner parfois des amies de mon âge, ou même un peu plus âgées à nos fêtes champêtres ; mais je parlais en vain. Je leur appliquais en riant, et elles ne s'en blessaient point, le mot du psalmiste : « Aures habent, etc., oculos habent..... etc. » Ce n'était pas notre science, ou notre tournure naturelle d'esprit qui nous rendait si différents d'elles, tandis qu'elles ressemblaient elles-mêmes à leurs frères insouciants et étourdis. Seulement nos parents, peu faits pour les plaisirs mondains, amis de la lecture et du silence, et, chose importante, originaires d'un autre pays, qu'ils avaient quitté non sans regret, nous habituaient à ressentir ces impressions, sans parti pris, naïvement, comme ils les éprouvaient eux-mêmes. Mes compagnes, filles de petits propriétaires ayant maisonnette en ville et métairie à la campagne, étaient de ces sortes de gens qui, ainsi que tant de paysans, ainsi que les sauvages, ont la nostalgie de leur pays natal quand ils en sont sortis, et s'y trouvent heureux, quand ils l'habitent, pour toutautre chose que pour ses charmes esthétiques.

« On a souvent dit que les paysans ne voient pas la nature avec les yeux du cœur; ils calculent plutôt le profit à retirer de sa culture. Ils sont presque tous frères de ce Cadot qui, ayant vu son maître faire admirer à Henri IV les plantes rares de son jardin, se hasarda à dire au roi : « Si votre Majesté veut me suivre, je vous montrerai des « fleurs plus belles, et en plus grande quantité. » Le prince accueille la demande en souriant, et suit Cadot. Celui-ci le conduit devant une magnifique pièce de blé, et montrant les épis en fleurs. « Sire, dit-il, voilà les plus belles fleurs « que Dieu ait créées. — Tu as raison, mon ami, répondit « le roi; ce sont aussi celles que je préfère. »

« J'ai vu des paysans fort surpris d'entendre des étrangers admirer certains lieux sauvages des montagnes, les précipices, les rochers arides et gigantesques. Je me souviens d'un bonhomme du Gers, venu à la suite d'une troupe d'excursionnistes jusqu'au lac de Gaube, qui redescendit immédiatement en traitant le lac de vivier, de duperie faite pour voler l'argent des nigauds.

« Quand la lecture et les leçons eurent un peu agrandi le cercle de mes connaissances, les scènes de la nature se firent bien plus belles à mes yeux. J'y mêlais naïvement des souvenirs de l'histoire sainte. Il me semblait voir, dans les joncs du grand étang, le petit Moïse, que la fille du roi d'Égypte vint si heureusement sauver. La vue des paysans dans les champs me rappelait la touchante histoire de Joseph, et les bontés de la douce Ruth.

« Peu à peu je devinais la mystérieuse émotion que m'inspirent aujourd'hui la vaste étendue, les lointains horizons. On nous menait souvent à une demi-lune au-dessous de laquelle se déroulait un magnifique panorama. Au bas d'une descente échevelée d'arbres verts de toutes nuances, et que l'on entendait peuplés d'oiseaux, serpentait la grande route, que coupait un pont sur l'Adour. On entendait le bruit d'une chute d'eau, qui avait l'air d'avancer et de s'éloigner, des bruits de cognée et de hache, et quelquefois aussi des coups de fusil qui me serraient le cœur. Au bord de l'Adour s'étendait un gai village, dont plusieurs maisons se balançaient dans l'eau, renversées; la sonnerie de son clocher argentin animait le paysage à toute heure; ce tableau charmant avait pour fond, au nord, la ligne sombre et sévère des pignadas de la lande, qui commençait à s'apercevoir.

« Je plaçais là, et dans un petit château attenant à notre parc, que je fus admise à visiter vers l'âge de huit ans, toutes les histoires, quelquefois embellies et surtout prolongées par moi, que je lisais dans les livres. Là aussi, je faisais vivre en famille, et quelquefois mourir, hélas ! en pleurant, mes amis et connaissances; les chats n'étaient pas oubliés. J'ai su depuis qu'on appelle cela rêver. J'ai appris en même temps que si rêver n'est pas mal faire, cela peut y conduire. « Ne laissez pas rêver vos filles, dit Fénelon, « occupez-les à des réalités; si vous n'avez rien à leur faire « faire, jetez des épingles et qu'elles les ramassent. » Allons donc! le bon évêque, ingrat à son insu, calomnie la folle du logis. Est-elle donc si folle que cela, même chez les jeunes filles? L'imagination et le sentiment ne peuvent-ils pas vivre en bonne amitié avec la raison? Que d'exemples nous prouveraient le contraire! J'avais un corps et une âme, des sens et un esprit: je donnais à chacun sa pâture, et aucun d'eux ne s'en plaignait. Oh! les heureux moments de rêverie, quand j'étais seule dans un coin sous les arbres, ou à ma petite fenêtre donnant sur des jardins!

« La lecture ne suffit pas, même chez les enfants les plus intelligents et les plus sensibles, pour développer le sentiment de la nature, si on ne leur apprend pas à l'aimer pour elle-même, si on ne la leur montre ou si on ne leur en parle qu'en propriétaire et en marchand.

« A la saison des cerises et à celle des raisins, nous étions régulièrement invités par nos voisins à un dîner à la campagne. On partait à pied de bon matin, et on rentrait tard dans la soirée. C'étaient cris, gambades, chants, folies de toutes sortes. Les grands donnaient l'exemple aux petits, surtout après le repas, toujours copieux et bruyant, et dont la première loi était l'oubli de l'étiquette. Je préférais à tout le retour, dans la fraîcheur du soir, et sous la demi-clarté des étoiles, ou la brillante splendeur de la lune qui semblait nous regarder en amie. Les trémolos étouffés des grillons dans les foins, le sifflement mélancolique du crapaud, jusqu'aux bizarres et joyeux coassements des grenouilles, étaient par moments couverts par les voix des fillettes, qui épuisaient avec moi tout leur répertoire de romances et de cantiques. Parfois, la chaleur accablante nous présageait un orage prochain, et les éclairs sillonnant sans relâche le ciel serein encore, faisaient l'effroi des filles et la joie des garçons. Héloïse, la plus savante de toutes, une dévoreuse de livres, un cœur d'or, nous racontait les merveilles du pays des aurores boréales ou du pays des tigres et des gazelles. C'était bien intéressant; mais, en ce moment, l'étrange criaillement des grenouilles me plaisait bien davantage. Elles étaient là tout près, vivantes, et je les voyais par la pensée, sur le bord de l'étang, ouvrant leurs larges bouches, les yeux tournés vers les étoiles. Mes amies ne voyaient rien de tout cela.

« Je crois pouvoir rapporter à ma onzième année le souvenir d'une bien ravissante matinée. Une de mes petites amies m'avait prêté un livre que je trouvais fort amusant. Je n'avais pu le finir avant d'aller me coucher. Peut-être la préoccupation de l'achever me réveilla-t-elle vers trois heures du matin. Nous étions au mois de juillet, par un temps splendide. Doucement, je me lève, et, à moitié couverte, j'ouvre la fenêtre de ma chambre qui donnait sur plusieurs jolis jardins. J'essayai de lire à la douteuse clarté de l'aube; mais j'étais à chaque instant obligée d'interrompre ma lecture pour regarder ce qui se passait autour de moi. Les coqs s'étaient mis à chanter et à battre des ailes; les hirondelles gazouillaient sur les toits voisins; les pigeons s'élançaient, à grand bruit, de toutes les maisons. Insensiblement chaque chose prenait une forme moins vaporeuse. Un haut belvédère à balcon de fer, surmonté d'une boule de cuivre, devenait peu à peu étincelant. Une étoile, d'abord splendide, se mit à pâlir et se fondit bientôt dans la clarté du ciel. Les arbres et les fleurs m'envoyaient leurs plus suaves parfums. Entre cinq et six heures, la nature avait fait sa toilette matinale, pour recevoir l'homme, et ce fut alors un branle-bas général, comme si l'on se fût donné le mot. Mais la scène changea avec désavantage. Les jalousies, les portes s'ouvraient avec bruit. Les bonnes criaient après les bêtes et faisaient grincer les poulies des puits; des gens s'interpellaient dans les jardins. Je fermai ma fenêtre, emportant dans ma tête ce délicieux réveil de la nature. Ce jour-là, j'avais lu dans le grand livre ouvert à tous, avec plus d'intérêt que dans le petit conte qui s'oublia dans ma main.

« Vers ce temps-là, maman me permit d'aller avec une dame à la procession des Rogations. Je n'avais pas l'idée d'une fête aussi charmante, et j'y goutai un profond plaisir. Nous marchions dans des sentiers bordés de haies en fleurs, nous nous arrêtions à des croix simplement décorées de fleurs des champs. On chantait; on me dit que l'on demandait à Dieu de bénir les fruits de la terre. Cette matinée resta gravée si bien dans mon esprit que, plus tard, en classe, ayant à traiter un devoir sur les Rogations, je m'en tirai à mon grand honneur. J'ai su depuis que Chateaubriand m'avait devancée, et de beaucoup dépassée, en écrivant sur le même sujet.

« Ce qui me charmait aussi dans mon enfance, c'étaient les préludes de la Saint-Jean. On faisait partout des feux de joie, où l'on jetait des plantes propres à conjurer les maléfices. Avec des herbes semblables, des branches de fenouil et de la moelle de sureau, on tressait de jolies croix; on les clouait, bénites, au-dessus des portes extérieures des maisons. Je ne manquais jamais, ce jour-là, de faire un tour de ville, pour voir quelles étaient les croix les plus belles. Les gens en deuil ne mettaient pas de croix; quelques-uns cependant en collaient une en papier, où était dessinée tout en noir une croix de Malte.

« Ma mère nous racontait qu'à T... il était d'usage, autrefois, quand il faisait beau, de ne se point coucher du tout la nuit de Saint-Jean. On la passait à se promener ; on courait aux feux que les villages voisins allumaient sans parcimonie. Ces fêtes primitives et pastorales faisaient aimer la nature et remplissaient les cœurs de souvenirs doux et poétiques. »

III

Soumettons à une brève analyse ces impressions d'enfant, qui ont dû compter parmi les plus mémorables dans l'évolution esthétique de notre aimable confidente.

Hélène nous dit avoir vécu en aveugle, pendant ses quatre ou cinq premières années. C'est une erreur. Que savait-elle des fleurs ? Peu de chose ; c'est qu'elles ont des couleurs variées et qu'elles sentent bon, qu'il en est d'inoffensives et de dangereuses. Elle voyait ou sentait cela, d'instinct, comme un jeune animal. Mais n'était-ce rien, du moment qu'elle pouvait le dire et y penser, s'y intéresser, les admirer, les aimer ? Et n'était-ce rien que ce futile (futile pour nous) et charmant symbolisme des fleurs envoyées au ciel et retombant, pour venir chercher l'enfant, comme une nuée de petits anges ?

Hélène oublie aussi en ce moment (nous le verrons plus loin) que, depuis longtemps déjà, la douce voix de sa mère lui avait dit mainte chanson où il s'agissait de bergers et de bergères, de coudriers, d'ombrages, de prairies émaillées de fleurs, de moutons charmants, d'oiseaux jolis, de mille scènes animant et égayant la nature emplie d'êtres aimables et aimants. Et les belles histoires commentées par sa mère, les récits même de la Bible transformés en réalités si vraies, que l'enfant accompagnait par la pensée Rébecca à la fontaine, et s'éprenait d'amour pour Rachel! Les hommes, les êtres naturels, le ciel, la terre, les eaux, la mer, tout cela passait déjà, brillant, harmonieux, embelli, idéalisé, dans sa petite tête en travail. C'est à l'école, s'imagine-t-elle, que ses yeux et ses oreilles s'ouvrirent sur la nature. Disons plutôt que les impressions de l'école, relatives à ces poétiques sujets, n'auraient été ni aussi vives ni aussi profondes, si les récits et les chansons de sa mère ne les avaient pas pénétrées de leurs pures et sympathiques influences.

Le facteur le plus important du sentiment esthétique, c'est la sympathie. Hélène le dit fort bien elle-même : les choses de la nature se comprennent aussi avec le cœur. L'intérêt humain, voilà la racine et voilà la fleur de l'observation. Hélène et ses frères furent très bien partagés sous ce rapport : des promenades fréquentes dans un parc presque à eux, sous les yeux d'un père intelligent et d'une mère charitable aux animaux. Peut-être leur aurais-je souhaité, en outre, quelques leçons d'histoire naturelle qui leur auraient appris à observer les choses en détail et à ne pas se contenter d'une superficielle connaissance. Cela n'aurait aucunement fait tort à cette heureuse sympathie d'imagination, par laquelle tout vit, se transforme, devient matière à découvertes et à surprises, à naïves admirations, à effusions tendres ou joyeuses. Sous l'influence de ce précieux sentiment, les fleurs auraient encore semblé naître sous les pas de l'enfant, les insectes, les papillons et les animalcules de toute sorte surgir d'un fond de vie inépuisable et mystérieux. « Les fleurs! j'aurais voulu en avoir des brassées, et les serrer contre mon cœur. Chaque fois j'en dénichais de nouvelles, et il me semblait que ce serait comme cela toute la vie... Je voyais des fleurs partout. J'étais désolée qu'il n'y eût pas des chats et des chiens bleus et roses. » Voilà qui est bien enfant, et peut-être surtout bien jeune fille ; mais c'est d'un enfant sympathique.

Ni le frère chasseur et éleveur d'insectes, ni le futur poète, tout à ses courses folles et apeurées le long des haies et à travers les hautes herbes des prairies, n'auraient sans doute compris grand'chose à cet amour passionné des fleurs, ni rêvé de chats et de chiens bleus et roses. Ils appartenaient moins à la nature, il y avait presque autant du sauvage que du civilisé, dans la prise de possession des bois et des pelouses par ces petits collégiens déjà nourris « des moelles de l'antiquité », et déjà habitués à ne voir la poésie que dans leurs livres et dans leurs devoirs. Il y avait, somme toute, un trait commun à tous les membres de cette intéressante famille, sauf au naturaliste déjà blasé sur les meurtres utiles à la science, c'était de sympathiser à tous les êtres vivants. A la vérité, le futur poète écrasait les fleurs sans pitié ; et, s'il laissait les mouches courir en paix sur le bord de sa tasse, il lui arrivait souvent d'en assassiner une entre deux feuillets d'un livre, uniquement par curiosité d'artiste, à cause des bizarres dessins qui en résultaient. L'exemple des camarades d'école y était assurément pour beaucoup ; je ne répondrais pas qu'Hélène et sa sœur, mises toutes jeunes en pension, n'auraient pas quelquefois, malgré leur bon cœur, cédé à la tentation d'imiter de si vilaines tueries.

Peut-être la sympathie affective se développe-t-elle plus tôt chez les jeunes filles, en vertu de leur organisation particulière ; peut-être aussi les différences du régime et de l'éducation auxquels on soumet de bonne heure les deux sexes sont-ils pour quelque chose dans cette précocité. Il est des garçons tout jeunes qui s'intéressent fort aux animaux : tel fut Bernardin de Saint-Pierre. Son père l'avait amené à Rouen, vers l'âge de six ans, et, admirant les tours de la cathédrale, s'écriait : « Comme elles montent haut ! » L'enfant ajouta : « Oui, elles volent bien haut. » Il n'avait vu que les hirondelles voltigeant au-dessus des tours. Chacun trouvera de pareils exemples autour de soi : sur vingt petits garçons il y en a au moins un qui, par le fait de l'hérédité ou par le fait de l'éducation première, est un enfant rêveur ou sensible, ce qui est tout un.

L'hérédité ne suffit peut-être pas à expliquer cette sympathie délicate, et comme esthétique, pour les êtres vivants, dont Hélène et sa sœur, et ses frères à un moindre degré, faisaient preuve dès l'âge le plus tendre.

Nous ne pouvons, pour Hélène, remonter bien loin dans cette recherche des influences héréditaires : les deux aïeux, du côté du père, étaient paysans, fils de paysans. Le grand-père maternel était né aussi à la campagne ; sachant à peine lire et écrire, mais doué d'une très grande sensibilité, qui le rendait fort timide, il était venu jeune à la ville exercer l'état de menuisier : c'était là, si l'on veut, un rudiment d'éducation artistique. Sa femme était fille de menuisiers ; quoique dépourvue d'instruction, c'était une femme de tête et d'action, excellente au commerce, et en outre, aimant la musique et le dessin, qu'elle avait fait apprendre à ses fils. Ses filles avaient simplement fréquenté jusqu'à dix ou douze ans une école où l'on n'apprenait rien. La mère d'Hélène, fort ignorante, eut pour mari un professeur, dont elle avait dévoré la bibliothèque, apprenant en une fois ce que d'autres n'apprennent pas en plusieurs fois. Elle était douce, timide et simple, autant qu'intelligente. Son mari fut un excellent professeur de grammaire; sans la moindre disposition littéraire, mais d'une rare aptitude pour les mathématiques, c'était un homme pratique, et un cœur très affectueux sous une enveloppe un peu rude. Il comprenait la nature en géomètre qui a beaucoup lu Virgile, il aimait passionnément son village et son pays ; mais il sentait plutôt exactement que tendrement les images des poètes qu'il faisait admirer à ses fils. Du petit nombre d'informations ici présentées, peut-on inférer que les enfants d'un tel père et d'une telle mère devaient naître, non seulement intelligents, mais sensibles à un genre quelconque d'impressions artitisques, ou d'une manière spéciale, à celles des beautés naturelles ? Je n'oserais, quant à moi, risquer une semblable conclusion. Je suis porté à croire que c'est la mère, avec son bon cœur ouvert aux tendres impressions, et le *petit parc du jeudi*, avec son mystère invitant aux douces rêveries, qui ont fait l'œuvre presque à eux seuls.

IV

Quelques exemples historiques viendront à propos confirmer ceux que nous avons empruntés au milieu ordinaire de la vie. Tout semble avoir manqué à Mme de Staël pour aimer la nature. Elle tenait de son père ce tempérament politique, né pour l'action et agissant par la parole et la plume, faute de mieux. L'humeur rassise et même puritaine de sa mère ne pouvait que tempérer de bon sens le brillant et paradoxal esprit de Germaine Necker, qu'aiguisaient de leur mieux les philosophes et les fins lettrés dont elle fut l'élève et l'idole. Cette femme d'une imagination exaltée, dont la vie, comme l'a dit Lamartine, fut une ode continuelle, passa ses premières années dans les salons. Même avec un tel père et une telle mère, si elle eût vécu par intervalles à Coppet, elle y eût assurément fait provision d'un beau fonds d'images et d'émotions naturelles, qui fussent écloses à leur heure. Mais elle ne respira, plante de serre chaude, que l'atmosphère raréfiée et surchauffée de la plus brillante société. La conversation française, qu'on ne trouve qu'à Paris, dans les environs de la rue du Bac, fut sa passion, son triomphe, et son tourment. Pour elle vivre loin de Paris, c'était vivre en exil, c'était vivre au désert. Elle ne savait que se morfondre d'ennui dans « la prison de l'âme », cette magnifique résidence de Coppet, en face de la Savoie et de la Suisse ! Toutes les splendeurs et toutes les caresses de la nature ne purent pas même lui adoucir le « deuil éclatant du bonheur ».

Oui, le bonheur, c'est peut-être la seule chose qui aurait pu remplir sa solitude et lui transfigurer la nature. Mme de Sévigné, dont on a pris trop au sérieux la fameuse boutade : « la campagne sent le fumier », aimait la nature, et elle en a fait d'adorables petites descriptions. Est-il rien de plus frais, de plus délicat que celle-ci : « Je suis venue à Livry achever les beaux jours, et dire adieu aux feuilles ; elles sont encore toutes aux arbres, elles n'ont fait que changer de couleur ; au lieu d'être vertes, elles sont aurore, et de tant de sortes d'aurore, que cela compose un brocard d'or riche et magnifique, que nous voulons trouver plus beau que du vert, quand ce ne serait que pour changer. » De quel enjouement attendri elle dit « le triomphe du mois de mai », et « le rossignol, le coucou, la fauvette, ouvrant le printemps dans nos forêts ! » Pour peindre ainsi la nature, il faut y avoir été heureux, ne fût-ce qu'en passant, soit au début, soit au milieu, soit même à la fin de la vie. Aussi Mme Guizot, qui, dans sa jeunesse, n'avait nullement songé à décrire la nature, et n'avait pas eu le temps d'y rêver, heureuse, dans sa maturité, d'un bonheur plus grand qu'elle ne l'aurait jamais espéré, jouissait de la campagne, « comme quelqu'un qui, forcé de vivre aux bougies, n'aurait aimé que la verdure et les champs. Le moindre petit arbre de Passy et du bois de Boulogne lui causait une fraîcheur d'émotion vivifiante (1). » Peut-être y avait-il là un ressouvenir des premières années d'enfance.

Mais voulez-vous une rare sensibilité servie à souhait par les circonstances ? Regardez G. Sand, d'abord toute petite enfant. A l'âge de trois ans et demi, elle entendit une jeune fillette d'une douzaine d'années, celle dont elle avait admiré la robe blanche le jour de sa première communion, chanter, dans une ronde :

> Nous n'irons plus aux bois,
> Les lauriers sont coupés.

Elle n'avait jamais été dans les bois, et n'avait jamais vu de lauriers. Cependant ces deux petits vers la firent beaucoup rêver. « Je me retirai de la danse pour y penser, et je tombai dans une grande mélancolie. » Cette tendance précoce à la rêverie provenait peut-être chez l'enfant des circonstances particulièrement tristes qui accompagnèrent le mariage et la grossesse de sa mère.

Elles habitaient alors rue Grange-Batelière. Elles allaient voir quelquefois à Chaillot la tante Lucie. Aurore y jouait « aux batailles » avec sa cousine Clotilde. A peine avait-elle mis le pied dans le jardin, qu'elle se croyait dans « l'île

(1) Sainte-Beuve, *Portraits de femmes*, p. 215.

enchantée » des contes qu'on lui avait dits et dont elle faisait déjà de petits romans. Quelle joie « en face d'une charmille verte et d'une terrasse bordée de pots de fleurs ! C'est là que j'avais vu les premiers fils de la Vierge, tout blancs et brillants au soleil d'automne ; ma sœur y était ce jour-là, car ce fut-elle qui m'expliqua doctement comme quoi la sainte Vierge filait elle-même ces jolis fils sur sa quenouille d'ivoire. Je n'osais pas les briser, et je me faisais bien petite pour passer dessous (1). »

Ne sortons pas encore de ce joli jardin, où la petite Aurore faisait connaissance avec les réalités dont elle avait un avant-goût dans ses histoires, et aussi avec le mystère, qui, avec notre éducation, tient souvent tant de place dans le cœur de la femme. « Le jardin était un carré long, fort petit en réalité, mais qui me semblait immense, quoique j'en fisse le tour deux cents fois par jour. Il y avait des fleurs et des légumes ; pas la moindre vue, car il était entouré de murs ; mais il y avait au fond une terrasse sablée à laquelle on montait par des marches en pierre, avec un grand vase de terre cuite... de chaque côté, et c'était sur cette terrasse, lieu idéal pour moi, que se passaient nos grands jeux de bataille, de fuite et de poursuite... C'est là aussi que j'ai vu des papillons pour la première fois et de grandes fleurs de tournesol qui me paraissaient avoir cent pieds de haut (2). »

Une fillette élevée habituellement au milieu des objets naturels n'aurait pas été frappée, à la première vue des papillons, au point d'en avoir retenu le lieu et presque la date. J'en dirai autant d'une autre réminiscence enfantine de G. Sand. Ayant fait, à l'âge de quatre ans, le voyage

(1) *Histoire de ma vie*, t. II, p. 170.
(2) *Ibid.*, p. 171.

d'Espagne, où elle allait, avec sa mère, rejoindre son père aide de camp de Murat, elle relate quelques détails profondément enracinés dans sa mémoire. Celui-ci, particulièment : sa mère, voyant des liserons en fleur, lui dit : « Respire-les, cela sent le bon miel ; et ne les oublie pas ! » « C'est donc la première révélation de l'odorat que je me rappelle, et par un lien de souvenirs et de sensations que tout le monde connaît sans pouvoir l'expliquer, je ne respire jamais des liserons-vrille sans voir l'endroit des montagnes espagnoles et le bord du chemin où j'en cueillis pour la première fois (1). » La recommandation de sa mère, la comparaison par elle employée, la route au milieu des montagnes, ce sont là autant de circonstances propres à graver un tel souvenir. Il est, d'ailleurs, certain que si cette impression consciente de l'odorat n'était pas la première de ce genre que l'enfant eût éprouvée, ces associations d'idées étaient de nature à le lui faire croire, et à charmer d'autant son imagination esthétique.

Une chose à bien noter, c'est que Mme George Sand, comme Hélène, eut sa mère pour premier professeur d'esthétique naturelle. « Ma mère m'ouvrait instinctivement et tout naïvement le monde du beau en m'associant dès l'âge le plus tendre à toutes ses impressions. Ainsi, quand il y avait un beau nuage, un grand effet de soleil, une eau claire et courante, elle me faisait arrêter en me disant : « Voilà qui est joli, regarde. » Et tout aussitôt ces objets, que je n'eusse peut-être pas remarqués de moi-même, me révélaient leur beauté, comme si ma mère avait eu une clef magique pour ouvrir mon esprit au sentiment inculte mais profond qu'elle avait en elle-même. Je me souviens que

(1) *Histoire de ma vie*, t. II, p. 185.

notre compagne de voyage ne comprenait rien aux naïves admirations que ma mère me faisait partager, et qu'elle disait souvent : « Oh ! mon Dieu, madame Dupin, que vous « êtes drôle avec votre petite fille ! » Et pourtant je ne me rappelle pas que ma mère m'ait jamais fait une phrase. Je crois qu'elle en eût été bien empêchée, car c'est à peine si elle savait écrire à cette époque, et elle ne se piquait point d'une vaine et inutile orthographe. Et pourtant elle parlait purement, comme les oiseaux chantent sans avoir appris à chanter. Elle avait la voix douce et la prononciation distinguée. Ses moindres paroles me charmaient ou me persuadaient (1). »

V

La contemplation, pour l'enfant, comme très souvent pour l'adulte, c'est encore de l'action. Que de choses il y a dans le plaisir causé par la vue d'un beau paysage, et, si l'on veut, d'un paysage quelconque ! Outre les impressions auditives et visuelles, le plaisir dû au souvenir, et presque à la reproduction des impressions de fraîcheur, de contact, de mouvement, qu'on a éprouvées déjà, et qu'on pourrait éprouver encore, avec un petit effort, dans ce lieu. Ce petit effort, on ne le fait pas, parce qu'on est las de marcher ou de jouer, que l'on est commodément assis sur l'herbe, bien enfoncé dans un nid de branchages, que tout cela s'agite et murmure, que la vue s'étend au loin sur des perspectives charmantes, où l'on a le spectacle de tout ce qui passe et remue. On s'abandonne donc au doux *far niente* de la rêverie, qui n'est pas une cessation, mais une modification de l'activité si chère aux enfants.

(1) *Histoire de ma vie*, t. II, p. 185.

Une tendance fort naturelle aux personnes sensibles, quand elles sont en repos au sein d'un beau paysage, c'est de le peupler d'êtres vivants, et surtout de personnes. L'état normal et habituel de l'homme est de se trouver en compagnie de ses pareils ; seul un moment, et en l'absence de toute préoccupation grave, le moindre bruit qui s'éveille autour de lui, la moindre forme colorée qui sollicite son regard, évoquent chez lui machinalement quelque image relative à la personne humaine.

Si l'imagination a été fortement saisie par des lectures ou des récits, leurs héros viendront voltiger devant elle, et se mêler, avec plus ou moins de vivacité et de persistance, aux diverses impressions qui naissent du paysage lui-même. C'est là un plaisir délicieux, qui doit être cher aux natures plutôt émotionnelles qu'actives et raisonneuses. Les petites filles, élevées avec plus de retenue que les garçons, y seront naturellement plus portées que ces derniers. D'une manière générale, les enfants élevés seuls, un peu délaissés, un peu attristés dans leur famille, se laisseront aller bien plus facilement que les autres à ces poétiques obsessions. Rêver, c'est vivre dans un monde chimérique, plus beau, plus aimable que celui qui vous donne, outre le manger et le boire, un oreiller et une toison. Il faut qu'Hélène s'y soit bien agréablement oubliée pour protester, de longues années plus tard, avec l'ardeur que nous lui avons vue, contre l'avis rigoureux de Fénelon touchant la rêverie. Il y a, en effet, rêverie et rêverie. La rêverie gaie, saine, qui s'enchante des spectacles intéressants et moraux, et qui est comme un succédané de l'activité sympathique, telle était la rêverie d'Hélène.

Je crois qu'il faut être, par métier ou par goût, un peu confesseur ou poète, pour se demander sérieusement *à quoi rêvent les jeunes filles.* Mon Dieu, tout bonnement à ce qui fait aussi rêver les femmes plus souvent que les hommes n'affectent de le croire. Par exemple, la joyeuse mais sage Mme de Sévigné devait plus d'une fois rêver, fillette, comme elle rêvait plus tard, soit à Livry, soit aux Rochers : honni soit qui mal y pense ! Oui, elle aimait à se promener *aux rayons de la belle maîtresse d'Endymion*, et à rester des heures seule avec les *hamadryades !* S'il est bon, et je crois qu'il est même nécessaire à toute femme d'aimer la nature, ne trouvons pas mauvais que, de bonne heure, elle sache occuper sa pensée quand elle est seule. Souhaitons-lui, par conséquent, des parents qui aient su lui donner, sans en abuser, quelques occasions d'être seule et de rêver à son aise.

Mme George Sand, à laquelle j'aime toujours à revenir, eut, enfant, de ces occasions-là, et, à mon avis, elle n'eut pas lieu de s'en plaindre. Pendant les deux mois qu'elle passa à Madrid, sa famille logeait dans le palais du prince de la Paix, dont Murat occupait une partie. Sa mère était souvent obligée de sortir avec son père ; Aurore était confiée à une servante madrilène, qui n'avait rien de plus pressé que de laisser l'enfant là quand les maîtres étaient dehors. Le domestique allemand, Weber, parlait un langage inintelligible et sentait mauvais. L'enfant obtenait de lui qu'il la laissât seule en lui disant : « Weber, je t'aime bien, va-t-en. » « Je connus donc pour la première fois, dit George Sand, le plaisir étrange pour un enfant, mais vivement senti par moi, de me trouver seule, et, loin d'en être contrariée ou effrayée, j'avais comme du regret en voyant revenir la voiture de ma mère (1). » Aussitôt qu'elle se voyait

(1) *Histoire de ma vie*, t. II, p. 201

seule dans ce grand appartement, elle y jouait la pantomime, devant une psyché, avec son lapin blanc, ce qui, personnes et images, faisait « une scène à quatre, soit deux petites filles et deux lapins. » Puis elle allait rêver sur la terrasse; la terrasse donnait sur une grande place où elle admirait les soldats français, et surtout les mameluks de la garde, « cuivrés, avec leurs turbans et leur riche costume oriental. » Tout à côté de la place, elle comtemplait avec ravissement la croix et le globe dorés d'une église, « étincelants au coucher du soleil ». Quand la place était déserte et silencieuse, elle écoutait avec stupéfaction, puis avec un plaisir extrême, une voix semblable à la sienne qui appelait Weber, sa mère, et qui lui répondait ses propres paroles, s'éloignant ou se rapprochant quand elle changeait de place sur le balcon. L'enfant avait soigneusement caché à sa mère le mystère de ses rêveries, s'amusant à la pensée que toutes choses ont leur reflet et leur double (1), et s'égosillant à faire parler le sien. Sa mère l'ayant surprise au milieu de cette aimable et fatigante occupation, lui apprit que c'était l'écho qui répétait toutes ses paroles. Cet écho, c'était simplement une voix qui était dans l'air. Cette prosaïque explication ne détruisit pas le charme du poétique mystère; l'enfant était satisfaite de pouvoir lui donner un nom et de lui crier : « Echo, es-tu là ? M'entends-tu ? Bonjour, écho (2) ! »

C'est ainsi que l'imagination et le sentiment idéal suffisaient pour remplir les heures d'une fillette âgée de moins de cinq ans, prédisposée sans doute à la rêverie par l'héré-

(1) Remarquez en passant cette bizarre invention d'une enfant de cinq ans, qui est, chez Spencer, une hypothèse philosophique servant à expliquer l'origine de la croyance aux *âmes*.

(2) *Histoire de ma vie*, t. II, p. 201-206.

dité, mais aussi par l'éducation, le milieu et les circonstances.

Plus tard le rêve se continue, encore innocent, doucement empreint de mystère, mais toujours obsédant, sous d'autres formes. George Sand ruminera pendant plusieurs saisons, sous le charme d'une « hallucination douce », un roman dont le personnage vivait bel et bien pour elle, et où tous les objets extérieurs, toutes les personnes entraient en relation avec son cher et fidèle héros *Corambé.*

Je ne crois pas que beaucoup d'enfants soient capables d'obsessions aussi complètes et aussi longues. La vie idéale va pourtant souvent chez eux jusqu'à l'hallucination véritable. Elle se confond avec l'état physiologique qui amène fatalement la crédulité.

Par insouciance, faible préoccupation de l'avenir, et surtout faible action des centres supérieurs d'inhibition sur les idées, les émotions et les mouvements, le jeune enfant est un sujet tout préparé pour les images intenses, qui, régnant un moment en maîtresses dans son cerveau, refoulent toutes les autres images. Quand il est à jouer, le jeu seul existe pour lui ; quand il désire vivement un objet, tout s'efface devant cet objet ; quand il est à la rêverie, qui objective ses souvenirs dans ses impressions présentes, il est tout à cette obsession, moitié idéale et moitié réelle. Il croit alors aux fées, aux loups-garous, aux revenants, si les images de ces êtres fantastiques lui sont, d'une façon ou d'une autre, fortement suggérées. La crédulité, chez lui, plus qu'une forme de faiblesse intellectuelle, accuse un état d'hypéresthésie physique et morale, état qui peut facilement tourner à la manie, chez les enfants très sensibles, sous les influences combinées de la solitude et d'une éducation quelque peu mystique.

Cette crédulité active était devenue une manie chez Aurore Dupin. Absorbée par les objets extérieurs, elle s'oubliait dans ses jeux toujours dramatiques; elle emplissait le monde d'êtres d'imagination. La voilà qui lit, à huit ans, l'abrégé de la mythologie grecque; malgré l'horreur que lui font éprouver les symboles sanglants, elle y prend un grand plaisir. Elle met partout des dieux, des déesses et des demi-dieux. « Les nymphes, les zéphirs, l'écho, toutes ces personnifications des riants mystères de la nature, tournaient mon cerveau vers la poésie, et je n'étais pas encore un esprit fort pour ne pas espérer parfois de surprendre les napées et les dryades dans les bois et dans les prairies (1). »

Bien mieux équilibrée fut Mme Roland. Elle fut élevée avec soin, seule enfant d'une mère très sensée, très bonne, mais point expansive. La maison était sans jardin; elle ne voyait la nature que par échappées, en tournée de fête avec ses parents. Son plus grand plaisir était d'être seule, dans une petite chambre pleine de livres, qu'elle dévorait et comprenait. Un de ces livres était les *Vies* de Plutarque, et elle rêva des grands hommes; elle eut ses héros admirés, auxquels elle voulait ressembler. Sa passion pour la nature ne s'éveilla, semble-t-il, qu'un peu avant l'époque de l'adolescence; elle en fut ravie, enivrée; mais elle l'aima pour ses seules beautés, et pour la caressante ivresse qu'elle y goûtait par tous ses sens. Malgré ses fréquentes effusions, dans le goût de l'époque, vers l'Être suprême, il ne paraît pas qu'elle y ait jamais introduit des personnages mythiques, fabuleux ou romanesques.

A peine aussi une trace de cette réalisation mythologique

(1) *Histoire de ma vie*, t. II, p. 259.

ou romanesque de l'idéal, dans les impressions de petite fille dont Hélène nous a fait part. Les cérémonies en plein air, au milieu des parfums et des branchages, la procession des Rogations, les jeux de la Saint-Jean pénétraient son âme d'une poésie à la fois tendre et joyeuse. C'étaient là seulement de charmants symboles. Mais, à dix ans, elle ne cherchait plus le petit Moïse, le bon Joseph et la douce Ruth dans les allées de *son* joli parc. Les influences de l'éducation de couvent s'étaient superposées, sans les altérer ni les étouffer, sur les impressions de l'éducation plus humaine et plus réaliste de la famille. La nature était pure à ses yeux de tout mélange anthropomorphique. A peine l'animait-elle avec une réserve discrète : « La nature avait fait sa toilette matinale pour recevoir l'homme, et ce fut un branle-bas général, comme si l'on se fût donné le mot! » De simples métaphores. Ajoutez-y un retour ingénu sur ses jouissances, d'un égoïsme si délicat : « Les arbres et les fleurs m'envoyaient leurs plus suaves parfums. » Et toujours cette franche et fraternelle sympathie pour les êtres vivants, les hirondelles, les coqs, les pigeons, les innocentes victimes de la gourmandise humaine : « Et quelquefois aussi des coups de fusil qui me serraient le cœur. » « C'était bien intéressant; mais, en ce moment, l'étrange criaillement des grenouilles me plaisait bien davantage. Elles étaient là tout près, vivantes, et je les voyais par la pensée, sur le bord de l'étang, ouvrant leurs larges bouches, les yeux tournés vers les étoiles. »

VI

Hélène fut étonnée, à l'âge où la réflexion se développa chez elle, de trouver peu de ses pareilles parmi ses amies, d'ailleurs aussi intelligentes et affectueuses qu'elle-même. Elles n'avaient point cette curiosité sympathique pour les choses de la nature, que leurs parents, quelquefois assez instruits, n'avaient pas su leur communiquer. Elles jouissaient à la campagne, mais pas de la campagne elle-même; elles en jouissaient en partie de plaisir, comme « des filles de petits propriétaires », tandis que les parents d'Hélène, « peu faits pour les plaisirs mondains, amis de la lecture et du silence, et, chose importante, originaires d'un pays qu'ils avaient quitté non sans regret, habituaient leurs enfants à ressentir ces impressions, sans parti pris, naïvement, comme ils les éprouvaient eux-mêmes. »

Pour les enfants de propriétaires citadins, la campagne, en général, n'est pas ce que nous appelons « la nature ». Elle ne leur offre ou ne leur rappelle que de plates jouissances. Ils ne possèdent pas la terre, c'est elle qui les possède. Leurs parents ne la leur montrent que comme chose banale, vénale, d'un plus ou moins considérable rapport. La campagne, pour eux, c'est un certain nombre de sacs de blé et de pommes de terre, de barriques de vin, d'huile ou de cidre, un certain nombre de têtes de bétail représentant une pile plus ou moins grosse d'écus. C'est encore un endroit où l'on se promène et où l'on digère tranquillement à l'ombre ou au soleil; où l'on pêche la tanche, le goujon ou l'écrevisse, où l'on prend à la glu et l'on tue avec du plomb les oisillons et les lièvres; où l'on se repaît à plaisir de lait frais et de fruits savoureux. Tout cela signifie bien-être, bonheur et joie; c'est fort enviable et fort sain; mais il y faudrait au moins un grain de poésie. Bien au contraire, ces enfants y ont les oreilles rabattues de propos, non pas rustiques, mais mercantiles, qui font fuir au loin la muse bucolique. « Ce champ m'a coûté cent pistoles : je le vendrai cent cinquante. — Ce vignoble est de qualité médiocre : je m'en déferai à bon profit. — Une oie bien gorgée vaut son poids d'argent. — Ces futaies seront bonnes à tailler dans deux ans, etc. » Et puis, il faut entendre les plaintes des paysans sur le mauvais temps, le mauvais vouloir des voisins, les chenilles, les oiseaux; et les indignes querelles des parents avec ces exploités, haïssants et haïs, qui voudraient bien être exploiteurs, et les injures, les menaces, que sais-je encore ?

Certes, la théorie et la pratique de la science rustique, non plus que celles de la botanique, de la zoologie, de la physique, de la chimie, en un mot, l'intelligence et le soin des réalités champêtres n'en gâtent point la poésie. Nous citerons même plus loin quelque notable exemple de l'heureux mélange de ces deux choses. Mais ce n'était pas précisément le cas des amies d'Hélène et de leurs parents.

Ni le citadinisme élégant, ni la rusticité pure et simple, ne peuvent donner l'amour de la nature. Que trouvez-vous chez le paysan ? Ni plus ni moins que l'amour du pays natal, avec la jouissance primitive, et grossièrement esthétique, des sensations et des perceptions pour ainsi dire animales. Même les mieux doués pour la sensibilité (je prends des noms au hasard, un Virgile, un Millet, un Courbet), doivent venir à la ville apprendre à voir et à aimer la nature en artistes. Mais, en général, les purs citadins, un peu frottés de rusticité, sentent mieux la nature que les fils de paysans bien élevés à la ville. Le sentiment esthétique de la beauté naturelle suppose toujours un affinement particulier, qui relève du premier milieu et de la première éducation. J'ai connu pas mal de professeurs de littérature, fort capables de bien parler, et même de s'attendrir vraiment sur tel vers de Virgile ou de Théocrite, tel passage de Rousseau ou de Mme Sand; mais il ne fallait rien leur demander au delà : ces fins connaisseurs de la poétique des champs s'y ennuyaient à mourir. Il faut avoir vécu plus à la ville qu'aux champs, et peut-être avoir vécu là avant de vivre ici, et surtout avoir vu la campagne avec cette sympathie vivante qui vient plutôt de l'exemple que de la lecture, pour n'être pas un peu dépaysé dans la campagne.

Le sentiment de la nature suppose une union ou une alternance facile avec le sentiment des choses pratiques. Le paysan lui-même, un peu frotté de citadinisme, peut être sentimental à sa façon et à ses heures. Il peut jouir autrement qu'en propriétaire du blé qui germe, de la vigne qui fleurit, de la forêt qui verdoie. Une jeune fille de la campagne a fait ses études dans un excellent pensionnat de la ville : elle les a même poussées jusqu'au brevet. Déjà, à treize ans, elle faisait des compositions littéraires où le sentiment de la nature était exprimé en termes fort convenables. Comme tout cela était appris et imité, il était à croire que ce vernis superficiel s'en irait bientôt en écailles. Tout au contraire; elle vit avec les paysans, et partage leurs travaux et leurs plaisirs, un peu mieux vêtue qu'eux, mais toute simple; et, quand, de temps à autre, elle attire leur attention sur quelque scène admirable ou touchante de la nature, ils sont loin de se douter qu'elle a appris à voir et à sentir ainsi dans ses livres et dans ses entretiens avec ses maîtresses.

Chez les âmes saines et complètes, le sentiment de la nature revêt d'une familière et saine poésie les joies et le sérieux des occupations de la vie. Il fait, pour une femme, le charme indicible du foyer et des champs. Poète comme

Rousseau, grave comme une matrone romaine, savante comme un encyclopédiste, Mme Roland savait jouir et parler délicieusement de tous ces obscurs bonheurs de la vie domestique. « Il y a bien longtemps que je ne vous ai écrit, dit-elle à Bosc; mais aussi je ne touche guère la plume depuis un mois, et je crois que je prends quelques-unes des inclinations de la bête dont le lait me restaure : j'asine à force. Je fais des poires tapées qui seront délicieuses; nous séchons des raisins et des prunes; on fait des lessives, on travaille au linge; on déjeune avec du vin blanc, on suit les vendangeurs, on se repose au bois ou dans les prés; on abat des noix; on a cueilli tous les fruits d'hiver, on les étend dans les greniers. Nous faisons travailler le docteur, Dieu sait ! Vous, vous le faites embrasser; par ma foi, vous êtes un drôle de corps. Adieu; il s'agit de déjeuner, et puis d'aller en corps cueillir des amandiers. Salut, santé et amitié par-dessus tout. »

VII

Résumons cette première partie de notre étude.

Ainsi, de huit à dix ans, l'enfant a commencé d'observer avec intérêt beaucoup d'objets particuliers et de détails caractéristiques, pour les retrouver, les soupçonner et les admirer réunis dans un ensemble. Il n'en est plus, en général, à cette incapacité d'analyse qui est une sorte de myopie intellectuelle. On raconte d'Arago, dont la vue était fort courte, qu'à l'âge de dix-huit ou vingt ans, ayant mis par hasard des lunettes, il fut saisi d'une émotion inconnue jusque-là en voyant le nombre infini des feuilles d'un arbre voisin et les menus détails de leur structure. Je connais beaucoup d'enfants de huit ans qui ne sont déjà plus myopes de cette façon-là. En effet, la sympathie, aidée par les causeries, les récits, les chansons de la maison et les chants de l'école, par la lecture, et aussi par les premières notions d'histoire naturelle, les ont mis en goût et en mesure d'observer.

Leur observation, hâtons-nous de le dire, ne s'attache encore qu'aux traits les plus saillants. C'est œuvre de raffiné, plaisir de dilettante, que d'inventorier les mille impressions d'un paysage, et de réduire en ses éléments premiers l'émotion qu'on y éprouve. L'esthéticien, le naturaliste, sont eux-mêmes obligés de se refaire petits enfants, pour goûter la nature. Quand ils ressentent pleinement et franchement ce plaisir de communier par tous leurs sens à la fois avec elle, ils oublient les mille aspects sous lesquels ils la connaissent, pour n'en considérer qu'un très petit nombre, et s'en émouvoir avec la demi-inconscience de l'ignorant. Je crois même que nos descripteurs à outrance, quand il leur arrive de s'oublier à redevenir hommes en présence de la nature, en jouissent d'une bien autre façon qu'ils ne la décrivent ensuite dans leurs formules de convention. Une petite fille de dix ans, très intelligente, ne savait pas me donner une idée du village où elle passait la plus grande partie de chaque été. Je suis sûr qu'à dix-huit ou vingt ans, ayant appris l'art d'écrire et de décrire, et laissant aller sa plume à la seule inspiration des souvenirs, elle m'aurait donné en quelques traits fidèles les raisons qu'elle avait eues autrefois de se plaire dans ce village. Jamais je n'ai pu faire admirer à un enfant de douze ans la légèreté aérienne et l'attitude mélancolique d'un beau saule penché au bord d'un étang. Cette allégorie réalisée dans la nature ne répondait à rien dans son expérience humaine. Il s'en moquait bien. Quand je lui ai dit que les poètes comparaient ces minces branches inclinées à une chevelure défaite, il s'est mis à rire d'un air narquois. Sa sœur, âgée de neuf ans, qui se trouvait là, a souri d'un air fin et demi-sérieux, s'intéressant peut-être à l'analogie parce qu'elle rappelle un détail de toilette. En tout cas, elle était mieux préparée par ses expériences habituelles à saisir quelque chose de cette comparaison poétique.

Ce n'est pas à dire pour cela que l'enfant, stimulé par la sympathie, n'observe beaucoup de faits aussi bien que les grandes personnes. Seulement, il se contente de les noter sans les disséquer, quelque peu supérieur en cela à nos poètes byzantins. « Au bord de l'Adour, nous dit Hélène, s'étendait un gai village, dont plusieurs maisons se balançaient dans l'eau, renversées » ; « ce tableau charmant avait pour fond au nord la ligne sombre et sévère des pignadas de la lande qui commençait à s'apercevoir » ; et ailleurs : « un haut belvédère à balcon de fer surmonté d'une boule de cuivre, devenait peu à peu étincelant » : n'est-ce pas là de l'observation exacte et même scrupuleuse? Et cela ne suffit-il pas? Les grands maîtres de tous les temps ne sentent pas autrement; et cette simple et vraie perception de la nature naît sans effort sous la plume de la jeune fille, et sans doute aussi du garçon qui n'a pas appris la manière savante, conventionnelle de sentir et de voir.

Chez l'enfant, en général, et peut-être plus particulièrement chez la jeune fille, quand on la laisse s'élever presque seule, l'élément intellectuel du sentiment de la nature est de beaucoup inférieur à l'élément émotionnel. Nous avons vu qu'Hélène décrit parfois avec autant de finesse que d'exactitude, et que les conceptions d'ensemble, les petits tableaux indiqués en quelques traits lui sont familiers.

Mais c'est que tout cela est vivant, charmant, sympathique. Et, du reste, elle ne cherche pas toutes les raisons qu'elle peut avoir de savourer sa jouissance ; une seule lui suffit, et elle est excellente. Elle n'épuise pas la coupe d'ambroisie, pour en sentir le vide ; elle l'effleure des lèvres, et la voilà heureuse.

A l'esprit, pour y voir clair, au cœur, pour jouir sûrement, il faut une qualité de plus en plus rare chez nos poètes et nos écrivains, la simplicité. O la savante et puérile (je ne dis pas enfantine) manie de rechercher les sensations pour elles-mêmes, de les vouloir intenses, exquises, et de n'en estimer que l'expression subtile et même étrange ! Non, les sensations ne sont pas la fin de l'art ; elles n'en sont que l'occasion et la matière. Ce qui est beau, ce qui est bon, ce qui est sain, ce sont les images éclatantes, gracieuses, variées, mais simples et sereines ; et surtout les associations d'idées et de sentiments qui viennent tout naturellement, G. Sand aurait dit tout bêtement, à la suite. Laissons-nous aller à elles ; ne les arrêtons pas au passage, pour les tourmenter et les retourner, à seule fin d'en grossir l'effet. Usons de la rêverie naïve et vaguement crédule qui plaît à certains enfants. Il y a quelque chose qui vaut mieux que d'être un pur artiste, « un paresseux rêveur », à la façon de Beaudelaire ; c'est d'être une personne humaine, la première venue, faisant sa part de l'œuvre commune, et n'apportant dans la nature grandiose et pacifique, avec ses préoccupations en moins, que les idées et les sentiments de tous les jours.

CHAPITRE III

Le sentiment de la nature (*suite*)

LA GRACE ET LE SUBLIME

(Les fleurs, les vallées, les montagnes, la mer.)

I

Les fleurs sont des êtres naturels, englobés, comme les autres, dans le sentiment esthétique de la nature. Mais elles sont en elles-mêmes des objets d'art, la fraîcheur, la beauté, l'élégance réalisées avec une merveilleuse économie de matière et de formes.

Dans la nature, elles représentent surtout la grâce, comme les montagnes représentent le sublime.

Dès que l'enfant a pris connaissance des êtres et des objets qui l'entourent, il est charmé par cette chose légère et colorée ; il lui tend les bras, la désire, l'appelle, et il veut qu'on la lui donne. Dès qu'il peut se promener tout seul dans un jardin, il faut veiller à lui, sans quoi il fera une effroyable moisson de ces êtres charmants. Cet âge est sans pitié... dans ses amours. Ou plutôt quel prosaïque adorateur de la plus poétique des beautés naturelles ! Il en est pourtant qui, dès l'âge de six ans, quelquefois plus tôt ou plus tard, paraissent aimer les fleurs de la même manière qu'ils les aimeront toujours.

Deux jeunes filles (Hélène et Jeanne), que j'ai connues depuis leur plus tendre enfance, aimaient passionnément les fleurs. Rien ne leur semblait plus beau. Les rubans et les étoffes qu'elles aimaient le mieux étaient ceux qui sont formés de ces frais et jolis bouquets, si coquets, dits tissus Pompadour. Je ne sais, et elles ne doivent pas savoir elles-mêmes à quelle époque elles commencèrent à les aimer. Ce fut de bonne heure sans doute. Toutes petites, elles se figuraient que rien ne manquait à ceux qui possédaient un jardin et des fleurs. Elles avaient des sympathies singulières pour certaines personnes, seulement à cause de la bonne odeur de leur corsage, toujours muni de quelques fleurs doucement parfumées. La plus jeune demandait souvent à sa mère de la tenir sur ses genoux ; elle mettait alors sa tête contre la poitrine de la mère, et lui disait : « J'aime à être là, parce que ça sent bon. » En effet, la jeune femme avait l'habitude de porter quelques fleurs sur elle, et un des plaisirs de son mari était de lui porter la première violette ou une branche de réséda. C'étaient les fleurs préférées de la mère, tandis que le père aimait le basilic et le géranium, aux piquantes senteurs. Les enfants ont conservé un nécessaire à lettres de leur père qu'embaument encore une fleur trouvée à une des poches de son gilet et plusieurs feuilles de géranium.

Un des grands bonheurs de l'enfant, c'est le bouquet de fête du père et de la mère. Chez nos jeunes filles, les jours de Saint-Jean et de Sainte-Marie étaient ardemment désirés. Un petit bouquet bien simple et bien odorant en faisait principalement les frais ; Hélène et Jeanne se démenaient pour que les fleurs chères à leurs parents y fussent, avec le banal et solennel compliment, avec les promesses d'être sage, et les bonnes résolutions évanouies bien avant que les fleurs fussent fanées. Un détail qui plaisait assez dans la fête, c'était la petite pièce qu'on donnait aux enfants pour acheter ce qu'ils voudraient. On accuse un des frères d'Hélène (chaque famille a ses légendes) d'avoir un jour tendu la main deux ou trois fois, même avant l'offrande et l'acceptation du bouquet.

Les deux fils de la maison étaient un peu plus âgés que les filles : pourtant elles s'y connaissaient mieux qu'eux en fleurs. Elles se souviennent que déjà, à sept ou huit ans, elles n'aimaient pas ces énormes bouquets systématiquement façonnés, où les tiges des fleurs, montées sur des échasses de bois, viennent se serrer en ordre et s'étouffer de concert. Elles préféraient quelques fleurs mêlées à un peu de verdure, et placées au hasard, qui étaient présentées sans papier dentelé ni ornement sentant la pâtisserie. Ces bouquets gigantesques d'aujourd'hui, de même que ces couronnes monstrueuses, ne disent rien au sentiment, et blessent même jusqu'au sens esthétique du petit enfant. Je les mets au même prix que ces affreux bouquets d'église de village, qui déplaisent fort à maint petit enfant des deux sexes. Ils ont bien vite compris que cela ne rappelle aucunement la nature. « A-t-on jamais vu dans les champs des feuilles en argent et en or ? » demandait à sa mère une fillette de dix ans.

Je reviens à nos deux sœurs. La plus jeune, lorsqu'elle allait au couvent, était bien heureuse à l'époque du mois de Marie. Chaque soir, deux élèves habillées de blanc, une grande et une petite, venaient, au milieu de chants appropriés à l'action, offrir à la Vierge un bouquet et une couronne. Les élèves devaient fournir les fleurs, et les religieuses en faisaient la couronne et le bouquet. Comme les parents de l'enfant n'avaient pas de jardin, et qu'on ne vendait pas dans cette ville de fleurs au marché, la petite fille alla en demander à un château voisin, où il n'en manquait pas. Quand elle vit ce superbe parterre, où presque toutes les fleurs de l'Europe croissaient côte à côte, elle éprouva un ravissement tel qu'il lui revient encore, en y pensant, un éblouissement de féerie. « Je les vois, je les sens encore, ces belles fleurs ! » dit-elle.

Hélène et Jeanne, à l'imitation du couvent, faisaient aussi chez elles leur mois de Marie. A cet effet, elles profitaient d'une promenade de famille dans une gorge et dans les prés fleuris qui entouraient une fontaine rustique, à deux pas de la ville. Elles y faisaient une ample provision de mousse, de lierres, de flouves, de brisées tremblantes, de fleurs des champs. Puis, au moyen de caisses superposées et d'un vieux Plutarque recouvert de linges blancs, elles élevaient au milieu des fleurs une jolie vierge en plâtre. Le premier soir, le chat, attiré par les graminées qui lui semblaient un bon purgatif, s'était installé à la meilleure place du petit autel, et de ses dents broyait le bout des plantes. « Venez voir le chat qui prie Dieu ! » dit-on aux deux sœurs. Et elles, au lieu de le chasser, le regardaient faire avec complaisance. Cependant, comme il pouvait casser quelque chose, elles se promirent de fermer soigneusement la porte du sanctuaire. Elles furent particulièrement flattées de voir qu'un soir leur mère avait voulu faire sa prière devant leur humble autel. Bien humble, et pourtant bien riche : car les espèces végétales n'y étaient pas seules représentées ; on pouvait y voir très souvent des escargots, des chenilles et des coléoptères.

Dans la maison qu'elles habitaient, il y avait une petite cour séparée de la rue par une porte et un petit mur. Elles voulurent avoir enfin leur jardin ; sans demander la permission, elles séparèrent un coin du sol, et, avec un vieux couteau, remuèrent la terre. Dans cette terre bien préparée et arrosée, Dieu sait ! elles plantèrent des fleurs détachées de la plante ou coupées sur leurs tiges. Ces plants de toutes couleurs les remplirent d'aise; elles ne se lassaient pas de les regarder; assises sur un petit tabouret, elles se faisaient des histoires devant ce joli travail. Mais, quand leur mère vit cela, elle détruisit leur joie en leur disant que, lorsqu'on veut faire venir des fleurs, on emploie des graines, ou pour certains arbustes des tiges ligneuses. « Puisque vous voulez un petit jardin, ajouta-t-elle, il faut y semer des haricots et du maïs; cela poussera vite et je vous dirai comment vous devrez vous y prendre. »

On sema les susdites graines. Je ne dirai pas combien de fois par jour on allait aider, au moins du regard, le travail de la nature. Enfin, voici la terre qui se soulève par places, et peu à peu haricots et maïs montrent le bout du nez. Jamais fils de roi ne reçut, à son arrivée au monde, un accueil aussi joyeux que ces plantes bénies. Les enfants du voisinage furent invités à venir admirer la merveille. Deux d'entre eux, Adolphe et Marie, se hâtèrent de semer les mêmes graines devant leurs maisons, ce qui était facile dans une ville sans trottoirs. Seulement, rien ne put pousser chez Marie, à cause du mouvement incessant des gens de sa maison. Pour Adolphe, il montait une garde vigilante devant chez lui, et bien rusé aurait été celui qui aurait pu découvrir l'endroit précis où germaient les graines. Il attendait, pour dépaver, qu'elles eussent paru.

Les pousses de nos deux sœurs étaient déjà d'une belle venue; maïs et haricots commençaient à s'enlacer amoureusement; mais, un jour qu'elles étaient à la promenade, Adolphe et Marie vinrent traîtreusement les piétiner. Ce fut un de ces grands chagrins, difficiles à consoler, dont on se souvient toute la vie. Les maïs du bel Adolphe, respectés des passants, purent croître et grandir à leur aise : Marie était son amie, et nos sœurs n'auraient jamais vilainement usé envers lui de représailles. Mais, quand le hasard les amenait à apercevoir les maïs de ce garçon, elles détournaient la tête, le cœur gros et plein de sanglots.

Autre chagrin irréparable. Au-dessus de la porte d'entrée avait poussé un magnifique pied de mufliers, appelés vulgairement gueules de lion. Il était bien fourni, de couleur rose ; il datait de quatre ans. Leur père appelait cela les jardins suspendus de Babylone ; il montait de temps en temps sur une échelle pour arroser ces fleurs. Ils en étaient tous heureux. Au retour d'une promenade, on trouva également le muflier détruit. Les vandales l'avaient d'abord attaqué à coups de pierre, et avaient fini par le descendre, avec des crocs ou des cannes, pour le dépouiller de ses fleurs. Les vandales, ce ne pouvaient être qu'Adolphe et Marie, toujours ligués contre les fleurs des deux sœurs ; on les a toujours accusés.

*
* *

Beaucoup de fillettes, même plus âgées que celles dont je viens de parler, n'ont pas au même degré le culte esthétique et sentimental des fleurs. Cela dépend, en général, de l'éducation de famille. Je connais, en effet, très peu de jeunes garçons aimant les fleurs ; ceux qui les aiment passionnément en ont reçu l'exemple de leurs mères, et ont presque toujours été élevés à l'écart, comme des filles. La plupart des garçons que j'ai étudiés à ce sujet ressembleront tout au plus à ces deux-ci.

Je demandais à Eugène, enfant de onze ans, très intelligent, mais d'imagination pratique et scientifique, s'il aimait les fleurs. « Oh ! pas beaucoup, me répondit-il. J'aime à les faire pousser. Je les sème, je les arrose, je les regarde venir. Mais je n'ai pas grand plaisir à les voir. Il y en a qui sentent bon, il y en a de jolies. Mais je n'en éprouve pas un grand plaisir. » Quoique n'aimant pas les fleurs, il en fait cependant des bouquets dans la campagne, et paraît très heureux de les offrir à sa mère. C'est déjà quelque chose, et peut-être arrivera-t-il à les aimer pour elles-mêmes en les aimant pour les autres. Quant à son frère Louis, âgé de neuf ans, très intelligent aussi, très sensible, mais fort enclin, bien qu'artiste délicat en peinture, aux grossières jouissances, il n'aime en aucune façon les fleurs. Il passe à côté d'elles, sans les regarder ; un bouquet semble ne lui rien dire.

Un de mes amis, physiologiste éminent et doué au plus haut degré du sentiment de la nature, aime les fleurs, mais sans passion. Il les regarde avec plaisir sur leurs tiges, dans un parterre, mais il n'aime pas à en faire des bouquets, et elles lui déplairaient presque une fois cueillies et mises en gerbe. C'est que, de bonne heure, il s'était mis avec rage à chasser des insectes : tout à sa passion entomologique, il n'avait pas le temps d'admirer les fleurs, ni d'écouter les jolies choses que sa mère essayait de lui faire entendre à leur propos. Les fleurs ne furent jamais considérées par lui que comme l'hôtellerie des insectes.

Le goût esthétique des fleurs peut cependant venir même aux anciens petits garçons, quand ils ont l'âge d'homme, ou même à l'époque de l'adolescence, par l'effet d'une évolution morale que les exemples de la famille auraient pu contrarier. Tel fut Vallès, ce *naturaliste* aux narines retroussées pour le flair, qui ne manqua jamais, bien avant Zola, de mettre dans ses descriptions la note odorante, et qui était particulièrement friand des violettes. Pourtant sa mère, s'il ne l'a pas un peu calomniée, n'était pas femme à faire des folies pour les fleurs. « Je ne me rappelle pas avoir vu une fleur à la maison. Maman dit que çà gêne et qu'au bout de deux jours ça sent mauvais. Je m'étais piqué à une rose l'autre jour, elle m'a dit : « Cela t'apprendra (1). »

Il se mêle presque toujours chez l'homme, au goût décidé pour les fleurs, quelque chose de possessif, de conquérant, de créateur. Le freluquet les aime pour les étaler sur sa vaniteuse personne, et en augmenter ses grâces séductrices. L'amateur les aime, je ne saurais dire au juste pourquoi, si tant est qu'il les aime. Je passe sous silence cet engouement effréné des grandes bourses pour certaines fleurs rares, que l'on paie un prix inouï. La France, en ce point, n'est pas plus sage que la Hollande, et l'on pourrait citer des histoires assez curieuses sur les amateurs d'oignons et de tubercules. Mais il est des amateurs des fleurs plus simples, des fleurs de tout le monde. Chez ceux-là même l'admiration se ressent du plaisir de l'œuvre et de l'effort personnel.

J'en connais un qui n'est jamais plus heureux qu'au milieu de ses fleurs. Il les soigne, sème, plante, cultive, arrose avec une sorte de religion. Fonctionnaire, il passe le temps de ses récréations, de ses congés, à cette culture favorite. Il est plus désolé de la mort d'un arbuste qu'il a fait pousser que de la perte d'un objet de valeur. Aime-t-il les fleurs pour leur beauté ? Non ; car il s'est pris d'une

(1) *L'Enfant*, p. 5.

passion étonnante pour les fougères, peut-être en souvenir des courses ou des tours d'adresse qu'il lui a fallu faire pour en aller chercher au pied des montagnes ou au bord des ruisseaux. Dans ses promenades, il se chargerait volontiers de toutes celles qui croissent à l'ombre des peupliers de l'Adour ou dans les ravins des coteaux voisins. « Quand vous aurez une villa, lui disais-je, vous l'appellerez la villa des Fougères. » L'année passée, il fut tout heureux de voir, aux environs de Genève, une villa de ce nom. « Ah ! fit-il, voilà des gens avec qui sans doute je sympathiserais facilement ! »

Ne nous hâtons pas trop de crier à la rusticité ou à l'insensibilité, quand nous voyons même une femme ne pas aimer les fleurs, ou du moins faire comme si elle ne les aimait pas.

Je connais une vieille dame qui n'a jamais eu d'autre poésie. Ce goût exclusif date de ses premières années. Elle m'a raconté que ses parents possédaient un grand magasin dans cette île Louviers, que les vieux Parisiens ont seuls connue. Il y avait, sur la berge de la Seine, bordée de peupliers, du gazon et des fleurs en toute saison. L'enfant passait là presque toutes ses journées. Avait-on besoin d'elle, on allait la chercher à ses fleurs. Quelle fête pour elle de cueillir des myosotis, des boutons d'or, des marguerites, et puis d'en faire des bouquets et des couronnes ! Il fallait entendre l'accent dont cette dame, d'un caractère assez froid, me disait des fleurs : « Je les ai toujours aimées ! » A l'âge de soixante-neuf ans, elle fit une chute grave, qui la força à garder le lit de février à juin. Son plus grand chagrin était de ne pouvoir aller à son jardin de Rosny. Cette dame est d'une avarice peu ordinaire, sans être le moins du monde méchante ; elle est même serviable, si elle n'a pas à y dépenser autre chose que son temps et sa peine. Elle aime à faire quelques cadeaux à ses amies; elle donne toujours de petits bouquets, et elle croit donner beaucoup. Ni son père ni sa mère, occupés sans cesse à leurs affaires, ne lui avaient inspiré cette passion des fleurs. Si ce goût n'est pas autrement héréditaire chez elle, il a bien pu lui venir de ses récréations solitaires dans le petit coin de l'île Louviers.

Il y a tant de manières d'aimer, et des nuances infinies dans chacune de ces manières! On aime d'une sympathie invincible, comme on hait, d'une irrésistible aversion; on a des préférences ou des dégoûts marqués pour tel objet particulier, ou pour toute la classe dans laquelle il rentre; on aime pour soi, pour les autres, pour l'utilité, la vaine gloire, par caprice, par mode; on aime par un entraînement esthétique, soit instinctif et inné, soit acquis et réfléchi. L'indifférence apparente est souvent même de l'amour qui n'a pas abouti, faute d'occasion et d'aliment. Tout ceci s'applique au goût des fleurs.

Quand il s'agit des goûts des femmes, dont la logique (pour plusieurs raisons) comporte plus de contradictions que celle de l'homme en général, nous devons nous garder de conclusions rapides et absolues. L'amour pur et simple des fleurs ne prouve pas toujours grand'chose. J'ai connu des femmes passionnées pour les fleurs; elles en ornaient leur corsage, leurs appartements, leurs fenêtres, le devant de leurs portes; elles les cultivaient avec beaucoup de soin et de plaisir; et ces femmes n'étaient pas des types de bonté, de douceur et de délicatesse.

Était-ce par une de ces antipathies de naissance, qui ont leurs racines dans les expériences des ancêtres, et souvent sont dues à tel ou tel événement survenu pendant la grossesse de la mère, que la reine Marie de Médicis avait des attaques de nerfs en voyant une rose, même en peinture; et que le chevalier de Guise tombait en syncope à la vue d'un rosier? Quelques détails précis sur la première éducation de ces illustres ennemis de la reine des fleurs nous auraient peut-être renseignés sur ce point.

Souvent ce n'est pas la fleur elle-même qui est antipathique; c'est le parfum qui incommode. Je connais une dame qui a des maux de tête affreux, à peine a-t-elle senti des violettes. « Je les aime dans les bois ou dans les jardins, dit-elle; mais ne m'en portez pas; n'en mettez pas sur vous quand vous venez me voir. » Cette sorte d'infirmité vient d'un état nerveux pareil à celui que l'on remarqua chez Louis XIV à propos du musc. Il avait pour cette odeur un dégoût que rien ne pouvait surmonter. Les courtisans se seraient bien gardés de s'en parfumer lorsqu'ils devaient se présenter devant lui. Enfant, il avait eu cependant un grand penchant pour les *bonnes senteurs*; mais un jour, il eut, pour ainsi dire, une véritable indigestion de musc. Il en résulta une grande maladie, qui lui laissa pour toujours ce parfum en horreur. Mme de Soissons, Olympe Mancini, voulant se faire aimer du roi, et jalouse des attentions qu'il accordait à sa sœur Hortense, duchesse de Mazarin, lui fit répandre sur sa robe, par un petit nègre, un flacon de musc. Sa vengeance frappa juste, car le roi eut depuis une répulsion des plus grandes pour la belle héritière du nom et de la fortune du cardinal.

*
* *

Il ne sera peut-être pas sans intérêt pour les mères qui me liront de voir comment on apprenait aux enfants à aimer les plantes en général, et les fleurs en particulier, dans une école-modèle. Je l'ai su moi-même d'une jeune femme qui en fut une des élèves les plus distinguées.

Au cours pratique de Mme Pape-Carpantier était attaché un asile, habilement dirigé par Mme Pickaer, qui était bien le bras de la maison, si Mme Pape en était la tête. Elles étaient le complément l'une de l'autre; celle-là mettait d'une façon magistrale en exécution ce que l'autre savait magistralement concevoir. L'objet le plus insignifiant intéressait dès qu'elle en parlait; il cessait d'être quelque chose d'isolé dans le monde. En quelques paroles simples, et d'un air qui tenait toute la classe attentive, elle montrait le but, l'utilité, les relations principales de chaque être, de chaque instrument, de chaque produit de l'industrie humaine : il ressortait de chaque leçon un fait moral, qui se présentait à l'esprit de l'enfant naturellement et sans effort. Il le déduisait souvent lui-même : c'était l'enseignement profitable et pratique dans toute son excellence. Tout devenait matière à démonstrations ingénieuses et faciles à saisir. L'histoire, la géographie, la physique, la chimie, les travaux de l'agriculture et de l'industrie, étaient mis sans prétention sous les yeux de ces petits Parisiens, qui savaient à peine lire, mais qui, pour certaines connaissances, auraient pu en remontrer à des écoliers bien plus âgés.

Mais où Mme Pickaer se surpassait, c'est en traitant le sujet *fleurs*. Quand elle demandait aux enfants s'ils seraient heureux d'entendre parler du lin, des graminées, de la vigne, des violettes, des roses, etc., il s'élevait de tous les gradins, de ceux des garçons comme de ceux des filles, de véritables hourras indiquant que c'était le thème préféré de la société enfantine. Mais aussi, comme elle savait leur faire aimer les fleurs !

Il faut avoir assisté à ces leçons et entendu ces récits, qui, bien qu'adressés à de si jeunes esprits, n'excluaient pas de sobres développements fournis par la poésie, la mythologie et l'histoire. La violette, symbole de l'humilité, que son parfum seul découvre, offrait de si jolis conseils aux fillettes ! Elle se faisait par moments savante, sans cesser d'être modeste, et venait expliquer à la compagnie son nom de baptême. Certes, elle tenait son nom de Jupiter lui-même, qui l'avait fait naître, au dire des anciens, pour procurer à Io, d'où son appellation, une pâture digne d'elle.

La leçon du laurier visait de préférence les garçons. Au mot *gloire*, dont il est le symbole, on les voyait naïvement se rengorger et se grandir sur les bancs. Au récit de ses nobles usages dans l'antiquité, plus d'un front aux cheveux bouclés se sentait déjà couronné du feuillage cher aux hommes de mérite éminent. Mais les jeunes auditrices avaient leur part de laurier. Se tournant vers elles : « Et vous, mignonnes, vous qui regardez avec tant d'admiration vos jeunes camarades, vous pourrez aussi avoir le laurier sur votre front, un jour de distribution des prix. Vous pourrez surtout, avec le laurier (mais ce ne sera pas avec celui qui symbolise la gloire éclatante), assaisonner vos crèmes et décorer vos plats, aux jours de festin. » Et garçons et fillettes, qui avaient compris, parce qu'ils avaient fait attention, et qui avaient été attentifs, parce qu'ils aimaient le sujet, battaient des mains en souriant vers la maîtresse, fière du succès obtenu.

On faisait ensuite admirer le courage modeste et désintéressé qui se contentait d'une simple couronne de gazon, et on ne cachait pas les tracas et les ennuis réservés à ceux que la foule regarde avec envie. Alors les laitues de Dioclétien et le regret de n'avoir pas plus tôt *planté des choux* égayaient l'assistance.

Parfois on traçait à grandes lignes le portrait des grands botanistes. Après les Français, c'était le tour des étrangers. On savait par cœur l'histoire du jeune Linnée, qui ne montra d'abord aucun goût pour l'étude. Ses parents, assez pauvres, l'avaient mis en apprentissage chez un cordonnier, où il passa un temps assez long, juste assez heureusement pour s'ennuyer. De lui-même, il réclama ses livres, promettant de travailler, et il tint parole.

On disait, en quelques traits ineffaçables, la légende sentimentale et l'histoire utilitaire des principaux représentants du règne végétal. Un jour, c'était la sensitive, impressionnable comme une jeune fille, que le plus léger contact frappe de stupeur, et que l'opium fait tomber en léthargie. Ou bien la marguérite, perle des prairies, qui, effeuillée, répond de quelle tendresse vous aiment ceux que vous chérissez. Et le myosotis, la fleur du souvenir, d'un bleu aussi doux que sa légende! La figure des enfants, de bienveillante se faisait haineuse, à la parabole de l'homme qui sème de l'ivraie parmi le bon grain du voisin. L'histoire du blé et du pain était toujours sérieuse, et avec cette conclusion que chacun, par son travail, profite à tous, et que le travail de tous est nécessaire à chacun.

On ne faisait jamais ces leçons sans avoir sous la main un ou plusieurs échantillons, plantes que les enfants regardaient avec bonté, quand elles étaient bienfaisantes aux hommes. Les garçons pressentaient leur rôle protecteur dans l'avenir, quand on les comparait au chêne robuste, et les petites filles juraient déjà de s'attacher, comme le lierre, symbole de tendresse et de dévouement, à ceux qui les défendraient par leur travail et par leur courage.

Puis venaient les Parmentières, ce pain tout fait du pauvre, qui a chassé les temps désastreux de famine et de misère universelle. On n'oubliait rien; ni l'angélique, précieuse aux Lapons; ni l'armoise, que le moindre souffle effeuille, et dont on a fait pour ce motif le symbole d'une chose insaisissable : le bonheur; ni l'églantine qui égaie nos chemins, et que les Jeux Floraux de Toulouse avaient choisie, de compagnie avec l'œillet et le souci, pour récompenser les poètes lauréats.

Il faut avoir entendu, pour ne l'oublier jamais, le récit de la fête des Tentes, chez les Israélites; elle durait plusieurs jours, pendant lesquels tous, hommes, femmes, enfants, habitaient sous des berceaux de feuillages et de fleurs, en souvenir du séjour que firent leurs pères dans le désert. Les fêtes des Gaulois ravissaient aussi le jeune auditoire : l'imagination poétique de leur maîtresse les entraînait à la cueillette du gui sacré, au milieu des forêts, seuls temples dignes, selon nos aïeux, de la majesté divine.

Une jolie chanson des fleurs, qui était en même temps un jeu, revenait souvent dans les exercices. Voici en quoi cela consistait.

Des fillettes, douées d'un peu de voix, représentaient ce que nous avons l'habitude d'appeler fleurs bonnes ou agréables, telles que le lis, la rose et le réséda. Elles venaient, l'une après l'autre, faire leur profession de foi; et toute la classe, du haut des gradins, les conviait en chœur :

Venez, venez, charmante :
A nos jeux mêlez-vous.
Venez, fleur odorante,
Et chantez avec nous.

Laissez-moi vous dire la chanson du lis :

Je suis le lis qui penche
Sur le bord des ruisseaux,
Et ma corolle blanche
Se mire dans les eaux.

Et celle de la rose :

On m'appelle la rose :
Mon nom, c'est ma couleur ;
Au doux printemps éclose,
Je suis la reine fleur.

A tour de rôle, après avoir chanté, les petites filles allaient prendre place auprès de leurs compagnes.

Les petits garçons étaient souvent chargés de représenter les méchants types ; mais ils acceptaient leur rôle très volontiers. Un petit bonhomme venait gentiment, de sa plus grosse voix, chanter :

Du persil j'ai la feuille ;
La ciguë est mon nom ;
Malheur à qui me cueille :
Mon suc est un poison !

Alors toute la salle le chassait derrière la porte comme un bouc émissaire :

Fuyez, mauvaise plante,
Fuyez bien loin de nous !
Vous êtes trop méchante
Pour jouer avec nous.

Cela n'empêchait pas l'ortie d'avancer. Elle disait :

C'est moi qui suis l'ortie
Qui croît sur le chemin ;
Je pique l'étourdie
Qui tend vers moi la main.

Elle devait s'enfuir, elle aussi, en nombreuse société.

Puis se faisait un grand silence. « Taisons-nous, disait la maîtresse. Je crois que l'on frappe à la porte. » En effet, *pan pan pan*, entendait-on. « Qui est-là ? — La ciguë. — Que voulez-vous ? — Je voudrais entrer. — Venez nous montrer à quoi vous êtes bonne. « Et la ciguë faisait l'histoire des recettes pharmaceutiques à l'aide desquelles elle avait quelquefois adouci les maux des hommes. Les gens les plus méchants sont bons en quelque chose.

L'ortie était vite réintégrée, comme plante textile et fourragère.

Les enfants leur chantaient :

Venez, fleurs méconnues ;
A nos jeux mêlez-vous.
Soyez les bienvenues,
Et chantez avec nous :
Chantons, chantons en chœur,
Pâquerettes
Et violettes,
Chantons, chantons en chœur ;
Car toutes les fleurs
Sont sœurs.
Et répétons : Vivent les fleurs !

Le peuple n'a pas à se plaindre, quand il rencontre pour ses petits des classes comme celles-là. Jugez du plaisir que devaient éprouver ces enfants le dimanche, lorsqu'avec leurs familles ils allaient courir dans les environs de Paris, visiter chez elles les fleurs, dont on leur parlait si bien en classe !

Et puis !... Vous savez le mot si simple et si profond de Mme Pape-Carpantier : « La rénovation de tout notre enseignement se fera par la salle d'asile ? » Je suppose donc la transition faite entre l'école maternelle et l'école élémentaire ; dès lors, les mêmes sujets présentés aux enfants, avec une abondance croissante de faits, d'idées et de sentiments : que de belles et utiles choses l'enfant apprend d'année en année sur les fleurs !

Il admire, en artiste et en naturaliste, leurs harmonies naturelles avec les autres règnes de la nature, l'union des couleurs les plus variées aux formes les plus diverses et aux proportions les plus harmonieuses ; leur élégance, leur grâce, leur beauté, leur parfum ; leurs physionomies et leurs attitudes si richement expressives. L'enfant aime à retrouver partout le langage du sentiment, et les fleurs, bien observées, lui parlent instinctivement et adorablement ce langage. Et quel plaisir pour les éducateurs et les parents, d'y appuyer avec les leçons des maîtres !

« Nous avons des fleurs penchées dont l'allure est sentimentale, d'autres qui sont irrégulières, et, pour ainsi dire, décousues, comme les begonia, si chers aux décorateurs japonais. Le liseron s'ouvre avec douceur, l'ancolie s'incline avec tristesse, et la marguerite déploie gaiement sa corolle rayonnante. N'y a-t-il pas un air de franchise dans l'attitude de tant de fleurs et fleurettes qui poussent droites mais fermes sur leurs tiges ? N'y a-t-il pas une intention marquée d'élégance dans les formes et dans la chute des fuchsias ? La folle-avoine n'a-t-elle pas un air de désordre aimable et piquant ? Les fleurs les plus magnifiques dans leur épanouissement sont discrètes dans leurs boutons. La modestie, la fierté, l'abandon, la réserve, la coquetterie, la hardiesse, l'indépendance, tous ces caractères humains se peuvent attribuer aux fleurs, et leur sont attribués en effet par l'infaillible sentiment qui a créé la poésie du langage. C'est assez dire qu'à l'expression de leur couleur et de leur dessin s'ajoute l'expression de leur port, de leur tenue, de leur désinvolture, de leur ensemble (1). »

Par leurs rapports manifestes avec nos états moraux, les fleurs ont merveilleusement contribué à nous civiliser et à nous moraliser. Mêlées à tout dans la vie de l'homme, elles l'ont charmé, consolé, touché : elles ont perfectionné et affiné sa langue, adouci ses peines, enchanté ses solitudes, peuplé son imagination d'images naïves et caressantes. Vous savez tous les histoires si souvent répétées de Silvio Pellico et du héros de Picciola. Bien avant eux, Mme Roland, dans sa prison, savait trouver des moments de bonheur, grâce aux fleurs bien aimées. « Quels que fussent les livres qu'on me donnait, écrit-elle à propos de sa passion d'enfant pour la lecture, ils m'absorbaient tout entière, et l'on ne pouvait plus m'en distraire que par des bouquets. La vue d'une fleur caresse mon imagination et flatte mes sens à un point inexprimable ; elle réveille avec volupté le sentiment de l'existence. Sous le tranquille abri du toit paternel, j'étais heureuse dès l'enfance avec des fleurs et des livres ; dans l'étroite enceinte d'une prison, au milieu des fers imposés par la tyrannie la plus révoltante, j'oublie l'injustice des hommes, leurs sottises et mes maux, avec des livres et des fleurs (2). »

(1) Ch. Blanc, *L'art dans la parure et dans le vêtement*, pp. 76-78.
(2) *Mémoires*, partie I.

Consolatrices, pacifiques ! L'homme a toujours été frappé de l'opposition qui existe entre ces petits êtres frêles et fragiles, qu'il plie d'un souffle et qu'il briserait du doigt en les touchant, et les animaux avides et cruels, qui nourrissent la vie sur la terre de leur vaste et éternel entr'égorgement. Il les sait parfois innocemment meurtrières, mais capables de guérir avec leurs poisons mêmes. Aussi est-ce avec une sorte de stupeur qu'il a entendu parler de quelques monstrueuses fleurs carnivores. C'est une anomalie à laquelle son cœur se refuse à croire : elles sont, malgré tout, pour lui les pacifiques. Un beau rêve que nous avons fait et que les enfants de nos enfants doivent faire après nous, c'est qu'il arrive un temps où les hommes ne connaîtront pas d'autres batailles que... les batailles de fleurs !

II

Les premières impressions de l'enfant en présence des montagnes, quoique bien simples et naïves, ne sont pourtant point des émotions tout animales. Il y a déjà là des conceptions de grandeur assez nettes, par comparaison avec des objets familiers ; il y a l'idée des aspects successivement remarqués dans cette immense élévation ; il y a surtout la conception et la qualification générale de beau appliquées en connaissance de cause à cet objet d'admiration. Ecoutez l'enfant de trois ans : « Elle est bien grande la *mountane* ! Ce matin elle est toute blanche, hier toute noire, et l'autre hier toute rose. Oh ! la belle mountane ! Elle est bien plus grande que notre maison, peut-être quatre fois plus grande (1). » De telles conceptions, de telles

(1) *Les Trois premières années de l'enfant*, p. 320.

idées de rapports, de telles émotions, un animal ne peut en avoir tout au plus que les rudiments.

Les idées et les sentiments, les facteurs intellectuels et les facteurs émotionnels du sentiment esthétique, surgissent petit à petit, isolés, peu précis, difficilement remémorés après un certain laps de temps. Mais ils n'en font pas moins leur œuvre à l'insu de l'enfant, prompts à reparaître en tout ou en partie, sur le choc d'une excitation très vive. C'est ainsi que les mieux doués d'entre nous retrouvent par moments des réminiscences du vieux temps, qu'ils repensent ou refont avec leurs idées de grandes personnes. Les écrivains de profession sont si habiles à construire leurs souvenirs, qu'ils se font souvent illusion à eux-mêmes, et vous donnent bonnement leurs compositions d'aujourd'hui pour de fidèles copies des impressions d'antan. Quel vigoureux dessin et quel riche coloris dans ce croquis cévennois :

« Nous avons traversé le faubourg, passé le dernier bourrelier. Nous sommes à Expailly !

« Plus de maisons ! excepté dans les champs quelques-unes ; des fleurs qui grimpent contre les murs, comme des boutons de rose le long d'une robe blanche ; un coteau de vignes, et la rivière au bas, qui s'étire comme un serpent sous les arbres, bordée d'une bande de sable jaune, plus fin que la crème, et piqué de cailloux qui flambent comme des diamants.

« Au fond, des montagnes. Elles coupent de leur échine noire, verdie par le poil des sapins, le bleu du ciel où les nuages traînent des flocons de soie ; un oiseau, quelque aigle sans doute, avait donné un grand coup d'aile et il pendait dans l'air comme un boulet au bout d'un fil (1). »

(1) Jules Vallès, *l'Enfant*, p. 25.

Certes, cela est fort bien trouvé, mais bien peu retrouvé. Je sens mieux, mais pas tout-à-fait encore, la note naïve du souvenir d'enfance, dans cet autre paysage subalpin :

« La vallée offre plutôt un panorama qu'un paysage ; le grand accent en est toujours la montagne bleue à l'horizon. Là-bas, sous le soleil, le mont Sainte-Victoire dresse sa haute silhouette par-dessus le vaste cintre des collines, au pied desquelles la Durance trace un long fil d'argent ; là-haut, au nord, la chaîne massive du Lubéron, bandée sur le ciel comme un arc gigantesque, étale ses arêtes roses et ses ravines violacées à la lumière ruisselante (1). »

Deux enfants, l'un âgé de onze ans, l'autre de huit, avaient passé une quinzaine à Barèges et visité avec leur tante les principales curiosités des environs. Ils avaient fait une ascension au pic du Midi. Ils s'y étaient fort amusés. Leurs impressions de touristes étaient, d'ailleurs, très sommaires. Voici tout ce que je pus tirer d'eux : « Il y avait, dit l'aîné, des nuages sur la plaine ; mais on voyait très bien les sommets des montagnes qui paraissaient, mais qui n'étaient pas près de nous. Arrivés là-haut, nous y sommes restés trois heures à admirer. »

J'avais fait avec lui, l'année précédente, une ascension sur une montagne, d'où je lui avais fait admirer en détail la charmante vallée d'Argelès ; il en avait même écrit le lendemain à son père une description assez intéressante. Voulant savoir ce qu'étaient devenues ces impressions pittoresques, je demandai à l'enfant : « Te souviens-tu de la vallée d'Argelès ? — Oh ! oui, c'était joli. Depuis Argelès jusqu'à Barèges on compte les lignes kilométriques, et il y en a trente. »

(1) Lucien Arréat, *Une éducation intellectuelle*, p. 3.

J'interrogeai la tante sur cette montée au pic du Midi. « Le plus grand plaisir des enfants, ou du moins le plus apparent, était celui de gravir le pic, et de se dire qu'ils étaient sur des ânes. Ce plaisir a duré jusqu'au bout, et il continuait encore à la descente. Le plus jeune était comme fou de joie, il chantait, disait des bêtises. L'autre ne disait rien; c'était le bonheur complet, où l'âme se recueille et se noie. Quand je leur disais : « Regardez comme ceci est « beau ! — Oh ! oui ! » répondaient-ils. Pas de réflexion sur tout cela. Cependant on voyait que cet entourage de montagnes superbes et de gorges ouvertes à l'infini les saisissait l'un et l'autre par moments d'une impression grande et insolite.

« C'était aussi la curiosité de l'extraordinaire et l'élan audacieux vers le difficile. S'il y avait un passage pénible, ils voulaient y aller. Un rocher s'excavait-il en sombre caverne, ils parlaient d'y entrer.

« Un jour nous étions sur une montagne dont le sentier contournait au-dessus d'un précipice. Ils ne voyaient pas le danger. Ils avaient envie de descendre pour chercher de l'arnica. Le plus jeune trébuchait sur les pierres; il riait de ma frayeur; tout son souci était de jeter des cailloux et de faire rouler des grosses pierres en bas. »

Les lettres des enfants, quand elles ne leur ont pas été dictées ou soufflées, peuvent aussi directement nous renseigner sur leurs impressions dans les montagnes.

« Vous devez avoir eu de l'orage hier, vers huit heures. A Barèges, le temps est devenu mauvais. A un brillant clair de lune, magnifique à voir de notre chambre sur les sommets des montagnes, a succédé une pluie torrentielle. Mais les chemins sont en si grande pente ici, que la rue ne se mouillait presque pas pour faire de la boue. »

« Maintenant on est seul dans les sentiers de la montagne; les paysans et les autres ignorants, peu curieux de ces choses-là, n'y vont pas ; ils aiment mieux s'étendre sur les bancs et les chaises de la vallée en bas, pendant que leurs Mariettes et leurs Jeannetons (leurs femmes s'appellent toutes comme cela) tricotent ou crochètent toute la journée. Et, bien sûr, les langues vont leur train.

« La journée de lundi n'a pas aussi mal tourné que la précédente. Nous sommes gentiment partis aux petites allées, au-dessous de la ville, digérer le verre d'eau de l'établisssement et ouvrir notre estomac pour le déjeuner : le mien n'en avait pas besoin ; j'ai promis de manger des rochers, comme une autruche, avant notre départ. Le temps était au beau tout à fait, et il s'est maintenu ainsi toute la journée. »

L'impression esthétique est fort mélangée et n'atteint guère au sublime. Je ne dis pas que les mêmes enfants, un peu excités par l'entourage, n'eussent pu recevoir directement, ou se former par suggestion, des idées et des sentiments beaucoup plus élevés sur les choses dont ils ne parlent ici qu'en passant, comme ils les ont vues.

Une mère parisienne a bien voulu me confier les lettres que ses trois enfants, Paul, Louise et Albert, lui écrivirent de Bagnères, il y a quelques années. Ils y étaient en compagnie de leur oncle, lieutenant de vaisseau. On remarquera bien çà et là des idées et des expressions qui ne leur seraient pas venues loin de leur compagnon adulte. Mais qui peut se vanter d'avoir en présence des scènes les plus nouvelles de la nature, des impressions absolument originales, qui ne doivent rien à des souvenirs de conversations, de lectures, d'œuvres artistiques ?

Lettre de Paul, âgé de treize ans.

« Je vais donc te raconter notre fameuse ascension au Mounné.

« Nous étions, nous autres, sur des ânes ou des ânesses, et notre oncle à pied, comme le guide. Nous sommes longtemps montés sans presque nous en apercevoir. Tous les quinze pas, nous apercevions le sommet de Mounné, ou quelque autre qui lui ressemblait. Nous croyions y arriver, et la route recommençait. Enfin nous faisons le tour d'un énorme rocher, qui semblait vouloir nous tomber dessus et nous écraser.

« Sur un pic voisin, que notre oncle a appelé un *piton*, il nous a fait voir un aigle, qui nous regardait sans avoir peur de nous. Mais le guide ayant braqué son bâton vers lui comme un fusil, il s'en est allé, je ne sais pas où. Puis, nous l'avons revu bien haut, bien haut. Il y avait, aussi haut que lui dans le ciel, des hirondelles en grand nombre. On en voit partout. Ce qu'on ne voit pas ailleurs qu'ici, c'est autant de lézards : il y en a un sous chaque pierre. Et des sauterelles grises, aux ailerons bleus ou rouges ! Il y en a des masses.

« A midi, ou midi et demi, nous avons fait halte sous un rocher qui nous protégeait contre le vent, qui était assez vif, malgré le soleil qui était très chaud, et nous avons déjeuné. Inutile de te raconter le menu. Nous avons mangé du bon appétit des montagnards.

« Nous voici au bord d'un immense trou; nous sommes presque en l'air. On s'étendait par terre, pour y regarder : je me suis reculé de peur. Ce qui m'effrayait encore plus, c'était de voir les autres, et même Louise, regarder cela tranquillement. Moi, j'en ai eu assez d'un coup d'œil; et j'ai bien vu ce que c'était : de la terre, des cailloux, des rochers éboulés, pas un arbre; et un petit torrent au fond, qui fait un bruit de diable, comme dans les usines de notre grand-père, les machines qu'on ne voit pas. J'ai été bien content quand nous avons été loin de là. D'ailleurs ce n'est pas faute de courage : il y a beaucoup de personnes comme moi. C'est mon oncle et le guide qui l'ont dit.

« Enfin, à pied, nous arrivons près du sommet du Mounné, et puis au sommet. J'ai été fort étonné de voir que ce n'était pas une pointe. Il y a un assez grand espace, tout rempli de débris de rochers, broyés par la foudre. C'est tout à fait pelé; il n'y a ni arbre ni gazon. Le vent nous secouait, et semblait à chaque instant vouloir nous emporter. Et où nous serions-nous arrêtés? Figure-toi partout, à gauche, à droite, et derrière nous, de grands ravins, qui s'appellent des vallons, parce qu'ils ne tombent pas tout droit comme les précipices, et qu'il y a beaucoup d'herbe avec des brebis. Ce qui nous montrait combien tout cela était grand, c'est que les troupeaux, dont nous n'entendions ni les clochettes ni les voix, paraissaient petits, les brebis comme des points, et les vaches comme des œufs. Tout ce qui est la montagne est gigantesque. Aussi le vallon des Pailhole (je ne te le décris pas, parce que je ne me souviens pas s'il est plus beau ou moins que la vallée de Campan) a servi de champ de bataille aux Gaulois et aux Romains. Notre oncle nous a conté cela. Il y contiendrait bien, en effet, au moins un million d'hommes bien à l'aise. Si je tenais là-dessous une armée ennemie, avec quelques canons du haut du Mounné, je t'assure qu'il n'en resterait pas beaucoup.

« Ce qui m'étonnerait toujours, quand je le verrais cent

fois, c'est ce beau pic du Midi, et cette magnifique Maladetta ! Pauvre arc de triomphe de l'Étoile, pauvre tour Saint-Jacques, et pauvres tours Notre-Dame ! Que c'est petit auprès du pic du Midi ! Au milieu d'un tas de montagnes de toutes formes et de toutes couleurs, il s'élève bien haut, avec ses glaçons et ses neiges qui vous éblouissent au soleil. C'est un grand cône, qui a l'air suspendu en l'air, tant il monte haut. Je m'étonne qu'il n'écrase pas toute la terre au-dessous de lui. C'est vraiment bien beau. L'hiver, il est tout blanc, a dit le guide, comme un immense pain de sucre.

« Le guide parlait avec notre oncle de la première et de la seconde chaîne des Pyrénées. Moi, je n'y comprenais rien, et je regardais autant que je pouvais, pour me souvenir de quelque chose pour toi.

« Je ne te décrirai pas la Maladetta ; ce serait trop long. Mais j'étais tout yeux pour le pic du Midi, plus rapproché de nous, et que je croyais toucher de la main. Pour les autres montagnes, c'est toujours la même chose, et il y aurait mille ans à regarder avant d'en pouvoir dire les formes et le nombre.

« Quoique cela soit bien beau, je t'assure que je ne serais pas rassuré si j'étais là tout seul. J'aime mieux le plancher des vaches et la vue des personnes dans les rues. Mon oncle s'extasiait, sans rien dire, et le guide avait l'air de le regarder, comme un homme blasé sur tout cela. Il y est habitué, et il n'y est pas pour son plaisir, quoiqu'il paraisse toujours gai. Il se fait payer aussi cher qu'il peut.

« Est-ce tout ? Pas encore. Je t'ai parlé avec admiration du mont Bédat, et du camp de César, et de leur belle vue sur la plaine de Tarbes. J'ai mieux que cela. Du haut du Mounné, le Bédat est une grande taupinière, les coteaux plus loin rentrent dans la plaine, la ville de Tarbes paraît presque au-dessous de nous. On voit plus loin, à une trentaine de lieues, d'un seul regard, des villes et des villages, indiqués par un peu de fumée. Louise a vu Pau, et Albert a vu Bayonne, bien vu ; il affirme aussi avoir vu Bordeaux. Avec de la bonne volonté, tu sais !

« Enfin, voici qui est bien fini. Nous sommes rentrés à cinq heures et demie, bien fatigués, regrettant que tu ne fusses pas là pour te dire ce que nous avions fait et vu. Maintenant je ne me souviens que de la millième partie. Hier au soir, je crois que je me souvenais de tout. Nous nous reposons aujourd'hui, et nous l'avons bien mérité. »

Lettre de Louise, âgée de onze ans et demi.

« Chère mère, tu aimes qu'on fasse un choix dans ce qu'on veut t'écrire, pour éviter les bavardages en l'air. Je ne te ferai donc pas une longue lettre. Je serais d'ailleurs bien embarrassée si j'avais à te raconter en détail notre belle journée d'hier.

« C'est la plus belle de nos ascensions. Il y avait beaucoup de choses nouvelles pour moi. Si je savais peindre aussi bien que je dessine, je t'enverrais deux ou trois petits tableaux tout à fait charmants. Je me contenterai de te les esquisser à la plume. Paul et Albert sont assez bavards pour te dire le reste, sans te faire grâce d'un caillou.

« Parlons d'abord du gouffre. Je ne sais plus son nom. C'est un vaste entonnoir avec de grands éboulements de terre, de pierres et d'ardoises, et même de rochers, et au fond un torrent qui paraît petit, mais un enragé qui fait un bruit effrayant, comme si c'étaient des cris de personnes enfermées dans des cavernes. On frissonne, on pense malgré soi qu'on pourrait tomber là, comme quand on rêve qu'on tombe. Mais je savais que je ne rêvais pas, et que je ne tomberais pas. C'est ce pauvre Paul, qui n'était pas courageux là-dessus ! Il était pâle comme un mort.

« Une fois que nous avons été un peu loin du précipice, mon oncle, pour donner du courage à Paul sans doute, lui a raconté des histoires. Il s'agissait d'un auteur célèbre, qui a fait des romans que j'ai vus dans ta bibliothèque, d'Alexandre Dumas. Quand il était jeune, il était fort courageux pour se battre avec ses camarades même plus forts que lui ; mais ce n'est pas lui qui aurait déniché des nids au haut d'un arbre. Aussitôt qu'il était à quelque distance de terre, la tête lui tournait. Il n'osait pas descendre seul un escalier un peu roide; ses camarades, sous prétexte de jouer à cache-cache, s'amusaient à le faire monter dans des greniers d'où on ne pouvait descendre que par une échelle. Rien de plus drôle que de le voir enfin descendre de là. Une fois, ses camarades étaient montés sur une meule de paille; ce n'est pas bien élevé, et pourtant le poltron resta en bas. Dans ses voyages, il a beaucoup souffert de cette terreur du vide. Il disait qu'il aimerait mieux se battre en duel que de monter au haut de la colonne Vendôme. Pense si tous, et même Paul, qui n'est plus poltron loin du danger, nous avons ri de ces histoires. Mais mon oncle a ajouté que, s'il avait eu le jeune Alexandre Dumas, mousse à son bord, il lui aurait certainement fait perdre cette couardise. « Il y a des moyens de s'en corriger, dit-il, et « je te les indiquerai une autre fois », a-t-il dit à Paul.

« Après mille détours et des marches prolongées à pied, (si tu voyais mes pauvres bottines, que tu croyais si solides !) nous arrivons au sommet, ou plutôt à la plateforme du Mounné. On vante l'Observatoire de Paris ; et que voit-on de là? des mondes qu'on n'est pas bien sûr de voir, et avec des télescopes. Mais du haut du Mounné, que de choses réelles, bien réelles, on voit sans lunettes! Que de pierres! Que de montagnes les unes à côté ou au-dessus des autres! Mon oncle comparaît cela à une mer pétrifiée. Le fait est qu'en se couchant et regardant, la tête un peu renversée, on croyait bien voir une grande mer aux vagues de toutes les couleurs, bleu, blanc, vert, brun, marron, or, argent. Je renonce à te peindre ce magnifique panorama. Je ne te décris pas, non plus, la bien verte et bien jolie vallée de Pailhole, une autre Campan : je t'ai décrit Campan. Relis ma lettre, si tu as le temps.

« Mais je vais essayer tout de même de te dire l'impression que m'a faite le pic du Midi. Nous croyions tout fini, en achevant de gravir le Mounné. Mais, en y arrivant, j'entends le guide crier : « Voilà le pic du Midi! » Mon oncle et Paul crient aussi en même temps : « Le pic du Midi! » Nous n'avions des yeux que pour lui. C'est une immense pyramide, un peu verdâtre par les côtés, mais toute nue, tout rochers, glaces, neiges, crevasses, angles et arêtes, par le haut, avec une vapeur claire et bleuâtre d'une douceur dont on ne peut pas se faire une idée. Je n'ai jamais rien vu d'aussi beau. Mon oncle regardait de tous les côtés, et il ne disait rien : il avait l'air réfléchi, et même triste. Peut-être y avait-il été déjà quand il était jeune, et que cela le faisait penser à sa mère. Nous autres, nous sautions, nous criions de joie. « Comme c'est beau! « comme c'est beau! » disais-je à chaque instant. Paul aussi Quant à Albert, il trouvait cela « grandiose ». Depuis le commencement de l'ascension, tout ce qu'il voyait était « grandiose ». Peu s'en est fallu qu'il n'ait trouvé « grandiose » le déjeuner que nous avons fait dans une vaste prairie, à deux pas du précipice. »

Lettre d'Albert, âgé de neuf ans.

« Je n'ai pas beaucoup de temps pour t'écrire, parce que nous allons nous promener par la ville, pour nous reposer de notre grande excursion d'hier. Mais je pense que tu vas être contente de ce que j'ai à te dire.

« Nous sommes donc allés au Mounné. On croirait qu'il n'est pas loin de Bagnères. Nous y avons mis cependant cinq heures, avec des ânes qui trottent bien, et qui au retour marchent encore plus vite. Ils aiment mieux leur écurie que les montagnes. Elles sont belles pourtant. Je crois que je n'ai encore rien vu de pareil.

« Nous avons déjeuné d'un poulet froid, de pâtés, de pêches et d'un excellent café. C'était délicieux, parce que le grand air des montagnes vous donne un appétit d'Allemand. Nous avions choisi une grande prairie pour nous asseoir; mais l'herbe, qui de loin paraissait bien verte, était toute petite et vert-gris, avec tout plein de plantes piquantes et de vilains cailloux bien durs.

« Notre oncle nous a fait tout admirer. Moi, je trouvais tout beau et grandiose, même avant qu'il le dît. Je lui ressemble beaucoup par mes idées et par mes goûts. Je pense que je me ferai marin comme lui.

« Tout cela donc était bien beau. Mais l'ennuyeux, c'est qu'il fallait toujours aller en avant, et sans s'arrêter. Il y aurait eu à faire des jeux bien intéressants, à rouler un peu sur les pentes qui ne sont pas dangereuses, à poursuivre des lézards, des sauterelles et des papillons. Il y avait beaucoup d'argus bleus, des phalènes et des petits napoléons. Mais notre oncle nous disait de ne pas nous retarder et de ne pas nous fatiguer, si nous voulions arriver.

« Louise, après le déjeuner, a voulu dessiner quelque point de vue qui t'aurait fait plaisir. Mais elle était si pressée, et il faisait un vent si fort, qu'elle n'a rien fait de bon : ça ne ressemblait à rien.

« T'ai-je parlé du gouffre? J'ai osé le regarder. En se retenant bien, ce n'est pas plus dangereux que de regarder en bas du haut de la colonne Vendôme ou de celle de la Bastille. Mais Paul n'entendait pas de cette oreille. C'est un Alexandre Dumas quand il était jeune. Il n'y a qu'à vouloir, et à ne pas penser au vertige. Je crois que Paul serait aussi courageux que moi devant les précipices, s'il le voulait bien.

« Et le pic du Midi, c'est cela qui est grand et magnifique! C'est cent fois plus grandiose que le mont Bédat. Pourtant notre oncle nous a dit que cette grande masse si bien colorée (Louise y a compté vingt couleurs au moins), quand on y était dessus, ressemblait aux rochers assez vilains et à la terre presque nue que nous foulions. Si c'est aussi vilain, je ne vois pas qu'il faille nous presser d'aller nous y fatiguer, sans jouer. J'aime mieux voir ça de loin, puisque ce n'est joli que de loin.

« D'ailleurs, je dois te dire que je n'aime pas trop ces ânes des montagnes. Ils font ce qu'ils veulent, et ils ne vous écoutent pas. Vous leur dites : harri! ils continuent à marcher où il leur plaît, et presque toujours au bord du lacet. On dirait qu'ils sont fiers de marcher là sans tomber. Pourtant, tous les dix ou douze pas, ils penchent un peu tout d'un coup : on dirait qu'ils vont s'abattre. La mienne, au retour, filait comme le vent, pour aller retrouver son petit. Je n'ai jamais eu aussi peur. Une autre fois, je marcherai à pied, tant que je le pourrai.

« Une autre fois, tu y seras, je l'espère. Nous avons joliment parlé de toi pendant cette excursion et après. Je serai plus grand et plus fort l'année prochaine ou une autre année. Je te guiderai partout. Je connais tous les chemins. Je te dirai où il faut mettre les pieds, pour ne pas faire partir une masse de cailloux, et toi avec. Ce n'est pas la peine de faire une culbute jusqu'au fond de la vallée, quand on est venu pour s'amuser à voir tant de belles choses.

« Du reste, notre oncle a été toujours à nous conter des histoires comme personne ne les raconte, et à nous faire rire. Moi, je mettais aussi mon mot de temps en temps. Ça faisait rire le guide.

« Nous avons vu un aigle sur un rocher; nous lui avons fait peur. Si j'avais eu ma sarbacane, tu l'aurais reçu empaillé.

« Nous avons vu aussi des rochers émiettés par la foudre, qui tombe souyent par ici. Nous nous sommes assis tranquillement sur ces rochers. »

Les impressions de Paul et de Louise, en face du pic du Midi, nous ont montré les conceptions réunies du sublime et du beau. Il y a d'abord l'émotion saisissante de l'imprévu, émotion très complexe. Cet immense objet remplit tout le champ visuel de sensations fraîches, intenses, variées : Louise y a discerné plus de vingt nuances. Le plaisir pur des yeux est donc puissamment éveillé ; mais encore plus le plaisir que procure la vue de formes amples, symétriques, demi-droites, demi-curvilignes. C'est une énormité dont l'aspect laisse quelque chose à la conception du gracieux. Mais il y a encore l'idée de l'élévation extraordinaire, et l'idée de la masse écrasante, qui se rattachent à celle de la puissance idéale. Albert n'a dû voir que vaguement tout cela. Mais Paul l'a assez bien ressenti. Il l'a ressenti, grâce à des comparaisons d'enfant parisien : « Pauvre Arc de triomphe ! Pauvre tour Saint-Jacques ! Il s'élève énorme, avec ses glaciers et ses neiges, grand cône qui a l'air suspendu dans l'espace... Je m'étonne qu'il n'écrase pas toute la terre au-dessous de lui. » Être fasciné et stupéfait, atterré et écrasé, voilà bien le parfait sublime. Mais l'élément de grâce qui se trouve infus dans cette solennelle et imposante émotion, est délicatement saisi, et presque analysé par l'artiste Louise. La teinte « un peu verdâtre des côtés », « les rochers, les glaces, les neiges, les crevasses, les arêtes », jusqu'à cette brume bleuâtre particulière aux perspectives des montagnes, « d'une douceur dont on ne peut se faire une idée », elle a vu et retenu tous ces détails gracieux. Elle a très bien noté, avec sa pénétration de fillette, l'air de tristesse recueillie avec lequel son oncle contemplait ces admirables tableaux, et qui contrastait avec l'exubérante gaieté de ses frères. Elle ne peut même pas soupçonner, heureusement pour elle, les graves réflexions qui s'emparent quelquefois de l'homme au milieu de ces vastes solitudes, dont il jouit un moment en y retrouvant comme un souvenir de sa primitive indépendance, mais d'où sa pensée ne tarde pas à le ramener vers la société de ses semblables, vers ses joies et ses quotidiennes préoccupations, — car le civilisé n'est pas fait pour la solitude.

Tout ce qui représente la grandeur dans le temps affecte puissamment l'âme, soit en l'élevant par la pensée de la force qui a su résister au choc des siècles, soit en l'abîmant dans le profond sentiment de la fragilité humaine. C'est peut-être ce double sentiment qui plongeait l'oncle de nos enfants dans un poétique recueillement quand il contemplait, d'un côté, l'image de la force éternelle et de l'immobile grandeur, et qu'il songeait, d'autre part, à la vanité de ces triomphateurs romains, vainqueurs des Celtes à Pailhole, et dont la poussière est confondue depuis des siècles avec celle des vaincus. Ni le souvenir du camp de César, ni celui de Pailhole ne disent encore rien à Paul. Il en parle en froid narrateur, uniquement frappé de la vaste capacité de ce champ de bataille, où « il contiendrait au moins un million d'hommes. » Notons seulement l'émotion belliqueuse que ce fait d'histoire ancienne éveille dans son petit cœur de patriote. « Si je tenais là-dessous une armée ennemie, avec quelques canons du haut du Mounné !... »

Quoique l'étendue en longueur ne produise pas la même impression que l'étendue en hauteur et en profondeur, la vue d'une immense plaine est une des formes du grand, du vaste, du sublime. C'en est, si l'on veut, la forme la plus simple. Mais, du haut d'un gigantesque observatoire, cette étendue illimitée offre aussi en quelque façon l'aspect de la profondeur. Ajoutez-y les jeux surprenants de la perspective, qui rapetissent et rapprochent, qui aplanissent et effacent graduellement les objets aux dimensions considérables, et l'esprit sera frappé de la pensée plus ou moins consciente des deux infinis, petitesse et grandeur, en contraste. Cette sorte d'impression a été peut-être oubliée par Louise au moment où elle écrivait. Mais elle est bien indiquée par Paul, sans doute avec quelques expressions recueillies de la bouche de son oncle. « Du haut du Mounné, le Bédat est une grande taupinière, les coteaux plus loin rentrent dans la plaine » ; celle-ci s'étend au loin, « une trentaine de lieues dans un regard » ; et les villes, les villages, indiqués « par un peu de fumée ».

Louise nous offre, en revanche, un aperçu grandiose : le rapprochement inspiré par son oncle, mais fortement ressenti par elle, de l'immobile chaos des montagnes avec une mer pétrifiée. Elle est d'ailleurs plus fine et plus sobre dans ses comparaisons que son frère Paul ; faut-il voir là une particularité d'esprit et de caractère, ou le résultat d'une assez longue pratique du dessin ?

Je m'étonne pourtant qu'elle n'ait trouvé, pour la vallée de Pailhole, qu'un simple mot de comparaison avec celle de Campan : « la bien verte et bien jolie vallée de Pailhole, une autre Campan : je t'ai déjà décrit Campan. » Je regrette, pour ma part, qu'elle n'ait pas jugé bon de revenir sur sa description, et qu'elle ne nous ait pas ainsi mis en mesure de mieux apprécier son aptitude à sentir la grâce. Mais elle a une excuse bien valable : c'est que, devant ce pic du Midi, si fort admiré, si bien décrit, « elle n'avait des yeux que pour lui ». Le sublime effaçait quelque peu le gracieux, qui peut être senti par contraste, mais qui veut surtout être senti pour lui-même.

La peur de tomber, l'instinct inné de la stabibité, quand ils sont contrebalancés par une confiance relative, ne sont pas incompatibles avec l'émotion du sublime. Mais il faut qu'il s'y joigne une impression de grandeur. Un précipice aux lèvres étroites et au fond ténébreux remplira moins bien cette condition qu'un ravin aux flancs quelque peu évasés. La vastitude des proportions laisse quelque chose au sentiment de la symétrie et à celui de la sécurité. Un sujet sensible au vertige, comme Paul, sera dominé surtout par l'action aspirante de l'abîme, par l'appréhension d'une grande force de destruction; il ne pourra supporter l'idée de se sentir suspendu en l'air au-dessus de cette grande bouche avide. Il a vu pourtant, d'un regard effaré, tous les traits caractéristiques de cet affreux épouvantail. Loin du danger, il pourra le décrire avec une émotion plus calme, émotion maintenant idéale comme cette image est idéale, et jusqu'à un certain point esthétique. Tout aussi impressionnable que Paul, mais plus curieuse qu'effrayée, devant cet escarpement profond, Louise l'observe avec une attention plus maîtresse d'elle-même; elle ne serait pas éloignée d'en détailler les formes, d'en peindre les couleurs, d'en rendre les bruits avec le plaisir que procure l'expression poétique. Chez elle, la peur n'est qu'une image qui effleure son esprit sans la troubler : elle pense qu'on pourrait tomber là, mais elle voit cela comme dans un rêve, c'est-à-dire sous un aspect tout poétique. Elle sait fort bien qu'il n'y a pas à craindre une chute. Ensuite, c'est dans l'état d'esprit le plus libre, qu'elle a écouté cette curieuse histoire d'Alexandre Dumas, dont elle reproduit avec fidélité les plus intéressants détails. Albert, ce héros modeste, n'a pas l'air d'avoir beaucoup sondé du regard la profondeur du gouffre : il ne lui en est resté du moins aucune impression à décrire; mais il a éprouvé, en face de cette horrible scène de la nature, une émotion qui est à la racine de toute émotion esthétique, c'est celle de la puissance de l'homme comparée à celle des choses. Il a osé regarder un gouffre, lui; et il y avait quelque mérite à le vouloir, puisque Paul, bien plus, Alexandre Dumas, manquaient d'un tel courage! Ce sentiment de la lutte de l'homme contre la nature, et surtout d'une lutte heureuse, est aussi un des éléments du sublime.

Ce sentiment affecte encore, chez le jeune Albert, les

formes naïves, peu conscientes, peu généralisées, de l'égoïsme primitif. En face de quelque chose qui l'étonne, il dit, et c'est souvent vrai, « qu'il n'a rien vu de pareil ». Ainsi s'exprimait l'émerveillement du vieux chroniqueur Villehardouin. Son admiration est de seconde main, mais elle n'est pas pour cela moins naïve : il se figure admirer de même. Cependant son enthousiasme tout superficiel ne lui lui-fait pas oublier ses petits plaisirs et ses grosses préoccupations matérielles. Il fait honneur au déjeuner, même dans sa description. Le pic du Midi est bien beau, vu de loin : mais, du moment qu'il est composé de rochers morcelés, de sentiers rudes et longs, et surtout qu'il faut, pour y aller, grimper sur des ânes, qui vont toujours trop vite ou trop lentement, quand ils ne trébuchent pas sous les pierres qui s'effondrent, il n'est déjà plus aussi beau. « J'aime mieux voir ça de loin », et jouer dans les jardins et sur les pelouses de Bagnères.

Même en pleine ascension, ses instincts musculaires réclament : ils sont trop sacrifiés aux pures jouissances des yeux et de l'imagination. Tout est fort beau vraiment ! Mais une station dans un joli coin, au lieu d'avancer, d'avancer toujours, aurait fait mieux son affaire. Il y a des jeux plus intéressants pour lui que le jeu esthétique : par exemple, faire des culbutes sur les pentes mollement inclinées, et poursuivre des papillons, des sauterelles, des lézards. Ces considérations ne touchent pas de fort près à l'idéalisation poétique.

Je n'en dirai pas autant de la frayeur que Paul a montrée au bord du gouffre, et de ce frisson de la solitude qui le saisit sur les hauteurs silencieuses du Mounné. Le voilà presque redescendu, en apparence, au niveau du prosaïque Albert; il regrette « le plancher des vaches », oubliant que

que ces hauteurs sont encore leur plancher. Et, comme une idée à la Sancho Panza ne vient jamais seule, le voilà qui se met à considérer que le guide regarde toutes ces beautés d' « un air blasé ». De là à flairer quelque naïveté dans le recueillement enthousiaste de son oncle, il y a certes, loin, et très loin. La poltronnerie a lancé Paul dans cette voie : ô triomphe de la prose! Pourtant nous avons vu que ce sentiment s'épure et s'idéalise à distance.

III

« Nous avons ici beaucoup de plaisir. Nous avons des amis venus de tous les coins de la terre. Mais nous sommes le plus souvent avec Mme D... et ses enfants : notre oncle, qui a ici beaucoup de vieilles connaissances, nous laisse la plupart du temps avec elle et avec eux. Moi, je cause, je joue, je pêche, je joue du crocket, avec les garçons de mon âge. Louise joue de la langue avec la fille aînée de Mme D..., qui a quinze ans : tout Paris y passe. Albert trotte avec son plus jeune fils, de six heures du matin à six heures du soir. On a de la peine à l'avoir pour les repas.

« Les belles parties sur la plage et dans l'eau! Nous creusons dans le sable, nous construisons des forts et des murailles : et nous les attaquons, nous les défendons, tantôt vainqueurs, tantôt vaincus. Quel plaisir de s'ébattre dans l'eau toujours en mouvement, comme de petits veaux marins, et de s'agiter sur le sable, si doux sous les pieds nus, au soleil comme de petits lézards! Nous sommes grillés et salés : nos mollets sont couleur de chocolat.

« Notre oncle, quand il a un moment, nous enlève à nos amis, et nous promène le long de la côte. Il nous fait tout admirer : la grande étendue de la mer, son agitation jusqu'aux dernières limites de la vue, sa couleur qui change presque toutes les deux heures, la fuite et le retour des vagues, qui ne cessent de venir sur le bord, et quelquefois, sans nous avertir, nous montent jusqu'aux chevilles. On rit, on cause ; mais nous n'admirons pas tout comme notre oncle. Il connaît la mer depuis si longtemps : il s'y plaît. Décidément, nous aimons mieux la plage. Louise a pourtant trouvé le temps de dessiner quelques barques, une petite tempête, un coucher de soleil, et surtout beaucoup de dames au bain. Il y en a de si curieuses dans leurs costumes ! Et il y en a de si peureuses ! Elles ont peur de se noyer où l'eau ne leur va pas au genou. Mais ne parlons pas de poltrons. Cependant je dois te dire que le brave Albert, qui veut toujours se faire marin, disait l'autre jour à mon oncle : « C'est égal, faire le tour du monde, ce doit être bien long ! « Il y a tant d'eau ! Tant d'eau ! »

Nous voyons combien il s'en faut encore qu'un enfant de treize ans, d'intelligence et d'expérience ordinaire, puisse ressentir la poésie de la mer. Il en remarque (Paul) la vaste étendue ; mais des larges horizons de l'infini ouverts à la pensée et à l'activité humaine, de l'agitation convulsive des flots comparable aux tourmentes de la vie, de tout cela il ne voit rien encore. Plus jeune, son impression est encore si primitive, si bornée, qu'elle ne s'élève peut-être guère au-dessus de la sensation animale : c'est pour lui (Albert) beaucoup d'eau, et ensuite beaucoup d'eau.

Paul note aussi les changements de couleurs, mais rien que de couleurs tranchées. Si l'artiste Louise avait eu le loisir d'y regarder, peut-être aurait-elle compté les nuances ; mais je doute qu'elle eût admiré les tons fondus entre eux, ni surtout leur expression sentimentale de détail et d'ensemble. Le spectacle est pour l'enfant d'autant plus monotone, qu'il y est moins acteur. Parlez-moi des jeux sur la plage et de la baignade, où il se démène si bruyamment et si agréablement ! Ah ! si l'oncle, moins absorbé par ses amis, avait imaginé quelques bonnes parties en bateau, non pas de simples promenades, qui ont pourtant leur charme, mais des parties de pêche, peut-être ces joyeux et intéressants petits drames de la mer auraient-ils ouvert des sources de poésie dans les âmes des enfants. Voilà des émotions actives qui ne laissent pas de communiquer quelque chose de leur vie aux souvenirs et à la description des choses. Pourquoi mettons-nous du sentiment, de la pensée, de la vie, dans nos moindres descriptions ? C'est que nous sommes des psychologues qui avons appris l'histoire, que nous voyons tout avec toute notre âme, et que notre âme est faite de tout ce que nous sommes, de tout ce que nous avons ressenti, de tout ce que nous savons de nous et des autres. La majesté des vastes étendues, l'aspect mélancolique des rochers noirs surplombant les vagues échevelées, le sourire du soleil sur leur nappe bleue, voilà la poésie de l'adulte, et l'enfant ne peut que la deviner à peine. Ainsi j'ai vu des enfants des deux sexes, très intelligents, fort impressionnables, que laissaient froids et indifférents la lecture de beaux morceaux comme les suivants :

« La mer sourit dans sa robe bleue, frangée d'argent, plissée par le dernier souffle de la brise ; elle frémit encore, mais de plaisir, et déploie cette soie lustrée, chatoyante, avec des caprices voluptueux sous le soleil qui l'échauffe. Cependant des nuages sereins balancent au-dessus de lui leur duvet de neige ; la transparence de l'air les entoure d'une gloire angélique, et leur vol immobile fait penser aux âmes du Dante en extase à l'entrée du paradis (1). »

(1) H. Taine, *Voyage aux Pyrénées*, p. 30 et 31.

Et encore :

« L'homme est devant elle comme un enfant devant la bauge d'un Léviathan. Qui nous promet qu'elle nous tolérera demain encore ? Sur la terre nous nous sentons maîtres ; notre main y trouve partout ses traces ; elle a transformé tout et mis tout à son service ; aujourd'hui le sol est un potager, les forêts un bosquet, les fleuves des rigoles, la nature une nourrice et une servante. Mais ici subsiste quelque chose de farouche et d'indomptable. L'Océan a gardé sa liberté et sa toute-puissance ; une de ses vagues noierait notre ruche ; que là-bas en Amérique son lit se soulève, il nous écrasera sans y penser ; il l'a fait et le fera encore ; à présent il sommeille et nous vivons collés à son flanc, sans songer qu'il a parfois besoin de se retourner (1). »

(1) H. Taine, *Voyage aux Pyrénées*, p. 30 et 31.

CHAPITRE IV

L'art de plaire : politesse, babil, coquetterie.

I

Bain compte parmi les branches secondaires des beaux-arts la grâce des manières et des gestes. Dans ce groupe esthétique, l'intelligence intervient très peu ; elle aide, il est vrai, « un naturel moins bien doué à s'assimiler la grâce native de certains autres » ; mais « c'est une affaire d'acquisition et de copie ». La politesse ne paraît pas devoir beaucoup à la faculté vraiment créatrice de l'esprit. Nous voyons, en effet, chez certaines personnes, le tact, la mesure, le sens infaillible des bienséances, tenir lieu de jugement, d'esprit, même de bonté. Elles ont l'art prudent de ne pas déplaire, et même l'art exquis de faire plaisir. Qu'est-ce donc quand tout cela est pour le moins autant affaire de nature que d'éducation, et quand la politesse du cœur a pour expression délicate la grâce dans les manières, les gestes et les façons de parler ?

On voit déjà poindre cette idéale élégance des bonnes manières chez de tout jeunes enfants. On reconnaît, à première vue, un enfant élevé par une servante maussade et grossière : il y a, dans chacun de nous, un air de physionomie habituel, qui trompe rarement : le visage, les attitudes, les sourires, les cris du nourrisson reflètent mieux encore la manière d'être habituelle de ses éducateurs.

A mesure que progressent chez l'enfant les facultés d'observation et d'imitation, tout son être se façonne aux impressions du milieu social. Les gestes et les formules de bienséance qu'il ébauche encore, il les adresse à tout venant : ce n'est pour lui qu'un jeu. A trois ans, il a déjà ses affaires et ses préoccupations, qui lui rendent ce jeu moins attrayant ; il oublie ou refuse de s'y prêter ; il a quelquefois besoin qu'on l'y invite avec douceur, comme à un devoir facile à remplir. Mais du moins, à cette époque, même chez les enfants de caractère sournois ou récalcitrant, d'ailleurs bien élevés, les démonstrations de convenance sont sincères, quelque peu intéressées, sans doute, mais tout au plus banales et insignifiantes : il n'y a rien de faux.

Un peu plus tard, l'enfant commence à faire acception des personnes. Il l'apprend de ses parents, qui n'ont pas toujours le même ton de prévenance et d'amitié pour tout le monde ; il l'apprend surtout de ses propres relations avec diverses personnes. Il sait vite à quoi s'en tenir sur l'effet à produire par ses formules polies et ses petites attentions officieuses. Pourrait-on lui reprocher un peu de froideur cérémonieuse envers qui n'a pas l'air de faire grand fonds de ses compliments, de ses bonjours, de ses révérences et de ses poignées de main ? Quand on les reçoit bien, on est bien venu de lui. Mais l'intérêt et la vanité ont beau entrer de compte à demi dans ces manifestations variées : malgré tout, on distingue au premier coup d'œil l'enfant dressé à vouloir plaire aux autres de l'enfant uniquement préoccupé d'en tirer quelque éloge ou quelque profit.

Paul, âgé de cinq ans et demi, n'oublie jamais de faire sa révérence à une personne en visite ; il salue du nom de

« madame » ou de « monsieur » les personnes connues; il a soin de leur demander si elles sont en bonne santé; il répond aux mêmes attentions par ces mots : « Je vous remercie, vous êtes bien aimable. » Il les embrasse d'une façon charmante; il se garde bien de se presser contre elles, ou de leur tirer des mains ce qu'elles tiennent. Mais sa politesse n'a qu'un moment, et ne s'étend qu'à des actions de peu d'importance. Bientôt ce n'est plus l'enfant poli, mais tout simplement et franchement l'enfant; voyez : il interrompt son père ou sa mère qui parle; il ajoute son mot, son anecdote, sa critique; il parle de ce qu'il sait, de ce qu'il a vu, de lui-même, de ses goûts, de ses projets, de ses aventures. Vous lui adressez la parole, et il parle à un autre; vous dites quelque chose à voix basse, pour qu'il ne l'entende pas, et, d'un mot, il témoigne qu'il a écouté, qu'il sait, qu'il devine. Il fait allusion sans pitié à des malheurs récents, à des histoires compromettantes. Il rit aux éclats; il élève la voix; il observe votre mine et votre attitude, et il ne se tient pas de marquer qu'elles lui paraissent un peu bizarres. Enfin, il vous désoblige infiniment par son innocent mépris de certaines bienséances qu'il ne peut connaître. Pourtant, c'est un enfant bon, franc, affectueux et poli, autant qu'il peut l'être. Ses parents lui donnent chaque jour des exemples (non pas des leçons) de tous les genres de courtoisie et de bonté. Attendez quatre ou cinq ans, et vous verrez qu'il saura déjà unir, dans une excellente mesure, toutes les bonnes manières et tous les bons sentiments.

La politesse, toute sincère et aimable qu'elle puisse être au début, est facilement exagérée ou faussée par une fierté naturelle ou par une grande timidité. Le cas est peut-être plus fréquent chez les petites filles que chez les petits garçons, parce qu'on habitue davantage les premières à s'observer et à craindre l'opinion du monde.

J'emprunte à Mme Roland un exemple du premier cas. « Elle (c'est d'elle-même qu'elle parle) descendait même seule pour acheter, à quelques pas de la maison, du persil ou de la salade que la ménagère avait oubliés... Il faut convenir que cela ne me plaisait pas beaucoup; mais je n'en témoignais rien, et j'avais l'art de m'acquitter de ma commission de manière à y trouver de l'agrément. J'y mettais une si grande politesse, avec quelque dignité, que la fruitière ou autre personnage de cette espèce se faisait un plaisir de me servir d'abord, et que les premiers arrivés le trouvaient bon; je remboursais toujours quelque compliment sur mon passage, et je n'en étais que plus honnête (1). »

Un exemple du second cas m'est fourni par une personne de notre connaissance, Jeanne. « Nous n'avions pas de bonne; on m'envoyait quelquefois au marché. Mon amour-propre en souffrait, parce que, je le savais bien, les enfants des autres professeurs n'y allaient pas; mais le plaisir d'être utile à ma mère me donnait du courage. Je prenais le cabas presque trop grand pour moi, et d'une course j'arrivais au marché. Je faisais toutes mes commissions en courant, aimant bien la course, et croyant ainsi échapper à l'œil de nos connaissances. J'étais trop timide pour m'arrêter à rien regarder. Si je me voyais remarquée par quelque personne connue, je souriais un peu, d'un air gauche, et je passais, ramenant d'un geste machinal derrière l'oreille les mèches folles de mes cheveux. Arrivée au marché, j'étais fort polie, et les marchandes l'étaient aussi pour moi bien plus que pour les grandes personnes; elles me fai-

(1) *Mémoires particuliers*, partie I.

saient toujours un petit compliment sur mes fraîches joues, sur ma jolie robe ou mon tablier toujours propre, et qui m'allaient si bien ! Quand j'arrivais à la boucherie, qui était toujours pleine de monde, je n'avais jamais besoin de demander qu'on me servît. Le boucher me demandait lui-même ce qu'il me fallait, et me servait aussitôt. Il en agissait de même envers ma mère, femme timide et modeste, et c'était un homme grossier et même souvent brutal avec ses clients. D'où j'ai conclu depuis que la timidité, et surtout la politesse, sont toujours bonnes à quelque chose. »

La politesse intéressée, et plus ou moins délicatement nuancée de ruse et d'artifice, se rencontre, dès l'âge de six ou sept ans, chez les enfants des deux sexes. Rousseau me semble avoir péché par excès de finesse dans la comparaison suivante. « Un jeune garçon soumis à la stricte loi de ne rien demander à table, ayant été oublié, s'avisa de demander du sel, et indirectement de la viande. Une petite fille de six ans, qui avait mangé de tous les plats, hormis un seul, fit, en avançant son doigt, la revue de tous les plats, disant tout haut : « J'ai mangé de ça. » Mais elle affecta si visiblement de passer sans rien dire celui dont elle n'avait point mangé, que quelqu'un s'en apercevant, lui dit : « Et de celui-là, en avez-vous mangé ? — Oh ! « non », reprit doucement la petite gourmande en baissant les yeux. Je n'ajouterai rien; comparez : ce tour-ci est une ruse de fille, l'autre est une ruse de garçon (1). » La petite adresse du garçon vaut bien, selon moi, celle de la fillette : des deux côtés, même naïveté, même réserve et même délicatesse. Ce sont là de petites ruses d'enfants bien élevés.

Je ne dis pourtant pas que la politesse des petites filles

(1) *Emile*, livre V.

n'ait pas quelque chose de plus finement coquet ou rusé que celle des petits garçons. Le développement pur et simple de leurs deux genres un peu distincts d'activité doit entraîner quelques différences. De plus, les parents, même à leur insu, s'attachent à cultiver, chez les uns et chez les autres, ce qu'ils aiment le plus à y trouver : plus d'ouverture, de fermeté et de franc parler chez les garçons, plus de tendresse, de circonspection et de câlinerie chez les filles. Par l'habitude qu'on donne, en général, aux petites filles, de céder ou de paraître céder en toute chose, elles sont plus portées à jouer, à biaiser avec leurs véritables sentiments. On leur apprend trop la nécessité d'être cérémonieuses, même à contre-cœur, pour qu'elles ne passent pas la mesure avec les étrangers, sauf à se décharger de cette contrainte politique avec les personnes plus familières. Et même, à la maison, que de fillettes abusent du « petit père » et de la « chère petite mère », qui les font d'ailleurs bien souffrir par leur désobéissance, leurs mauvais caprices et leur manque absolu d'égards !

II

« Le talent de parler, dit Rousseau, tient le premier rang dans l'art de plaire. » Il y a, en effet, un art de bien dire, pour tous les âges. Il paraît inné, mais il est plutôt affaire d'éducation. Quel petit enfant, même fils de paysan ou d'ouvrier, n'est pas heureux de répéter un mot entendu pour la première fois, parce qu'il est sonore, étrange, expressif, dit de telle façon ou par telle personne ? Il y a bien là, vraiment, joint au plaisir de la nouveauté, celui de faire œuvre difficile et belle, en un mot, la jouissance sociale et esthétique de l'expression.

Rousseau, naturellement, fait du babillage, comme de la coquetterie, ou du besoin de plaire, un don essentiel de la femme. Beaucoup lui donnent raison : l'éducation de formules et de manières agréables leur paraît convenir spécialement aux jeunes filles, dont c'est la qualité ou le défaut de se développer surtout dans ce sens. Est-il bien vrai que la mémoire des mots, ou des sons, soit plus précoce et plus puissante chez elle que celle des choses ? En est-il de même aussi pour toutes les facultés qui se rattachent directement aux sens, c'est-à-dire l'imagination, les jugements et les émotions simples ? C'est bien là pour elles, selon quelques-uns, un caractère d'infériorité certaine, irrémédiable, organique. Sur ce point, la physiologie, comme la psychologie, a des réserves à faire.

S'il faut en croire M. Manouvrier, dont l'opinion a quelque valeur, « la différence sexuelle du poids cérébral et de la capacité crânienne ne peut être interprétée scientifiquement dans un sens défavorable au sexe féminin. Tout concourt à prouver que cette différence est due à une différence de masse du corps, et rien absolument en anatomie ne prouve que la femme soit inférieure à l'homme quant aux facultés intellectuelles (1). » Le même savant affirme, en outre, que le « crâne de la femme, loin d'être moins développé que celui de l'homme dans sa partie antérieure, présente, au contraire, le type frontal, que le front féminin est plus large que le front masculin relativement aux régions pariétale et occipitale de la tête (2). » Les mensurations et les inductions de Broca et de Topinard ne sont donc pas définitives pour la science. L'infériorité intellectuelle de la femme, à laquelle se rattache la prédomi-

(1) *Revue scientifique*, 3 juin 1882.
(2) *Comm. au Congrès de l'Ass. pour l'av. des sciences*, 1882.

nance des mots sur les idées, n'est pas anatomiquement démontrée : rien ne me prouve surtout que, chez les petites filles, les centres inférieurs de l'expression soient plus indépendants que chez les garçons des centres supérieurs d'inhibition ou de modération.

Il est difficile aussi d'admettre une flexibilité des organes vocaux et une vivacité d'imagination ou de sentiment plus grandes chez les petites filles. On rencontre à peu près également répartie dans les deux sexes, de trois à six ou sept ans, cette logorrhée plus ou moins intermittente qui traduit les plaisirs et les affections de l'enfant, et dont les confidences amoureuses ou amicales de l'adulte sont la reproduction embellie. Il n'y a d'ailleurs pas d'enfant sain et normal qui n'ait appris à modérer ce bavardage automatique en présence de certaines personnes et dans certaines occasions. Dans les écoles mixtes bien tenues, les petites filles n'ont pas plus de peine à prendre cette habitude que leurs petits camarades. Et, si l'on prétend que ce résultat est dû à une plus grande aptitude des premières à la déférence et à la soumission, il reste prouvé par là même qu'elles savent fort bien, quand elles le veulent, contenir ce flux pour ainsi dire réflexe de paroles. Les différences sexuelles, sur ce point, me paraissent négligeables.

Si l'éducation des deux sexes était uniforme, si l'on dressait les jeunes filles, dès le bas âge, à moins accorder aux choses du sentiment et aux sujets futiles, on ne les verrait pas si portées à dire des riens et à parler sans s'écouter. Mais le babil, qui sait au besoin se réprimer dans la mesure dictée par le bon goût et les convenances, n'est pas si fort à blâmer en lui-même : il ne l'est que par l'usage qu'on en fait. La parole est un des instruments de la pensée humaine, et, dans son intérêt et pour son plaisir, comme pour l'utilité et l'agrément des autres, il est bien naturel que l'enfant se hâte et se réjouisse d'en user. C'est le premier essai de la causerie, ce charme exquis et savant, cet art d'égayer la raison, cet art tout français.

On trouverait, d'ailleurs, dans la prédilection générale des enfants, des hommes primitifs et des gens du peuple, pour certaines espèces de mots ou de locutions, le germe des artifices du langage particulièrement chers aux poètes et aux orateurs. Je me contenterai d'en citer quelques exemples, pour raison de brièveté, et de signaler à d'autres un bien intéressant travail à faire sur la « philosophie du style enfantin ».

L'enfant tout jeune pense nous faire plaisir par le sens qu'il attache à certains mots, ou par la bizarrerie ou le piquant de leurs sons nouveaux pour lui. A deux ans, un petit garçon tourmentait un peu sa mère. « Tu es un despote », lui dit-elle. L'enfant se met à rire comme un fou : « Maman, répète. — Tu es un despote. » Il recommençait à rire de plus belle. Puis, il redisait le mot, et le trouvant de plus en plus drôle, il s'en égayait toujours davantage.

Un autre petit garçon, âgé de trois ans, à qui l'on avait montré des gravures pieuses en les lui expliquant, montra, le soir même, qu'il avait profité de la leçon. Voyant son père absorbé, et la tête dans ses mains : « Papa, papa, n'aie pas de chagrin. Papa ne pleure pas, comme Jésus au jardin des Oliviers ! »

L'importance des mots nouveaux est si grande pour l'enfant, qu'il les prend pour un terrible affront, quand on les lui applique brusquement.

L'aînée de deux petites sœurs avait huit ans, et la petite quatre. Un dimanche on laisse la jeune aller à la pension pour s'amuser avec sa sœur. N'étant pas connue des autres élèves, on l'entoura. On lui faisait fête, et on la caressait, quand une grande s'avisa de l'appeler « petit pilote ». Et de pleurer à sanglots; l'aînée pleura en la voyant pleurer, et on dut les ramener bien vite au logis. Le soir encore, la petite disait à sa sœur : « Oh ! pilote, pilote !... pourquoi m'a-t-elle appelée comme cela ? Elle doit être bien méchante. — Oh ! oui, » disait l'aînée. Et elles s'endormirent en répétant ce mot de « pilote » avec force soupirs.

Par psittacisme autant que par raison esthétique, peut-être aussi par vanité, l'enfant éprouve le besoin de placer les mots nouveaux, les formules et les images qu'il vient d'apprendre. Ainsi faisait celui qui mettait à toute sauce l'expression empruntée à sa mère : « J'ai une idée... (1). »

C'est bien leur moindre souci de plaire ou de déplaire à la personne qu'ils rencontrent sur le chemin, quand ils fatiguent ses oreilles de leur « mot ». Sarah est élevée dans sa famille par une gouvernante française. Elle avait récité la fable de la Besace, et avait demandé des éclaircissements sur une infinité de termes, et en particulier sur « une masse informe ». Au moment du coucher, elle appelle une jeune ouvrière qui cousait dans la chambre à côté. « Jenny, lui dit-elle, je voudrais bien vous dire quelque chose ; mais il ne faut pas vous fâcher : vous êtes une masse informe. — Impertinente ! » fit la couturière. Il se trouvait que la pauvre fille était un peu forte, avec le cou enfoncé dans les épaules. Le fait s'est passé depuis longtemps, et la couturière le raconte encore avec colère.

On ne sait souvent si c'est le plaisir d'en tirer vanité, ou le plaisir esthétique de l'expression, qui met ainsi l'enfant

(1) V. *l'Éducation morale dès le berceau*, p. 299.

en goût des mots marquants par leur nouveauté, leur étrangeté, ou leur importance volumineuse. Un secret instinct l'avertit que les mots les plus sonores, les plus colorés, les plus amples, sont aussi les plus propres à exprimer les sentiments intenses. Il sait, sans l'avoir apprise de personne, la logique intime qui relie les sons aux images et aux émotions. Les mots brefs, quand leur fonction n'est pas d'exprimer le refus ou la dénégation, lui paraissent moins énergiques et moins beaux que les polysyllabes. C'est que, « pour le mot qui enveloppe la partie essentielle de l'idée à exprimer, principalement quand il s'agit d'une idée accompagnée de sentiment, il y a souvent avantage à prendre un mot polysyllabique. Ainsi, il semble plus énergique de dire « c'est magnifique », que « c'est grand ». Le mot « vaste » n'a pas la force du mot « prodigieux ». Appeler un objet mauvais, cela ne fait pas autant d'effet que de l'appeler « dégoûtant (1) ».

Une jeune miss, m'a raconté M. Pollock, employait un jour une locution fort usitée en Angleterre parmi les enfants des deux sexes. « C'est terriblement joli (ou gai). — Ne peux-tu pas dire simplement « joli » ? lui dit sa mère. — Oh ! non, ce serait trop mesquin. » (How awfully jolly ! — Can't you say « jolly » without « awfully ? » — O no, « jolly » without « awfully » would sound so stingily).

Quand un seul mot, soit même polysyllabique, ne suffit pas à rendre la vivacité ou la grandeur de l'image, la répétition et la redondance y remédient, à la grande joie des enfants. Une vieille tante, ennuyée par un groupe d'enfants,

(1) H. Spencer, *Essais de morale, de science et d'esthétique*, trad. Burdeau, p. 332.

vient se plaindre au père, et termine de la sorte son furieux réquisitoire : « Toujours ! continuellement ! sans cesse ! » Ces mots eurent un succès prodigieux auprès des bambins. Ils sont devenus légendaires dans la famille. Voilà vingt ans que la bonne, mais irascible vieille n'est plus de ce monde, et ses neveux se tordent encore de rire en répétant les trois solennels adverbes.

Dans l'exemple de la jeune miss, le côté esthétique domine le côté vaniteux, et cela fait honneur à l'éducation reçue par la fillette. Il n'en est pas ainsi de deux enfants chez lesquels leur père, un lettré distingué, mais un pitoyable éducateur, a flatté l'innocente manie de parader avec leur petite science.

Ils étaient l'an dernier à Cauterets. Leurs parents péroraient à la table d'hôte, et, emportés dans les régions supérieures de l'art, en oubliaient souvent de manger. Quant à leurs enfants, garçon et fille, ils étaient les bêtes noires des autres enfants de leur âge. Ces petits abstracteurs de quintessence pouvaient avoir de huit à neuf ans. Un jour, sur le chemin de la Raillière, le garçon s'adresse à une jolie fillette de huit ans, une vraie rose pompon, qui ne savait que rire et folâtrer : « Faites-vous des vers ? » Elle ne comprenait pas. Alors la sœur de notre jeune pédant fait cette observation, d'un air dédaigneux : « Elle ne doit faire que de la prose. » Ces deux enfants parlent toujours fort correctement ; il est même rare d'entendre de grandes personnes se servir de la langue avec un tel luxe de locutions choisies Mais que produira sans doute une pareille éducation ? Des ânes distingués, des prodiges ratés.

Cet exemple nous fait voir combien le remède proposé par Rousseau, pour contenir le babil des enfants, irait précisément contre le but. « On ne doit pas, dit-il, contenir le babil des petites filles, comme celui des petits garçons par cette interrogation dure : A quoi cela est-il bon ? mais par cette autre à laquelle il n'est pas plus aisé de répondre : Quel effet cela fera-t-il ? » Cette double difficulté serait vite tournée par des enfants, si l'on n'employait pas d'autres moyens pour les amener à se taire ou à s'observer un peu en parlant (mais ceci dans certains cas seulement). Exciter l'enfant à trouver des raisons pour justifier son bavardage, c'est l'exciter à babiller avec la prétention de raisonner et de nous battre. Je ne vois pas d'ailleurs l'avantage qu'il y aurait à employer avec les garçons le mobile de l'utilité, et avec les petites filles celui de l'amour-propre. Si la vanité de ces dernières est, comme Rousseau l'affirme, leur tendance dominante, si elles sont moins portées que les garçons à se conduire d'après la raison et le jugement, convient-il de surexciter sans cesse en elles ce dangereux sentiment ? Donnez aux deux sexes la même éducation, une éducation de liberté, de bon sens et de mesure, et chacun d'eux en profitera à sa manière.

Aimable babil des enfants, récréation si nécessaire à leurs organes, et parfois si fatigante pour nous, mais dont ils semblent eux-mêmes ne se lasser jamais ! Quel exercice charmant et sain à tous égards, quand il y a la dose voulue de naïveté, d'abandon et d'amour-propre qui s'ignore à demi !

Alphonse est bavard comme une pie ; il dit tous les secrets, les siens aussi bien que ceux des autres, mais sans penser à mal. Il est bon et affectueux, et même très serviable en intention comme en paroles ; mais il l'est beaucoup en paroles. Il accompagne souvent une dame de ses amies à un hospice où celle-ci va voir un de ses petits protégés.

S'il reste un moment avec la supérieure ou avec la cuisinière, il leur débite en quelques minutes le plus joli chapelet du monde. Il n'a jamais su ce que c'est que de s'écouter en parlant. L'autre jour : « Mais, Catherine, vous n'êtes pas mariée ? — Non, monsieur. — Pourquoi ne l'êtes-vous pas ? — Ah ! dit-elle, vous me demandez des choses !... Si j'avais trouvé quelqu'un qui me convînt et qui voulût de moi, je me serais peut-être mariée. — Attendez, Catherine : j'ai votre affaire. Il est très savant ; il a son brevet. Il fera très bien votre affaire. — Quel âge a-t-il ? — Dix-neuf ans. — Oh ! oh ! mais j'en ai vingt-six : c'est un gamin que vous m'offrez. — Eh bien, j'ai encore votre affaire, mais tout à fait votre affaire. C'est mon oncle. Il est très bien. Il a trente-cinq ans. — Celui-là, au moins, pourrait me convenir pour l'âge. — Mais j'y pense, il est peut-être marié, mon oncle... il doit être marié, car il a un enfant de six ans. » Alphonse n'est pas un sot ; il n'est que naïf et étourdi. Laissez-lui son aimable babil : l'expérience, le développement du bon sens, le bon exemple des conversations sobres, précises et sensées, quelques avertissements amicaux, quelques leçons infligées à son amour-propre et à son étourderie par le hasard, ce grand maître de sagesse, réduiront sa bonne et franche loquacité à des proportions raisonnables.

Écoutons, d'autre part, sans nous montrer, le joyeux ramage d'une demi-douzaine de fillettes, de huit à dix ans, qui jouent aux dames et aux bonnes. S'il n'y a pas de poupées dans l'appartement pour compléter la troupe, on n'en est pas fort embarrassé : un tabouret offre ses bras, le soufflet lui-même se laisse gentiment porter et caresser. J'ai connu un amour de soufflet, qui a reçu, sur son nez, un peu noir quelquefois, les plus tendres baisers qu'une mère puisse donner à son cher bébé. Les paroles, les gestes, les mouvements, les poses de ces petites femmes ne sont souvent que des imitations : mais si les exemples sont excellents, les imitations sont exquises. Tout en maugréant un peu de les voir jouer aux grandes personnes, je les trouve adorables, nos petites demoiselles. Elles sont vraiment à croquer, babillant de tout cœur, à leur aise.

Mais voilà que l'une d'elles, une timide, s'est sentie aperçue ; son regard et son attitude contrainte ont averti ses compagnes, et tout change aussitôt. Les moins hardies cessent de jouer franchement, elles sont à la gêne ; les autres parlent et gesticulent avec prétention, pour se faire entendre et regarder ; si vous ne les admirez pas, elles sauront rire d'un air niais, en vous épiant de l'œil, pour attirer de quelque manière votre attention. Peste soit des grandes personnes qui ne savent pas surveiller leurs enfants sans se laisser voir !

III

La coquetterie qui a pour mobile l'attrait sexuel se montre de bonne heure. L'instinct parle même assez haut, sinon dans les organes, au moins dans le cœur, et sans que la pudeur ait reçu la moindre atteinte.

Voyez la jolie confession que Mlle Aïssé faisait à une amie, de l'amour qu'elle éprouva, à l'âge de huit ans, pour un jeune homme... de onze ans.

«... Il a deux ou trois ans plus que moi, et nous étions, à ce qui nous paraissait, beaucoup plus vieux que les autres. Cela faisait que nous causions, lorsque les autres jouaient à la cligne-musette. Nous faisions les personnes raisonnables, nous nous voyions régulièrement tous les jours : nous n'avions jamais parlé d'amour ; car, en vérité, nous ne savions ce que c'était ni l'un ni l'autre. La fenêtre du petit appartement donnait sur un balcon où il venait souvent ; nous nous faisions des mines...

« Comme on nous voyait toujours ensemble, les gouverneurs et les gouvernantes en firent des plaisanteries entre eux, et cela vint aux oreilles de mon Aga, qui, comme vous le jugez, fit un beau roman de tout cela. Je le sus : cela m'affligea ; je crus, comme une personne raisonnable, qu'il fallait m'observer, et cette observation me fit croire que je pourrais bien aimer M. de Gesvres. J'étais dévote, et j'allais à confesse ; je dis d'abord tous mes petits péchés, enfin il fallut dire le gros péché ; j'eus de la peine à m'y résoudre ; mais, en fille bien éduquée, je ne voulus rien cacher. Je dis que j'aimais un jeune homme. Mon directeur parut étonné ; il me demanda quel âge il avait. Je lui dis qu'il avait onze ans : il me demanda s'il m'aimait, et s'il me l'avait dit : je dis que non ; il continua ses questions. « Comment l'aimez-vous ? me dit-il. — Comme moi-même, « lui répondis-je. — Mais, me répliqua-t-il, l'aimez-vous « autant que Dieu ? » Je me fâchai, et je trouvai fort mauvais qu'il m'en soupçonnât. Il se mit à rire, et me dit qu'il n'y avait point de pénitence pour un pareil péché ; que je n'avais qu'à continuer d'être bien sage, et n'être jamais seule avec un homme ; que c'était tout ce qu'il avait à me dire pour l'heure (1). »

M. Renan va nous raconter aussi, dans sa langue délicate et nuancée, une idylle enfantine dont le souvenir a parfumé toute sa vie.

« Parmi ces petites camarades, il y en avait une qui

(1) E. Crépet, *le Trésor épistolaire*, t. II.

avait pour moi un effet singulier de séduction. Elle s'appelait Noémi. C'était un petit modèle de sagesse et de grâce. Ses yeux étaient d'une délicieuse langueur, empreints à la fois de bonté et de finesse ; ses cheveux étaient d'un blond adorable. Elle pouvait avoir deux ans de plus que moi, et la façon dont elle me parlait tenait le milieu entre le ton d'une sœur aînée et les confidences de deux enfants. Nous nous entendions à merveille. Quand les petites amies se querellaient, nous étions toujours du même avis. Je m'efforçais de mettre la paix entre les dissidentes. Elle était sceptique sur l'issue de mes tentatives. « Ernest, me disait-« elle, vous ne réussirez pas : vous voulez mettre tout le « monde d'accord. » Cette enfantine collaboration pacifique, qui nous attribuait une certaine supériorité sur les autres, établissait entre nous un petit lien très doux. Maintenant encore, je ne peux pas entendre chanter : *Nous n'irons plus au bois*, ou *Il pleut, il pleut, bergère*, sans être pris d'un léger tressaillement de cœur...

« Un singulier défaut, d'ailleurs, qui plus d'une fois dans la vie devait me nuire, traversa cette affection naissante et la fit dévier. Mon indécision est cause que je me laisse facilement amener à des situations contradictoires, dont je ne sais pas trancher le nœud. Ce trait de caractère se compliqua, en cette circonstance, d'une qualité qui m'a fait commettre autant d'inconséquences que le pire des défauts. Il y avait, parmi ces enfants, une petite fille beaucoup moins belle que Noémi, bonne et aimable sans doute, mais moins fêtée, moins entourée. Elle me recherchait peut-être même un peu plus que Noémi, et ne dissimulait pas une certaine jalousie. Faire de la peine à quelqu'un a toujours été pour moi une impossibilité. Je me figurais vaguement que la femme qui n'est pas très jolie est malheureuse et doit se dévorer intérieurement, comme si elle avait manqué sa destinée. J'allais avec la moins aimée plus qu'avec Noémi, car je la voyais triste. Je laissais ainsi bifurquer mon amour, comme plus tard je laissai bifurquer ma politique, de la façon la plus maladroite. Une ou deux fois je vis Noémi rire sous cape de ma naïveté. Elle était toujours gentille pour moi ; mais il y avait par moments chez elle une nuance d'ironie qu'elle ne dissimulait pas, et qui ne faisait que me la rendre plus charmante (1). »

Chastes et naïves amours, qui pourraient être signées du nom d'une fillette. L'amour et l'amitié ne sont qu'une seule et même ivresse, dans un cœur vierge et presque ignorant de tout, non de ses propres trépidations. Aussi l'amitié parle la même langue, se livre aux mêmes ardeurs et aux mêmes illusions que l'amour, même chez un enfant de huit ou dix ans. Et dans ces juvéniles passions (le mot n'est pas trop fort), le coup de foudre, dont les poètes et les romanciers ont tant abusé, se rencontre le plus souvent. Manon Phlipon éprouva ce saisissement singulier, presque une divination, dès l'instant qu'elle vit cette Sophie, à laquelle elle conserva une si tendre et si active amitié. « Sa tristesse m'avait touchée, sa manière d'être me plut ; je sentis que je rencontrais une compagne, et nous devînmes inséparables. » Fusion de deux esprits et de deux cœurs dans les mêmes plaisirs, les mêmes pensées, les mêmes idéaux, telle fut l'amitié des deux petites pensionnaires du couvent de la Congrégation ; et c'est là un point de ressemblance entre le véritable amour et l'amitié vraie. Jusqu'aux promesses d'éternelle fidélité qui se retrouvent ici. « Sophie était retournée à Amiens dans sa famille ;

(1) E. Renan, *Souvenirs d'enfance et de jeunesse*, p. 117.

avant son départ, nous avions obtenu que nos mères se vissent ; elles avaient, pour ainsi dire, consacré notre liaison, s'étaient réciproquement applaudies du choix de leur fille, et avaient souri aux promesses dont nous les avions faites témoins, de ne nous oublier jamais (1). »

Et quelle fièvre et quel ravissement de passion produit la bienvenue inespérée d'une amie dans le cœur d'une petite fille maladive, nerveuse, triste, méconnue et isolée parmi les siens, Mme Michelet va nous le dire :

« J'étais agitée, inquiète de l'arrivée de la petite fille. Avoir une amie à moi, de mon âge, la conduire dans mon chaie ou sous le bois, ne plus me sentir seule, quelle félicité ! Mais que sera-t-elle pour moi ? me disais-je, pensant aux amies de ma sœur, si fières, si dédaigneuses La crainte était plus forte que la joie.

«... Bien plus demoiselle que moi, n'ayant jamais quitté la ville, et tout habituée au monde dès sa naissance, deux choses cependant nous faisaient sœurs : la simplicité de ses goûts et l'analogie du costume. Le couvent ne permettait que la robe noire l'hiver, et l'indienne, de modeste couleur rouillée, l'été. La mienne, sombre en tout temps, il est vrai, mais assez parante dans son neuf, ne se sentait pas trop humiliée. Cette seule bagatelle met souvent un monde entre les enfants. Rien, de ce côté, ne nous séparait.

«... Quand elle arrivait, je sentais se calmer mes agitations. Son doux parler me donnait une jouissance tranquille. Dans une curiosité jamais satisfaite, j'écoutais ses récits, je l'excitais, non sans souffrir, à me faire le portrait de ses amies de pension. J'aurais voulu savoir jusqu'à quel point elle les aimait, et démêler ce qu'elle gardait pour

(1) Mme Roland, *Mémoires*, parties I et II, *passim*.

moi. Jeanne avait les expressions soudaines, les vivacités des natures ardentes. Il lui échappait de me dire : « Si tu « voyais Anne et Marie, comme elles sont belles ! Ah ! je les « aime trop. » Je baissais les yeux, craignant alors de rencontrer les siens.

« Cette amitié, qui n'eut jamais d'autres nuages, fut le grand événement de mon enfance. Tout ce qui flottait en moi de vagues attendrissements, d'élans sans objet, vint se concentrer sur cette chère et angélique personne (1). »

Avec une ardeur et une pureté non moindres, la voix du sexe parle souvent de l'enfant à l'adulte. Hector Berlioz, dans ses Mémoires, raconte avec les frissons d'autrefois son premier amour, l'amour d'un enfant de douze ans pour une fille de dix-huit. C'est la seconde édition, sans plagiat, d'une aventure d'enfance de Rousseau.

«... Dix-huit ans, une taille élégante et élevée, de grands yeux armés en guerre, bien que toujours souriants, une chevelure digne d'orner le casque d'Achille, des pieds, je ne dirai point d'Andalouse, mais de Parisienne pur sang, et des... brodequins roses ! Je n'en avais jamais vu... Vous riez !!! Eh bien, j'ai oublié la couleur de ses cheveux (que je crois noirs pourtant), et je ne puis penser à elle sans voir scintiller, en même temps que les grands yeux, le petits brodequins roses.

« En l'apercevant, je sentis une secousse électrique ; je l'aimai, c'est tout dire. Le vertige me prit et ne me quitta plus. Je n'espérais rien... je ne savais rien... mais j'éprouvais au cœur une douleur profonde. Je passais des nuits entières à me désoler. Je me cachais le jour dans les champs de maïs, dans les réduits secrets du verger de mon grand-père, comme un oiseau blessé, muet et souffrant. La jalousie,

(1) Mme Michelet, *Mémoires d'une enfant*, pp. 217-223.

cette pâle compagne des plus pures amours, me torturait au moindre mot adressé par un homme à mon idole. J'entends encore en frémissant le bruit des éperons de mon oncle, quand il dansait avec elle ! Tout le monde, à la maison et dans le voisinage, s'amusait de ce pauvre enfant de douze ans brisé par un amour au-dessus de ses forces. Elle-même, qui, la première, avait tout deviné, s'en est fort divertie, j'en suis sûr (1). »

Les prédestinés de l'amour montrent ainsi de fort bonne heure ce que sera plus tard chez eux cette puérile et poétique folie. Même ardeur à s'enivrer de la beauté, du regard, du son de voix, de quelque détail superficiel de leur idole ; même âpreté dans la jalousie, même sincérité dans l'inconstance ; même besoin de mystère ou d'épanchement ; mêmes alternatives de confiance et d'abattement ; et, à l'heure de l'inévitable déception, même déchirement du cœur. Rien, plus que l'amour, ne rapproche l'homme de l'enfant, et l'enfant de l'homme.

Mais, sans qu'il y ait ni l'amour ni même l'amitié, on dirait que, dans les rapports entre adultes et enfants, l'influence du sexe agit encore sourdement, à l'insu des uns et des autres.

Il me souvient, à ce propos, d'avoir connu dans mon voisinage, quand j'étais moi-même enfant, un groupe de fillettes allant en classe au couvent, qui ne parlaient que de leur cher aumônier. C'étaient de jolis dessins à illustrer les couvertures des cahiers destinés à M. l'abbé ; c'étaient un soin et une recherche extrêmes dans les résumés de ses cours. Les maîtresses devenaient, d'ailleurs, naïvement complices de la coquetterie des élèves. Les plus sévères avaient d'aimables sourires et des complaisances infinies

(1) H. Berlioz, *Mémoires*, t. I, pp. 9-12.

pour les enfants les plus indisciplinées, quand celles-ci pouvaient leur raconter quelques futile particularité sur le digne homme. La grave affaire, pour quelques-unes de ces petites demoiselles, était d'aller babiller leurs péchés à son oreille ; rien n'égalait la joie de celles à qui l'on disait : « Comme vous y êtes restée longtemps ! Moi je n'ai fait que passer. »

Aussi bien, les professeurs laïques savent de quel respect religieux et jaloux, voulant être remarqué, les demoiselles auxquelles ils font classe, et même les presque petites, suivent leurs leçons. Elles n'étudient quelquefois que pour eux ; les devoirs sont plus soignés, mieux écrits, quand ils doivent passer sous leurs yeux. Il faut dire que l'instinct du sexe n'y est pas pour grand'chose, sauf les cas toujours rares où le professeur, n'oubliant pas absolument qu'il est homme, surveille trop peu ses paroles ou ses regards.

Un écrivain fort ingénieux, et, assurément, très bien informé, qui a parlé avec un tact supérieur de l'éducation féminine, dit avec raison que « les jeunes filles s'efforcent plus avec un professeur et rougissent plus d'être en faute. » Cela doit être, en effet ; mais le prestige imposant de la force, le ton plus ferme et plus décidé, l'autorité de la science, comptent bien plus sans doute aux yeux de ces innocentes filles d'Ève que la secrète influence du sexe. L'humoriste écrivain ajoute cependant : « Il n'est pas même indifférent que le professeur soit marié ou non, ô vanité de la science (1) ! » Ici je proteste. Le fait signalé plus haut s'est produit souvent, à ma connaissance, avec des professeurs mariés, et assez vieux et assez graves.

(1) Paul Desjardins, *Revue bleue*, oct. 1887.

Et ne se passe-t-il donc rien d'analogue, dans les écoles où les maîtresses ont à mener aussi des garçons ? Il arrive souvent que ces derniers sont mieux que leurs petites compagnes dans la main de l'institutrice. Et, en vérité, leur cas n'est pas du tout, et, vu les règlements, il ne saurait plus être celui de Rousseau aspirant après les fessées administrées par Mlle Lambercier ; c'est la maîtresse qui est seule influencée : elle l'est par le préjugé de la supériorité attribuée à notre sexe, comme il n'est pas sans exemple que celui de la séduction attribuée au sexe faible puisse inconsciemment agir sur l'esprit du professeur.

Un jour, Mme Pape-Carpantier, faisant son cours de pédagogie, s'adresse à une toute jeune fille, qui avait longtemps servi d'adjointe à sa mère, dans une salle d'asile. « Mademoiselle, lui dit-elle, vous avez fait la classe à des garçons et à des filles : quels sont, à votre avis, les plus intelligents, les plus faciles à faire parler et à instruire ? — Les garçons, madame, » répondit la jeune fille interpellée. Mme Pape-Carpantier partit d'un éclat de rire. La jeune fille, confuse, se mit à fondre en larmes. « Calmez-vous, lui dit l'éminente directrice, et rassurez-vous. Je m'attendais à votre réponse. C'est dans l'ordre de la nature. Allez dans une école mixte : si elle est dirigée par une femme, elle vous dira que les garçons sont de beaucoup supérieurs aux filles ; si c'est un instituteur, il vous prend un air fin, et vous détaille par le menu les merveilles qu'il obtient de ses élèves féminins. » Mme Pape cita encore l'exemple d'une adjointe d'asile, qui, trouvant les filles bornées, se tournait de préférence vers les garçons, pour raconter ses leçons de choses. Elle avait l'habitude de les appeler « mes petits diables », et elle leur inspirait un entrain qu'elle ne savait pas faire partager aux filles.

CHAPITRE V

La musique

I

Les sons rythmés plaisent à l'enfant tout jeune. A la cinquième semaine, il rit et jacasse joyeusement, lorsque sa mère chante. Mais à la même époque, la simple parole le fait taire ; il fait même entendre un murmure fort doux, qui exprime sa joie, et qui est comme un essai de conversation, quand on le dorlote avec une petite voix amicale. On ne peut voir là rien d'esthétique, tout au plus une manifestation consciente de la jeune personnalité, en réponse à des signes affectifs.

Avant la fin du second mois, il écoute un air qu'on joue au piano, avec attention, avec des rires, des cris de joie, une rapide agitation des membres. Les sons musicaux et leurs séquences régulières lui font grand plaisir ; mais il est plus sensible à leur intensité qu'à leur pureté ou à leur douceur. Ainsi, il montre une égale joie à entendre les notes du piano, de la flûte, ou le bruit produit par une clé sur un objet sonore, table, assiette, verre, pincettes. La répétition des bruits, qui est une sorte de rythme, le fait sourire et trépigner d'aise. La cause première et essentielle du plaisir musical est d'ailleurs là : c'est une excitation sonore, renouvelée à intervalles rapprochés, et agréable surtout parce qu'elle se produit sans une grande dépense nerveuse. On comprend donc que les petits enfants, comme les sauvages, et un grand nombre d'animaux, soient très agréablement émus par la musique la plus grossière.

Un peu plus tard, c'est le caractère expressif des sons, le timbre, qui semble le plus réjouir l'enfant. La voix de certaines personnes le met en extase. Un de mes jeunes parents ayant à l'âge de six mois fait un séjour chez ses tantes, elles lui causaient en chantant une émotion très vive, qui se peignait par l'éclat des yeux, l'immobilité et la rougeur du visage. La voix de l'aînée, plus vibrante et plus mélodieuse, lui faisait éprouver un plaisir mêlé d'admiration ou de surprise. Voilà donc l'état contemplatif, l'état d'heureux ravissement qui caractérise l'émotion esthétique à son plus haut degré, voilà le sentiment musical dans sa pureté primordiale et absolue.

Cette émotion, si simple pour la conscience de l'enfant, se complique déjà de plusieurs éléments, et entre autres, de tendances à l'action.

Toute vive excitation du cerveau, par voie réflexe, doit communiquer aux nerfs efférents une série d'explosions utiles. Le plus souvent, l'enfant répond à la mélodie par une gesticulation et des gazouillements très variés. Cet effet est surtout produit par le son des instruments, soit que leurs notes plus accentuées, plus intenses, donnent à ses nerfs un ébranlement plus vif, soit que la vue des mouvements exécutés par le musicien soit elle-même suggestive de mouvements.

L'enfant nous montre ainsi, dans sa petite personne agitée en tous sens, la fusion primitive de la musique vocale, de la mimique, de la danse, et aussi de la musique instrumentale. En effet, le premier objet dont il peut frapper les objets voisins est son premier instrument ; et il s'amuse autant d'en entendre le bruit que d'entendre les sons de sa propre voix ou de faire des gestes plus ou moins expressifs. Les plaisirs les plus désintéressés ne le sont pas du besoin d'agir.

Le langage et la musique vocale ne sont, à l'origine, qu'une seule et même chose, l'expression de sentiments peu déterminés. Les premiers phonèmes sont des sons musicaux. Des premiers mots qu'il ébauche, l'enfant forme un rabâchage, moitié réflexe, moitié volontaire, moitié chant, moitié cris, qu'il exécute uniquement par plaisir. Ainsi le gibbon dont parle Darwin s'amuse de sa propre voix, montant et descendant par demi-tons une octave complète (1). En somme, vers le huitième mois, la joie de l'enfant, en entendant sa propre voix, semble montrer que le plaisir des sons eux-mêmes ou des sons répétés en séquences mélodieuses est mêlé chez lui du plaisir de voir s'accroître la force et l'étendue de sa voix.

Les progrès dans le chant sont très lents. A dix mois, l'enfant ne réussit qu'imparfaitement à répéter les airs qu'il a entendus : pourtant il copie d'une façon frappante la manière de parler, l'accent, l'imitation et le son de voix des adultes (2). Cela vient surtout de ce que son oreille musicale est peu formée, car elle ne se formera que par l'exercice personnel de la phonation et surtout du chant. L'enfant de deux ans et demi est, en général, aussi incapable d'apprendre la gamme abstraite des sons que la gamme abstraite des couleurs. Sa voix a d'ailleurs commencé depuis longtemps à prendre des qualités d'articulation et de timbre plus déterminées. C'est donc surtout

(1) Darwin, *De la descendance de l'homme*, t. II, p. 290.
(2) Preyer, *L'Ame de l'enfant*, p. 435.

l'oreille qui fait défaut, et je ne parle pas des infirmités passagères ou durables de l'organe auditif, dont on ne se préoccupe souvent que lorsqu'elles sont devenues incurables. Je parle seulement de l'oreille musicale, qui ne se forme guère avant l'âge de quatre ou cinq ans (1).

Vers l'âge de quatre ans, la séparation entre la voix parlée et la voix chantée est complètement effectuée. La première sert à tous les besoins et à tous les plaisirs, à ceux de l'action comme à ceux de la contemplation ; la seconde, bien que favorable au jeu, rentre plutôt dans les fonctions contemplatives. L'enfant, dès lors, trouve moins de plaisir à exercer sa voix musicale que sa voix parlée, et plus de plaisir encore à exécuter les mouvements divers qui obéissent mieux à toutes ses facultés développées. La musique instrumentale la plus simple et la plus primitive répond mieux aussi à son exubérante activité. Plus chanteur qu'écouteur, ses sens toujours en éveil ne lui laissent pas beaucoup de temps pour savourer une mélodie : le premier couplet à peine terminé, il vous demande une autre chanson. Il n'accompagne plus avec le même entrain les mélodies préférées, peut-être parce qu'on le loue moins de ses imitations toujours imparfaites, peut-être parce qu'il imite avec moins de plaisir ce qu'il imite mal. Il veut faire par lui-même, et bien faire. Même dans les mélodies les mieux sues, il aime à introduire des variantes quelconques. En un mot, dans l'évolution qui a fait passer toutes ses facultés de l'homogène au distinct, de l'indéterminé au mieux déterminé, du complexe au simple, la séparation de la parole et du chant a profité surtout à la parole, d'un usage plus facile et plus intellectuel. Le

(1) Dupaigne, *Dictionnaire de pédagogie* de M. Buisson, article *Chant*.

plaisir de parler pour parler, pour faire du bruit, surtout pour dire des choses gaies, pour raconter des histoires, est aussi vif à l'âge de cinq ans qu'il le sera jamais.

II

Quelques mots sur la précocité et la réalité des aptitudes musicales chez les jeunes enfants.

« Une petite fille pouvait, dès le neuvième mois, chanter exactement chaque note qui lui était donnée sur le piano ; elle semblait éprouver un sentiment désagréable à entendre les dissonances, et chaque fois que l'on soufflait dans une petite trompette de fer-blanc, elle pleurait abondamment. Cette enfant et deux de ses frères surent chanter avant de parler, et ils chantaient correctement les mélodies. Ils ne donnaient pas seulement la note juste, mais l'intensité et la nuance : au huitième mois déjà, ces enfants, admirablement doués au point de vue musical, écoutaient toute sorte de musique avec la plus vive attention. Un autre enfant se berçait lui-même avec ses propres chansons (neuvième mois), et au neuvième mois, accompagnait des chansons ou des morceaux de musique entendus par lui, en battant correctement la mesure (1). »

Une telle précocité a quelque chose d'invraisemblable. C'est beaucoup plus tard, et, par exemple, vers la troisième année, que les véritables dispositions musicales se montrent même chez des enfants de musiciens. Je les ai souvent notées, vers l'âge de quatre ans, chez des fils d'ouvriers n'ayant qu'une très faible aptitude musicale. La petite Marie, à cet âge, chantait une foule de refrains, que son

(1) *L'Ame de l'enfant*, p. 71.

père, ouvrier tailleur, dégoisait du matin jusqu'au soir : elle rendait, d'une jolie petite voix pure, les intonations et les rythmes, tout en estropiant les paroles, dont elle ne comprenait pas le sens. Un autre enfant, Paul, âgé de cinq ans, reproduisait parfaitement les notes et les intentions musicales des chansons que son oncle rapportait de l'atelier.

La voix et l'oreille musicale se montrent de bonne heure chez quantité d'enfants dont les parents n'ont pas de voix et ignorent la musique.

Fanny fut la plus jeune fille des quatre enfants d'un paysan picard. Son père et sa mère ne chantaient mie ; ses frères et sa sœur pas davantage. Mais elle avait de la voix et de la gaieté pour tous. « Je ne sais pas d'où ça lui vient, disait la mère ; pas au moins de chez nous. » Mettons que ce fût là un don du ciel, je veux dire une transmission ancestrale, car je suppose que la nature ne s'amuse pas à faire tout d'un coup, et par caprice, un si bel instrument. Mais ce qui met en jeu cet instrument, et, par suite, les sentiments et les dispositions morales qui en forment la résonance, c'est la plupart du temps les influences du milieu. L'éducation musicale de Fanny se borna à quelques airs entendus çà et là, en passant devant les fermes ou en gardant les vaches. A quatre ans, elle apprenait tous les airs à peine entendus. Quand ses cousins et ses cousines allaient à la ville, ils en rapportaient toujours un recueil de chansons nouvelles ; comme les airs étaient presque tous connus, Fanny, qui savait lire, les leur chantait à première vue. Le curé et l'instituteur lui envoyaient les enfants qui avaient de la peine à apprendre les cantiques. « Fanny vous apprendra », leur disaient-ils. Les femmes du village demandaient toujours Fanny à sa mère pour les veillées. « Amène-nous donc ta fille, elle nous chantera. »

Un enfant, même âgé de sept ou huit ans, peut avoir des dispositions naturelles pour la musique, sans qu'il y paraisse. Avec une voix mal timbrée et peu étendue, il a peut-être de l'oreille. A défaut des indications de la voix, le jeu du plus simple instrument ou la reproduction sifflée des airs entendus, montreront s'il a vraiment l'oreille musicale.

L'oreille, organe de la perception des sons musicaux, joue un rôle secondaire dans leur reproduction. Ici le rôle principal appartient aux images et aux excitations motrices. Le souvenir des mélodies, pour celui qui les a chantées, se compose surtout de représentations motrices, du larynx ou des lèvres. Il s'y ajoute, à titre accessoire, quand on apprend à jouer d'un instrument, des représentations musculaires du bras et de la main. De grands maîtres composaient en fredonnant ou en sifflant ; la plupart composent en tapotant sur le piano.

La qualité de la voix peut aussi faire illusion sur la qualité de l'oreille. Un de mes amis possède une voix de baryton agréable. Dans son enfance, il passait pour avoir une voix fort belle. Plus tard, on lui a dit quelquefois, à sa grande surprise, qu'il avait la voix fausse. Il s'est enfin rendu à l'évidence ; il a réfléchi sur son cas, et voici comment il l'explique. Il a peu d'oreille ; il saisit peut-être les tons avec justesse, mais il est lent à les retenir, et il n'en garde pas longtemps le souvenir précis : son défaut serait d'avoir peu de mémoire musicale. En revanche, son frère retient un air à la première ou à la seconde audition ; n'ayant pas de voix, il siffle à merveille ; c'est un vrai musicien. Un de ses fils a montré fort jeune les mêmes dispositions : il a peu de voix, mais c'est un admirable siffleur. Dès l'âge de huit ans, il jouait avec quelque habileté de petits airs de piano.

Si la nature seule donne la faculté musicale, elle ne se développe jamais sans le secours d'un maître ou sans un exemple à imiter. La précocité des grands musiciens a toujours tenu du prodige. Dès l'âge de sept ou huit ans, ils ravissent par leur jeu supérieur ; bientôt ils dirigent des orchestres, ils composent. Mais n'oublions pas qu'ils ont rencontré autour d'eux des pères qui leur ont enseigné, ou des protecteurs qui leur ont fourni les moyens d'apprendre les premiers secrets de leur art. Combien de jeunes Verdi sont inutilement tombés en extase en écoutant l'orgue de leur église ou le violon d'un pauvre artiste ambulant !

Combien aussi perdirent le goût et le sentiment de la musique, par la faute de leurs premiers maîtres !

George Sand nous raconte que sa grand'mère, avec sa voix cassée, et deux ou trois accords qu'elle pouvait donner sur son clavecin, lui fit comprendre la grande musique. « Elle m'enseigna les principes, dit-elle, et si clairement, que cela ne me parut pas la mer à boire. Plus tard, quand j'eus des maîtres, je ne compris plus rien et je me dégoûtai de cette étude, à laquelle je ne me crus pas propre. Mais depuis j'ai bien compris que c'était la faute des maîtres plus que la mienne, et que si ma grand'mère s'en fût toujours mêlée exclusivement, j'aurais été musicienne, car j'étais bien organisée pour l'être, et je comprends le beau, qui, dans cet art, m'impressionne et me transporte plus que dans tous les autres (1). »

Francisque Sarcey a pu être considéré par son père et

(1) *Histoire de ma vie*, t. II, p. 268.

par ses maîtres de musique comme un être absolument privé de dispositions pour cet art. Si vous n'avez lu cette intéressante histoire, empressez-vous de la lire, car je ne saurais vous en donner qu'un résumé bien sec.

M. Sarcey père avait le goût de la musique. N'ayant jamais eu le temps de l'apprendre, il voulut qu'il n'en fût pas de même pour son fils. Il lui trouvait d'heureuses dispositions. L'enfant avait la voix juste, ce qui suppose de l'oreille. Les maîtres, du moins, ne lui manquèrent pas. Ce fut d'abord le chantre en chef au lutrin de Dourdan, avec lequel il n'apprit pas même la gamme, le solfège de Rodolphe étant placé trop haut pour ses yeux. Bientôt un vieux flûtiste, à grand renfort de calottes et de coups d'archet, faillit lui apprendre à exécuter une gamme sur le violon. Un autre savant maître vint ensuite, qui essaya de faire de Francisque un « triangle », mais ne sut pas lui faire entrer la mesure dans la tête ; il y eut même certain petit scandale d'exécution en public, qui fit retirer l'instrument des mains de Francisque, et retentir à ses oreilles cette redoutable prophétie : « Si jamais tu deviens musicien, toi, il fera chaud. »

La foi de M. Sarcey, quoique un peu ébranlée, résistait encore. Le même maître consentit à tout oublier, et essaya de faire du jeune artiste « un bugle ». L'enfant était loin de partager la confiance de son père. « J'étais si sûr, nous confesse-t-il, de jeter le désordre dans les rangs, que je préférais me taire ; j'avais l'air de souffler dans mon instrument, mais je me gardais bien d'en tirer aucun son. » Le dénouement était à prévoir : le bugle alla rejoindre le triangle, et le maître ajouta : « Presque aussi fort sur le bugle que sur le triangle. » M. Sarcey avait caressé pendant plusieurs mois deux chères illusions : celle de la vertu d'une rosière, à la fête de laquelle le fameux bugle devait se faire entendre, et celle de la vocation musicale de son fils : il perdit ces deux illusions le même jour. Lui-même, avec une douce résignation, dit à son tour : « Si Francisque devient jamais musicien, il fera chaud ! »

Heureusement, ces tristes prédictions devaient être démenties plus tard, beaucoup plus tard, par les faits. Vingt-cinq ans après, le hasard fit rencontrer à M. Sarcey le merveilleux professeur Chevé, dont il devint un fervent disciple. Les débuts furent peut-être pénibles. Il s'agissait, « non pas même d'une organisation moyenne, mais rebelle, mais récalcitrante, une des plus récalcitrantes que Mme Chevé eût vues. » Cependant le courage de l'élève, le courage aussi des maîtres, et l'efficace vertu de la méthode, triomphèrent en fin de compte.

De disciple, M. Francisque Sarcey put même à son tour devenir maître, je dis maître enseignant : il eut un élève. Ce jeune homme, un ouvrier, était animé d'un zèle si extraordinaire, que M. Sarcey a pu se demander avec terreur si cet enthousiasme n'était pas pour quelque chose dans la fièvre chaude qui le ravit quelque temps après à sa famille et à l'art.

Que la conscience de l'illustre critique soit rassurée à ce sujet. Les microbes, principe de toute affection maligne, expliquent suffisamment le cas de son élève ; la méthode Chevé et son complaisant vulgarisateur en furent innocents. Ce n'est là, d'ailleurs, qu'un détail accessoire de notre récit. Il est donc bien entendu qu'il faut y regarder à deux fois avant de classer personne parmi les « déshérités de la musique (1). »

(1) Fr. Sarcey, *Souvenirs de jeunesse.*

La recherche et l'excitation des aptitudes inférieures, ou si l'on veut, des aptitudes communes, a son importance. A en croire certains penseurs, et naturellement certains artistes, l'élite compterait seule dans l'humanité, car c'est elle qui attire, qui pousse, qui fait avancer la foule. Le progrès, sans doute, est l'œuvre des forts en tout genre, mais non pas leur œuvre exclusive. Ne craignons pas de faire trop grande la part de tout le monde, tout au moins celle d'une large moyenne. Par son origine et son influence, le génie plonge dans les masses; les talents médiocres le découvrent et le font comprendre aux autres; de lui à la foule, ils tiennent ininterrompue la chaîne magnétique. Cette démocratique formule de l'art, la plus belle et la plus humaine de toutes celles qu'on a pu imaginer depuis Platon, Diderot l'a contre signée de son nom, et elle est bonne à rappeler à nos délicats. « Vous êtes difficile, et je vois que vous ne faites grâce qu'aux hommes sublimes. — Oui, aux échecs, aux dames, en poésie, en éloquence, en musique, et autres fadaises comme cela. A quoi bon la médiocrité dans ces genres? — A peu de chose, j'en conviens. Mais c'est qu'il faut qu'il y ait un grand nombre d'hommes qui s'y appliquent, pour faire sortir l'homme de génie : il est un dans la multitude (1). » Le mot de « vile multitude » est donc aussi malséant en langage d'art qu'en langage politique.

Voilà ce qu'on oublie trop souvent, quand on est à juger des aptitudes esthétiques de la femme. Leur précocité même se retourne contre elle. Je demandais à un professeur de musique, un artiste distingué, s'il avait observé quelque différence dans ses élèves filles et garçons. « Une

(1) *Le Neveu de Rameau.*

assez grande, me répondit-il. Au premier âge, vers six, sept ou huit ans, les petites filles sont plus dociles, plus attentives, elles font plus de progrès; les petits garçons, plus dissipés, se dépensent au dehors. Mais, vers l'âge de treize ou quatorze ans, ils se mettent à travailler, et ils dépassent les petites filles, qui ne progressent guère plus. »

Cette précocité, cette supériorité passagère, tiennent peut-être aussi à l'éducation, qui n'est pas la même pour les deux sexes. Les jeunes filles sont plus contenues, plus rassises dans leurs divers travaux. Peut-être les exercices paisibles du « petit art », avec une plus grande facilité d'émotion affective, leur conviennent-ils mieux ou tout d'abord. Demandons-leur, à chaque phase de leur évolution, ce qu'elles peuvent raisonnablement nous donner. Mais, à chaque instant, tirons parti de toutes leurs aptitudes. Les variétés ne sont pas des inégalités; en tout cas, les deux sexes s'équivalent par leurs moyennes. Ceci accordé, je me soucie fort peu de savoir si la femme est ou n'est pas capable de mettre une élite en balance avec celle de l'homme. Elle ne fera jamais les œuvres d'un Mozart, d'un Weber ou d'un Rossini : peut-être la géniale virtuosité d'un Chopin, d'un Paganini ou d'un Listz lui est-elle interdite : je n'en sais rien. Mais, dans le génie de l'homme, la plus belle part est à elle : elle inspire les œuvres des maîtres; elle les fait passer dans son âme et dans sa voix pour ravir les foules; plus modestement, mais pas moins utilement, elle les explique avec délicatesse et les traduit avec amour aux générations bercées sur ses genoux.

III

Les enfants, à peu d'exceptions près, ne comprennent pas grand'chose à la beauté propre de la musique. Le sentiment, du moins, en est bien vague chez les mieux doués. Le sens esthétique ne va pas sans une certaine éducation théorique et pratique : il implique à un assez haut degré le pouvoir de comparer, d'analyser et de combiner, en un mot, les facultés plus ou moins développées qui font le dilettante, l'auditeur intelligent, et non pas seulement l'auditeur affectif. Ainsi, quand nous voyons un enfant ou un ignorant en extase devant une personne ou un instrument qui chante, il est beaucoup moins charmé par la mélodie elle-même que par le timbre de la voix ou de l'instrument, ou par l'émotion infuse dans la mélodie, ou même par les diverses sensations qui se trouvent accidentellement mêlées à cette impression musicale.

Que de sentiments divers, et fondus pour la conscience de l'enfant dans une seule et grande impression musicale!

Le jeune Hector Berlioz avait été admis à faire la première communion le même jour que sa sœur, au couvent des Ursulines où elle était pensionnaire. Il éprouva dans cette circonstance sa première impression musicale, impression très vive et pourtant confondue avec d'autres sentiments aussi purs et aussi profonds. « Au moment où je recevais l'hostie consacrée, un chœur de voix virginales, entonnant un hymne à l'Eucharistie, me remplit d'un trouble à la fois mystique et passionné, que je ne savais comment dérober à l'attention des assistants. Je crus voir le ciel s'ouvrir, le ciel de l'amour et des chastes délices, un ciel plus pur et plus beau mille fois que celui dont on m'avait tant parlé. O merveilleuse puissance de l'impression vraie, incomparable beauté de la mélodie du cœur ! Cet air, si naïvement adapté à de saintes paroles et chanté dans une cérémonie religieuse, était celui de la romance de Nina : *Quand le bien-aimé reviendra.* Je l'ai reconnu dix ans après. Quelle extase de ma jeune âme !... Ce fut ma première impression musicale. Je devins ainsi saint tout d'un coup, mais saint au point d'entendre la messe tous les jours, de communier chaque dimanche, et d'aller au tribunal de la pénitence pour dire au directeur de ma conscience : « Mon père, je n'ai rien fait. — Eh bien, mon enfant, répondait le digne homme, il faut continuer (1). »

C'est là, assurément, une grande impression musicale ; mais c'est encore une émotion religieuse, excitée et augmentée par la sainteté du lieu, les ornements de la chapelle, les cierges, l'encens, la fraîche beauté des jeunes filles, la blancheur angélique de leurs robes et de leurs voiles. Sans cet accompagnement de sensations et d'émotions saisissantes, l'effet musical aurait-il été le même ?

Ce que Mme George Sand nous donne aussi pour sa première impression musicale n'est rien moins qu'une impression très complexe. En visite avec sa mère, dans les environs de Paris, elle se trouvait à une fenêtre d'où elle ne pouvait rien voir au-dessus d'elle ; de là, elle entendit un flageolet dont les airs lui parurent admirables. Elle ne perdait pas une note de ce petit instrument, si aigu de près, si doux à distance. « Il me semblait l'entendre dans un rêve. Le ciel était pur et d'un bleu étincelant, et ces délicates mélodies semblaient planer sur les toits et se perdre dans le ciel même... J'éprouvais d'indicibles jouissances

(1) *Mémoires* d'H. Berlioz, t. I, p. 2 et 3.

musicales, et j'étais véritablement en extase devant cette fenêtre où, pour la première fois, je comprenais vaguement l'harmonie des choses extérieures, mon âme étant également ravie par la musique et la beauté du ciel (1). »

Dans cette mémorable impression, remarquez le charme du mystère, la poésie d'une musique douce, entendue sans voir la personne qui joue, et cela un jour de vacance et de fête, sous la coupole du grand ciel bleu souriant. Ajoutez l'expression sentimentale de l'instrument, dont les notes, d'un peu loin, imitent une voix humaine, légère et joyeuse.

Cette dernière circonstance m'explique la reconnaissance qu'Hélène a vouée aux orgues de Barbarie, et dont un dilettante pourrait rire. Les plus grossiers de ces instruments criards ou beuglants, mais cependant très harmoniques, n'affectent-ils pas, dans le lointain, l'expressive sonorité des voix humaines ? Quiconque a pu entendre, dans son enfance rêveuse, les échos prolongés dont ils animaient les rues silencieuses d'une petite ville, comprendra ce cri du cœur ; « Et vous, mes orgues de Barbarie, me disait-elle un jour, musique à un sou du pauvre, qu'êtes-vous devenues ? Je ne vous entends plus ! On a interdit ce colportage de musique populaire qui agaçait les nerfs des penseurs moroses et des femmelettes nerveuses. Chères orgues, vous m'avez trop charmée pendant mes premières années, pour que je ne vous remercie pas, du plus profond du cœur, des heures de ravissement que je vous ai dues. Le matin, parfois, la journée s'annonçait triste et maussade ; mais si le vent m'apportait de loin les notes si connues de mon oreille, aussitôt je frissonnais

(1) George Sand, *Histoire de ma vie*, t. II, p. 173.

d'une émotion voluptueuse. Vous avez été longtemps la seule musique dont je pusse jouir. Chez nous, autour de nous, ni piano, ni flûte, ni violon. Je ne vous en voulais pas, si vous étiez vieilles, cassées et poussives ; je vous plaignais, au contraire, et je vous en aimais davantage. Parfois vos airs gais et dansants m'emportaient dans des régions toutes de plaisirs innocents et de jeux enfantins. D'autres fois vous sembliez vous lamenter, et je me mettais à l'unisson avec vous, pleurant sur des souffrances inconnues. Pauvres orgues amies, merci encore ! »

Pensez si une telle enfant devait sentir le charme d'une voix douce et pure, joint à l'expression d'une jolie mélodie ? Le caractère, le timbre de la voix fait, en général, sur l'enfant plus d'effet que la mélodie elle-même. Mais, pour les organisations vraiment musicales, comme Hélène, la fusion de ces deux effets peut seule produire le charme complet, le ravissement.

« Fort souvent, le soir, ma mère chantait en cousant ou tricotant. Sans avoir jamais solfié, elle chantait d'une voix pure, fort agréablement. C'étaient des querelles de bergers et de bergères, quelques élégies ou ballades du temps de Millevoye, des hymnes guerriers de la Révolution et de l'Empire. Je n'y comprenais pas grand'chose ; mais les airs en étaient simples, faciles, charmants ou entraînants, et la voix qui les chantait si douce !

« Mon père aimait à entendre chanter, il sentait vivement la musique, mais il ne pouvait rendre un morceau avec justesse. Un jour, pour me faire plaisir, il chercha à m'apprendre je ne sais quelle chanson qu'il trouvait fort jolie. Je me sauvai : sa grosse voix me fit peur.

« La seconde personne qui m'ait beaucoup charmée et émue par son chant est une couturière fort jolie, du nom de

Thérésine, qui logeait chez ma grand'mère. Elle chantait divinement la romance de l'*Eclair* : « *Quand de la nuit l'épais nuage... Sans espérance mieux vaut mourir !* » Elle disait aussi la bergère qui va en confesse pour avoir tué son chat, et qui reçoit un baiser pour pénitence.

Je ne sentais pas la finesse gaillarde de la chanson ; l'air ne me plaisait pas, et je demandais toujours *Sans espérance mieux vaut mourir*. Il y avait là pour moi quelque chose de délicieusement triste.

« De mon jardin, il m'était souvent donné d'entendre une nourrice bercer son enfant avec ces mots uniques : « *Fermez les yeux.* » L'air était si agréable, se variant à six reprises ! Je me figurais le bébé heureux de fermer les yeux et de s'endormir aux suaves balancements de cette voix.

« Je savais des chansons de toute espèce, que je chantais du matin au soir, quand mes petites affaires d'enfant allaient bien. Aucune d'elles n'avait rien de banal. Si quelques-unes étaient ce qu'on appelle un peu légères, je n'en savais rien. Mais comme, sans être mélancolique, j'étais pourtant sérieuse, et inclinée vers la tendresse, les chansons gaies m'émouvaient presque autant que certaines autres. J'avais une amie que toute musique rendait dissipée et lutine. Moi, c'était le contraire ; lorsqu'on jouait une valse ou une polka, ce n'était pas la tristesse qui s'emparait de moi ; mais la gaieté folâtre glissait vite au transport, et je m'élevais aux réflexions et aux projets salutaires pour ma conduite. J'ai été toujours ainsi, et c'est plus fort que moi : les impressions les plus délicieuses de l'art me ramènent toujours aux choses de la vie, qui me paraissent alors plus douces et plus belles. »

Avez-vous remarqué cette préférence instinctivement accordée aux airs tristes plutôt que gais, ou du moins aux airs enveloppant des paroles demi-sérieuses, aux mélodies sentimentales et aux sujets que nous appellerions poétiques? C'est que la musique, cet art nécessairement vague, parce qu'il est le plus idéal, le moins imitatif de tous, même lorsqu'elle est l'expression vive d'un sentiment, est loin d'éveiller toujours ou chez tous les auditeurs cette émotion particulière. L'impression qu'elle produit, à un moment donné, dépend surtout des prédispositions spéciales, des habitudes d'esprit, de l'état moral actuel de chacun. Voici deux exemples bons à opposer à ceux qui précèdent.

Fanny, dont j'ai parlé plus haut, devenue grande, se plaça à la ville, et vint plus tard cuisinière à Paris, où elle eut le talent assez rare, et très peu esthétique, d'amasser des rentes dans une loge de concierge. Elle avait épousé un homme de son pays, un travailleur, auquel elle donna le goût des concerts populaires, je veux dire des cafés chantants, cet opéra de l'ouvrier. Si elle avait été riche, elle aurait aussi bien accoutumé d'écouter la grande musique, car elle chante encore, à soixante ans passés, toutes sortes de choses, même des cantiques. Mais son triomphe est dans ce qu'elle connaît le mieux, dans les chansonnettes comiques, qu'elle dit avec une rare perfection d'accent et de mimique.

En face de la maison qu'elle habite, est la fille d'un pâtissier, Henriette, elle aussi, chanteuse du genre léger. Elle n'a que huit ans; et voilà trois ou quatre ans que son père, un peu imprudent sans doute, la mène à l'Alcazar et à l'Eldorado. Elle sait au moins un couplet de toutes les chansonnettes créées par M. Paulus et Mlle Thérésa dans ces dernières années, sans excepter, bien entendu, *En revenant de la revue*. Je me hâte de dire qu'elle est pourtant très sérieuse en classe et très laborieuse à la maison. Mes lecteurs le savent, du reste, aussi bien que moi (1). Donc elle vient souvent chez sa vieille amie; elle s'invite sans façon à déjeuner, apportant le gâteau du dessert. Elle chante à sa vieille amie les nouveautés de la quinzaine, que les rhumatismes empêchent Fanny d'entendre elle-même. Voilà deux vocations, l'une passée, l'autre naissante, qui font merveille et s'accordent à ravir. Est-ce la gaieté naturelle des deux artistes, ou les circonstances dominantes du milieu qui ont déterminé le genre de ces vocations?

J'aurais souhaité à Hélène un peu de ce que la vieille Fanny et la jeune Henriette ont eu assurément en excès. Trop d'esprit ou de gaieté mène à la polissonnerie; trop d'âme et de rêverie à la passion : entre ces deux écueils, il doit être facile à l'éducation de trouver sa voie. Si la musique n'a qu'une médiocre influence morale pour le bien, elle en a une considérable pour le mal : tel refrain obsédant, lambeau des souvenirs d'enfance, est la pire des suggestions à un moment donné. Mais je crois surtout aux effets de la musique sur l'humeur et le caractère. Les airs entendus de bonne heure et habituellement par un enfant, surtout les airs entendus dans la famille, peuvent avoir une très grande importance pour son bonheur. J'y voudrais, avec la franche et douce gaieté, la pudique fraîcheur des émotions du foyer.

Je vais oser, à ce propos, prendre la défense du piano, oubliant les justes griefs que nous pouvons tous avoir contre lui.

« C'est peut-être une des choses qui m'étonnent le plus

(1) *L'Enfant de trois à sept ans*, p. 130.

dans notre civilisation moderne que cet universel respect du piano. Il est le fond de l'éducation de tout le sexe féminin, et la plupart des hommes mêmes, s'ils veulent passer pour bien élevés, doivent le savoir peu ou prou. Je vois, avec une stupéfaction mêlée d'horreur, des jeunes filles qui ont une âme, passer quatre ou cinq heures par jour à taquiner l'ivoire. Si encore elles apprenaient pour donner des leçons plus tard, si c'était un gagne-pain qu'elles se ménageraient, j'y trouverais une explication et une excuse. Mais non; ce sont des jeunes filles du monde, qui sacrifient à la mode. Il faut être de première force sur le piano; on fait durant dix années des exercices jusqu'au jour où l'on se marie : le piano est alors fermé pour toujours. Quoi de plus insensé ? quoi de plus ridicule (1) ? »

Tout cela est vrai, malheureusement trop vrai. Mais quelle place honorable dans la famille aurait le piano, si les fillettes qui ont appris tant bien que mal à en jouer voulaient bien s'en souvenir, une fois mères ! Le piano est à lui seul un petit orchestre; il a remplacé tout l'accompagnement de sonorité légère : clavecin, violon, flûte, hautbois, qui disait autrefois les ritournelles et les liaisons du chant. Il tend même à remplacer la voix, car la faculté de soutenir et d'élargir les sons en fait un instrument chantant. Il couvre les imperfections de cet organe, il justifie et atténue, si l'on veut, les exagérations du chant et du motif poétique. Que de raisons pour qu'une femme, même ayant de la voix, apprenne cet instrument, et plus tard, pour que son mari la prie d'en jouer pour ses enfants !

(1) Fr. Sarcey, *Annales littéraires*, 4 avril 1886.

IV

La préférence de l'enfant, même grandelet, pour la musique chantée, montre qu'il n'est guère connaisseur. Même habile sur un instrument, il l'abandonne volontiers pour écouter ou accompagner un air avec paroles. Il semble qu'une mélodie ou une symphonie pures, si agréables qu'il les trouve, soient encore incomplètes pour lui, laissent quelque chose à désirer. Quelques mots, souvent même les plus insignifiants du monde, lui rendent le sentiment exprimé par les sons plus transparent ; son imagination, qui pourrait au besoin s'en passer, et qui ne les creuse pas, s'en empare avec vivacité. Ses jouissances musicales les plus vives, et de l'effet le plus prolongé, ne le sont qu'à ce prix.

J'ai été souvent témoin de ce fait, dans une petite ville de province, les soirs de musique militaire. Pendant l'exécution des grands airs, soit graves, soit marchants, soit sautillants, les enfants d'âge moyen écoutent, d'un air entendu mais distrait, à côté de leurs parents immobiles ; les plus petits se poursuivent ou forment des danses variées. Mais aussitôt qu'un instrument joue un solo, ces derniers s'arrêtent pour l'écouter : c'est que le chant d'un seul instrument imite plus ou moins une voix humaine. Quand un chœur de soldats, vers la fin, se met à chanter, ils accourent tous, et se rapprochent de l'estrade pour entendre les voix et les paroles.

Pour moi, j'ai commencé bien tard à connaître les émotions produites par le chant de l'instrument, et surtout à les éprouver presque au même degré que celles du chant parlé. A l'époque où j'avais dix ans, il vint un soir, sur la place de notre petite ville, une dame à la voix pure et vibrante, qui chanta de fort jolies choses, et ensuite une chose fort belle ; c'était un chant patriotique, nouveau pour moi, avec ce refrain : « La France est là ! » On bissa le dernier couplet, que le public répétait avec enthousiasme. Mon impression fut profonde. Le lendemain, j'en rebattis les oreilles de ma mère, qui, tout heureuse de me voir dans une si noble ardeur, me raconta la glorieuse légende de la *Marseillaise*. Je la lui fis chanter jusqu'au bout, et je la compris alors pour la première fois, car elle nous l'avait déjà chantée.

J'avoue que cet air ne me parlait pas au cœur de la même manière quand je l'entendais jouer par la fanfare de la ville. Je restais encore beaucoup plus froid à l'exécution des morceaux les plus entraînants des *Huguenots* et de *Guillaume Tell*. Il me souvient pourtant que j'avais déjà connu l'émotion esthétique de la musique instrumentale.

Tout jeune, l'orgue de l'église me causait une émotion très forte, mais plutôt d'étonnement et de frayeur que de joie véritable. Les sonneries des trompettes me mettaient en l'air, chaque fois que les cavaliers de la garnison passaient sous nos fenêtres. Les retraites m'emportaient d'un élan machinal, avec la foule qui les suivait au pas. Mais c'étaient là des excitations à peine esthétiques. Même à douze ans, je manquai absolument de respect à un maestro de passage, qui donna au collège une séance extraordinaire. Comme il avait imité à la perfection avec son archet des voix humaines, des voix d'animaux et divers autres bruits, cela m'avait mis en gaieté. Cette bonne humeur se traduisit par des rires fous et des amusements déplacés, quand il nous régala des plus beaux morceaux de son répertoire. Malgré tout, en fouillant scrupuleusement dans mes souvenirs, j'y retrouve une délicieuse impression, produite par un morceau trémolisé, que j'ai su depuis être une mélodie de Weber.

Ce n'est qu'à treize ans que j'appris à jouir musicalement des sons d'un instrument. Près de notre maison vint loger un jeune rentier, artiste de première force. Comme il jouait, avec la flûte, le cornet et le hautbois, les plus beaux passages de *Guillaume Tel*, de *Zampa*, du *Trouvère*, de *Robin des bois*, et avec son cor d'harmonie, la *Chasse du roi Henri* et le *Ranz des vaches* ! Il me semble encore être là, avec mon frère et mes sœurs, debout devant la fenêtre, muets, recueillis, ravis, retenant notre respiration ! Jamais je n'entendis une plus enivrante musique. J'en étais fou, je ne chantais plus ; je rêvais d'apprendre à jouer d'un instrument, n'importe lequel. J'en fatiguais nos bons parents : on me promit de satisfaire mon violent désir, l'année prochaine. Cette année-là ne vint jamais pour moi : nous n'étions pas assez riches pour nous payer le luxe d'un instrument et celui d'un maître de musique.

C'étaient là, en définitive, des émotions vraiment esthétiques. J'avais le plus grand plaisir à écouter cette musique, et pour elle-même, sans ressentir aucun des sentiments qu'elle pouvait indirectement exprimer et éveiller. Est-il bien certain que toute seule, et abstraction faite des sensations étrangères qui lui font cortège, la musique puisse peindre des émotions précises, et n'exciter qu'elles ? Peut-être n'y a-t-il pas de notations exactes pour l'amour, la fureur, l'héroïsme, la pitié, l'allégresse, la prière, la vénération, l'enthousiasme guerrier, patriotique ou poétique. Et de combien d'inexprimables nuances chacun de ces sentiments n'est-il pas susceptible ! La musique pût-elle, indépendamment des paroles, exprimer des sentiments particuliers, qu'elle ne les exciterait pas nécessairement chez tous les auditeurs ; l'effet produit, comme je l'ai déjà dit, dépend surtout des dispositions habituelles ou actuelles de la sensibilité au moment de l'audition.

« Henri Beyle, ce profond observateur, raconte qu'un jour (il aimait je ne sais quelle personne) la musique le rendit plus enamouré que jamais : il crut d'abord que cet art avait sur l'amour une influence particulière. Mais il se rappela que l'année précédente, où il songeait aux moyens d'armer les Grecs, la même musique avait éveillé son ardeur avec la même intensité, mais en la tournant du côté des recherches d'alors. L'expression vive d'un sentiment, quand nous en sommes témoins, fait sans douter monter en nous le ton de ce sentiment, mais elle fait monter aussi par sympathie le ton de tous les autres ; par cela même nous sommes portés à agir en tous sens (1). »

Nous avons vu aussi l'impression produite sur le jeune Berlioz par un air profane adapté à des paroles religieuses, et exécuté dans une cérémonie des plus solennelles. Maint connaisseur vous dira, d'ailleurs, que c'est à l'église seulement qu'il a entendu de la musique religieuse : chantée ailleurs, elle aurait eu un autre caractère. Il n'est donc pas indifférent d'entendre habituellement tels ou tels airs dans telles ou telles circonstances déterminées. Il se produit là des associations de sons et de sentiments plus fortes que tous les raisonnements les plus solides. Je ne sais si les éducateurs français ont encore tiré tout le parti possible de ce rapport intime entre les effets de la musique et le milieu d'exécution.

Le bon exemple leur en est donné depuis longtemps par les Américains. Dans toutes les écoles, « les chants s'exécutent

(1) Guyau, *les Problèmes de l'esthétique contemporaine*, p. 30.

le plus souvent par l'ensemble des enfants, dans la grande salle de réunion dite *chapel* (c'est là qu'on lit la Bible), souvent formée par la disparition rapide, à un signal donné, des cloisons mobiles qui divisaient cette salle en classes séparées (1). » Voilà qui est fort bien imaginé. La musique a son moment et son lieu solennel, où elle est ressentie avec une sorte d'émotion religieuse, en tout cas d'émotion point banale. Je voudrais renchérir sur cette invention vraiment esthétique : ne serait-il pas convenable et facile de débarrasser la classe de tous les objets d'art et de tous les tableaux décoratifs, qui doivent souvent distraire l'attention des enfants, et de les disposer à part, dans la salle des beaux-arts, un *chapel* spécial, le temple du dessin et de la sculpture ? Dans notre époque où les anciennes croyances, qu'on le regrette ou non, s'en vont à la dérive, peut-être faudrait-il réserver une place d'honneur et un asile respecté à l'art, la dernière des religions humaines.

Chaque famille devrait être un petit centre musical, ayant ses traditions pieuses, et son répertoire de temps en temps rafraîchi par quelque nouveauté de choix. La musique d'accompagnement y serait représentée par un piano ou un violon. Les symphonies, expliquées à loisir, exprimeraient pour tous des sentiments très précis. Mais c'est là que la musique vocale aurait ses plus belles fêtes. Et quel commentaire éloquent des chants patriotiques, la voix d'une mère ou d'un père, toute vibrante d'une émotion grande et sincère ! Les yeux, les lèvres, les gestes, les attitudes d'un homme qui chante, en y croyant, la patrie et la liberté, se font comprendre de tous, à défaut de ses

(1) A. Dupaigne, *Dict. pédagogique*, art. *Chant*.

paroles. Le chant instrumental est loin d'avoir une telle puissance.

« Pendant l'expédition d'Égypte, Monge faisait exécuter au Caire, par un grand nombre de musiciens, des mélodies, des marches militaires, et ne produisait aucun effet sur les Musulmans. L'air de Marlborough (d'origine arabe) produisait sur eux l'impression la plus vive (1). »

Des chœurs auraient produit un effet encore plus considérable. Nos chanteurs montagnards, quoique peu musiciens, ont été l'objet de l'ovation universelle, de Paris à Alexandrie. Mais voici une anecdote plus récente et beaucoup plus significative. « Un charmant compagnon de voyage que j'avais en Syrie (qu'il me soit permis de le citer, c'était M. Lockroy) avait des succès inouïs de toute sorte dans le Liban, surtout quand il chantait la *Marseillaise*. Ces braves gens comprenaient d'instinct. Partout où ira le Français, la Révolution ira en voyage derrière lui (2). » Et cela, parce que la langue et le tempérament français sont de pure essence sociale, et possèdent au plus haut degré la facilité, la clarté, la chaleur communicative.

V

Il est d'autres qualités, dont notre race est supérieurement douée, mais que l'abus de la musique, surtout d'une certaine musique, pourrait bien diminuer en nous : je veux dire la précision dans les idées et la netteté dans l'action. La rêverie elle-même est souvent chez nous de l'action idéale; nos plus grands poètes sont, avant tout, des hommes

(1) *Revue phil.*, déc. 1885, p. 659.
(2) E. Renan, Discours à la réunion de l'*Alliance française*, 2 février 1888.

de raison. Or les musiciens sont des natures plutôt contemplatives, et la musique, sous peine de se défigurer et de tomber dans des exagérations bizarres, doit conserver quelque chose de vague et d'indéterminé. Elle ne caresse et ne surexcite nos nerfs que pour les endormir ou les irriter. Compositeurs, amateurs, « n'ont souvent, dit Bain, qu'une intelligence fort médiocre ». J'ai connu une jeune fille presque idiote qui tombait en pâmoison quand elle entendait un orgue d'église. Un jour de Noël, à vêpres, elle pleurait en écoutant, comme qui rêve, les yeux au ciel, le *Venite, adoremus*. Elle chantait avec beaucoup d'expression.

L'ivresse charmante de la musique, pour les délicats, son excitation très vive sur les nerfs des femmes et des enfants, ne peuvent qu'engendrer ou accroître la nervosité maladive qui fait parmi nous tant de victimes. L'enfant, surtout, devrait garder le cerveau frais et dispos pour les impressions extérieures, jouir d'un calme et d'une sérénité aussi favorables à sa santé et à son humeur qu'à son développement intellectuel et moral. Ne le secouons pas, ne le fatiguons pas, même avec de la musique gaie.

Mais, de grâce, point de musique triste autour de lui. Combien de mères rebattent les oreilles de leurs nourrissons de langoureuses romances, qui ne sont pas même bonnes pour elles ! Il court par le monde quantité de ces billevesées, prétendues poétiques, mais aussi peu faites pour l'intelligence d'un enfant que les stances pédantesques au *cher enfantelet*. L'air suffit pour nuire à l'enfant.

Une jeune mère chantait quelquefois à ses deux enfants deux romances bien connues, dont l'une a pour refrain : *L'oiseau bleu s'est endormi*, et l'autre : *Petit oiseau, qui donc es-tu?* Sa voix est, du reste, voilée et triste. Chaque fois qu'elle arrivait aux refrains, l'aîné, âgé de quatre ans, prenait une mine désolée, et poussait de petits sanglots, avec des larmes dans les yeux. Bientôt le plus jeune, âgé de deux ans, imita son frère. Et la mère de faire cette réflexion : « Mes enfants sont très sensibles. — Trop, lui dis-je, et par votre faute. Vous développez chez eux une sensiblerie funeste à tous les points de vue. » Elle me pria de lui dire ce qu'elle pourrait utilement leur chanter. Je lui déclarai, en toute conscience, qu'à ces énervantes drôleries, je préférais encore ces deux ridicules, mais saines joyeusetés : *J'ai du bon tabac dans ma tabatière* et *la Soupe aux choux se fait dans la marmite.* « Et sans doute aussi : *Au clair de la lune?* » répliqua-t-elle un peu désappointée. Ayant mon franc parler avec elle, je lui dis que cet air même ne serait pas assez gai dans sa voix.

Les médecins disent « qu'il faut user des remèdes comme des bonnes choses, et des bonnes choses comme des remèdes ». Appliqué à la musique, cet aphorisme peut se traduire ainsi : usez de la grande musique comme de la petite, et de la petite comme de la grande. Ce sobre et judicieux emploi de la musique tendant à éveiller les plus nobles sentiments contribuera, d'ailleurs, à les faire pénétrer plus avant dans les âmes. « Chez les Grecs, nous dit un maître célèbre, la musique avait une influence dont nous ne nous faisons que difficilement idée et que l'on peut pourtant expliquer. C'est que chez ces peuples, tels instruments, tels modes étaient affectés à telles circonstances et que les lois punissaient sévèrement l'abus et la confusion qu'on en aurait pu faire. Ainsi l'hymne de guerre ne produisait tant de sensation que parce qu'il était défendu de l'exécuter en temps de paix, et que ce chant ranimait tous les instincts de gloire et de courage. De semblables sensations ne peuvent exister chez nous, blasés que nous sommes en entendant continuellement au théâtre la musique emprunter toutes les modolations pour peindre les sentiments fictifs (1). »

Enfin, un bon moyen de pallier les effets irritants de la musique, c'est d'y faire sa juste part à l'intelligence. Il faut essayer de faire comprendre à l'enfant ce qu'est la musique, dès qu'il est en âge de l'apprendre. Le plaisir même de l'audition devient pour les connaisseurs quelque chose d'intellectuel, un sentiment abstrait, presque sans mélange d'émotions ordinaires. Ils pratiquent ainsi à leur façon la formule de l'art pour l'art. Pour eux, le danger serait de traiter la musique comme une sorte de géométrie raffinée des sons. Mais le dilettantisme, à dose modérée, a du bon, même pour l'enfant. Il en prendra, d'ailleurs, tout modestement ce qu'il pourra. Il doit y avoir, pour chaque âge comme pour chaque personne, une certaine manière d'apprécier la musique dans sa beauté spécifique et absolue.

Que de conditions diverses doivent se trouver réunies, pour faire de la musique même la plus expressive un instrument d'éducation morale et patriotique, en même temps qu'un moyen de jouissances saines et raffinées !

(1) Adam, *Derniers souvenirs d'un musicien*, p. 226.

CHAPITRE VI

Le Dessin.

I

L'enfant, qui est encore incapable de produire le beau, l'ignorant qui l'est et le restera toujours, jouissent pourtant à leur façon des œuvres artistiques. Il n'est donc pas sans intérêt de chercher de quelle manière le petit enfant, dont les doigts n'ont jamais tenu un crayon, comprend et sent les représentations des choses, les dessins, les peintures, en un mot les images.

Les premières représentations qui s'offrent à lui sont celles des miroirs. Elles n'ont rien d'esthétique ni en elles-mêmes ni dans leurs effets, puisqu'elles arrivent à notre esprit toutes faites ; ce sont de simples copies des réalités ; nous les percevons, nous les interprétons à peine, nous ne les créons pas. Leur impression parfaite implique cependant un élément intellectuel, la reconnaissance, et des éléments émotionnels, la surprise et le plaisir de la reconnaissance. Ce sont là des caractères communs aux impressions que nous procurent les représentations naturelles et les représentations figurées.

L'enfant âgé de quelques mois, placé devant une glace ou un miroir, se comporte bien autrement que les singes des espèces supérieures, les chiens, les chats, ou même les sauvages. Les singes auxquels on présente un miroir y reconnaissent un des leurs et mettent leur main derrière le cadre, comme pour le saisir ; ils ne prennent pas de plaisir à voir l'autre eux-mêmes, bientôt ils se fâchent et refusent de regarder. Des chiens, des chats de cinq à six mois, passent souvent devant une glace sans faire attention à leur image ; d'autres fois, surtout dans un âge plus avancé, ils paraissent un instant surpris de voir là un des leurs : ils regardent attentivement, jouent des pattes en manière de jeu ou d'agression ; mais leur image, pour eux l'image d'un congénère, leur devient vite indifférente. J'ai pourtant à noter le fait bizarre d'une chatte qui ne s'intéressait aux images du miroir que dans ses moments d'ardeur amoureuse : alors elle grattait obstinément les glaces, et, par un effet d'association d'idées, les vitres des fenêtres et le marbre des cheminées. Quant aux sauvages, un peu supérieurs, il faut le dire, à ces animaux, si on leur montre un miroir, ils se mettent à rire ; ils témoignent d'une certaine surprise, mais passagère, et sans aucun mélange de curiosité intellectuelle.

Voyons maintenant quelle est la conduite de l'enfant dans les mêmes circonstances. Un des fils de Darwin, vers l'âge de quatre mois, aimait beaucoup se regarder au miroir. Vers l'âge de sept mois, il comprenait parfaitement, dit son père, que ce n'était là qu'une image : car si ce dernier faisait quelque grimace, l'enfant se retournait aussitôt pour le regarder. Au début, il poussait devant le miroir un *Ah !* de surprise, comme s'il reconnaissait quelqu'un. Il avait associé, avant l'âge de neuf mois, le souvenir de son nom à son image dans le miroir ; quand on l'appelait par son nom, il se tournait vers la glace.

Preyer a noté chez son fils des manifestations analogues. Avant le cinquième mois, le sourire de l'enfant ne semblait provoqué que par l'éclat de l'image. La perception paraît beaucoup plus nette, du cinquième au sixième mois : il rit à son image comme à une personne. Ayant vu, à l'âge de six mois, l'image de son père, il devint très attentif, et se tourna tout à coup vers lui, comparant évidemment, dit Preyer, l'original et l'image. A sept mois, à dix mois encore, il rit à son image, il la regarde avec intérêt, il tend la main vers elle, et s'étonne de ne pouvoir la saisir. Après quatorze mois, il voit sa mère dans la glace, et, comme on lui demande : *Où est maman ?* il montre l'image dans la glace et se retourne vers sa mère en lui riant (1).

Ainsi, au quatorzième mois, l'image est bien décidément reconnue comme telle. L'étonnement a disparu ; le plaisir n'a pas diminué, mais il a changé de nature. L'enfant jouit moins de l'éclat des couleurs, et peut-être de la contemplation des formes représentées. Il fait des mines, il en fait faire à ses parents, devant la glace. Les images du miroir ne sont plus pour lui que des réalités secondaires. L'illusion du réel n'y est plus, et l'illusion de l'idéal n'y est pas encore.

Un de mes amis, de passage à Pau avec sa femme et sa fille, âgée de dix-huit mois, descendit de bonne heure à la salle à manger de son hôtel, situé sur la place Henri IV. Toutes les fenêtres étaient ouvertes : c'était une des plus belles matinées du mois de [illegible]. Après avoir quelque temps admiré la jolie vallée du Gave et la magnifique vue des Pyrénées, s'étant tout d'un coup retourné, il resta ébahi. A six pas de lui, il venait de voir un large tableau où le paysage des montagnes éclatait avec une fraîcheur de coloris et une délicatesse de tons infinies. Il s'en approche,

(1) *L'Ame de l'enfant*, p. 112-116.

et voit que c'était une glace qui était la grande artiste. Il eut bientôt fait de retourner ses yeux de l'image à la réalité. Quant à la petite fille, elle ne cessait de pousser des cris joyeux devant cette affriandante image, et de tendre les mains vers elle. A peine arrivée dans la salle, elle ne voyait pas autre chose : il fallut, deux ou trois fois le jour, ouvrir les fenêtres, pour qu'elle pût en jouir sans se rassasier. Comme l'enfant est loin encore du moment où il pourra jouir de la réalité reproduite, ainsi qu'il jouit de la réalité représentée, qui n'est guère pour lui qu'une autre réalité !

Dès qu'un enfant reconnait une image dans la glace, il peut la reconnaître dans une peinture ou dans un dessin. La difficulté semble plus grande quand il s'agit d'un dessin de petite dimension, et non pas coloré, mais gravé en noir. Mais nous savons que l'éloignement ou la grandeur que nous prêtons aux objets dépendent de jugements surajoutés aux jugements perceptifs : ces jugements sont basés sur des données réelles ou idéales, mais très variables, qui nous servent de termes de comparaison. Ainsi, nous prenons une mouche pour un oiseau, ou un oiseau pour une mouche, suivant le point de repère choisi pour interpréter l'image rétinienne d'un point noir qui voltige dans l'espace. L'enfant qui reconnait une personne dans un miroir peut donc la reconnaître dans une peinture, un dessin ou une photographie. L'agrandissement et la diminution de l'image sont l'effet d'une appréciation variable, pure affaire d'imagination et de volonté. Quand on montra à l'aveugle opéré par Cheselden « le portrait de son père sur une montre, en lui disant quelle était la personne représentée, il reconnut la ressemblance, mais fut profondément étonné, et demanda comment il pouvait se faire qu'un aussi grand visage pût tenir en un si petit espace (1). » Cet étonnement n'est pas celui d'un jeune enfant, qui opère inconsciemment cette reconnaissance avec les réductions ou amplifications qu'elle suppose.

Quant à la couleur, c'est ce qui importe le moins ; la représentation mentale de l'objet a pour éléments principaux les images des impressions motrices qui se sont associées à celles des impressions colorées, quelles que soient les couleurs, noir et blanc, ou blanc, rose et brun, etc.

Il va de soi que la faculté d'interpréter de pareilles images est bien peu avancée chez le jeune enfant. Je vois pourtant des auteurs sérieux l'attribuer à des nourrissons de six ou sept mois. « Une petite fille qui ne parlait pas encore, regardait, à sept mois, les images avec beaucoup d'intérêt ; elle montrait avec son petit index la tête des images représentant les êtres humains (2). » Je doute qu'il y eut même une vague reconnaissance, et le geste indicateur pouvait bien n'être pas autre chose qu'une insignifiante imitation des gestes faits pour intéresser l'enfant à ces images. Je ne m'explique pas autrement le fait raconté par M. Taine : « Elle voit tous les jours son grand-père, dont on lui a montré souvent le portrait au crayon, beaucoup plus petit, mais très ressemblant. Depuis deux mois environ (elle a dix mois), quand on lui dit vivement : « Où « est grand-père? » elle se tourne vers ce portrait et lui rit. » L'éminent philosophe ajoute, et j'en suis quelque peu embarrassé : « Devant le portrait de sa grand'mère, moins ressemblant, aucun geste semblable, aucun signe d'intelligence. » Si les deux expériences ont été faites dans des

(1) *The philosophical transactions*, 1728.
(2) Preyer, *l'Ame de l'enfant.*

conditions identiques, la conclusion ne semblerait trop prouver. Ne vaudrait-il pas mieux, pour expliquer de pareils faits, s'en tenir à ce que le même auteur dit un peu plus loin ?

« Cet hiver (douze mois), on la portait tous les jours chez sa grand'mère, qui lui montrait très souvent une copie peinte d'un tableau de Luini où est un petit Jésus tout nu ; on lui disait en lui montrant le tableau : « Voilà le bébé. » Depuis huit jours, quand dans une autre chambre, dans un autre appartement, on lui dit, en parlant d'elle-même : « Où est le bébé ? elle se tourne vers les tableaux quels qu'ils soient, vers les gravures quelles qu'elles soient. *Bébé* signifie donc pour elle quelque chose de général, ce qu'il y a de commun pour elle entre tous les tableaux et gravures de figures et de paysages, c'est-à-dire, si je ne me trompe, quelque chose de bariolé dans un cadre luisant. En effet, il est clair que les objets peints ou dessinés dans les cadres sont de l'hébreu pour elle ; au contraire le carré lustré, lumineux, enserrant un barbouillage intérieur, a dû la frapper singulièrement (1). »

A cet âge-là, je ne doute pas qu'un enfant ne sache très bien ce que c'est qu'un « bébé », et qu'il ne puisse en reconnaître un, de grandeur naturelle, dans un tableau, de même qu'il le reconnaîtrait dans une glace. Encore ne le ferait-il pas sans y être aidé du geste et de la parole. Ce que nous prenons souvent pour un acte de reconnaissance n'est que l'effet de certaines associations de mots et d'attitudes suggérées à l'enfant. Un exemple entre mille. La petite Blanche a dix mois ; on lui a montré souvent le portrait de Victor Hugo appendu à la muraille, en lui disant :

(1) *Note sur l'acquisition du langage chez les enfants*, *Rev. phil.*, janvier 1876.

« Vois grand-père. » Aussi la voit-on se tourner vers la gravure, dès qu'on lui dit : « Où est grand-père ? » Et je vous assure que ce brave homme est loin de ressembler au grand poète. On lui aurait dit, en lui montrant la gravure : « Vois grand'mère », qu'elle en aurait fait tout autant.

Admettons cependant qu'un enfant de douze à quinze mois, si on l'y aide un peu, puisse deviner une figure humaine, peut-être même un animal familier, dans un petit dessin. Cette reconnaissance, par elle-même, n'a rien qui l'intéresse beaucoup. Même à l'âge de deux ans et demi ou de trois ans, le plaisir qu'il éprouve à la vue de ces reproductions artificielles des êtres est loin d'égaler celui des images de la glace. Surtout les idées que l'enfant déjà en possession de la parole se fait des êtres ou des objets représentés sont encore très incomplètes.

Un petit enfant de deux ans et demi, dont j'ai parlé ailleurs, appelait *oua-oua* tous les chiens, sauf *Cambo*, celui de son grand-père, qu'il ne savait pas appeler par son nom, mais qui n'était pas pour lui un *oua-oua* vulgaire. Il appelait *oua-oua* les petits animaux de bois de sa collection, le chien, la chèvre, le loup, l'hyène, le lion. Mais devant un lion empaillé, il parut surpris quand je le lui appelai *oua-oua*, et il me regardait comme si je me trompais. S'il distinguait très bien un âne d'un cheval, et surtout d'un bœuf, dans la rue, dans la ménagerie tout cela s'appelait *moû* (bœuf). Je l'avais mis un soir sur ma table, avec un crayon à la main et du papier blanc devant lui. Je dessinai grossièrement un quadrupède : il dit *moû*. Je voulus lui faire quelques dessins simples, par exemple, un petit rond ; il nous fit rire de bon cœur, quand il appela cela *titi*, nom qu'il avait appris depuis longtemps à donner au sein de sa nourrice. Nous apprîmes ainsi que *titi* avait pour lui le sens précis de mamelon, et non pas de mammelle (1).

A quinze mois, dit M. Pollock, de son côté, son fils « désignait le cheval par le conventionnel *gee*, *gee*, et il reconnut un *zèbre* dans une peinture ; par *ge*, *ge*, il marqua qu'il savait ce que c'était (2). » « Le fils de Sigismund, dit Preyer, à la fin de sa deuxième année, interprétait un cercle comme une assiette ; un carré comme un bonbon ; au vingt et unième mois, il avait reconnu l'ombre de son père, dont il avait eu peur d'abord, comme étant une image, car il cria joyeusement « papa » en la montrant. A un âge plus avancé, mon fils appelait encore un carré, une *fenêtre ;* un triangle, un *toit ;* un cercle, un *anneau ;* et quatre points, des petits *oiseaux* (3). »

II

Un peu plus tard, vers l'âge de quatre ans, l'interprétation intellectuelle, et, par contre-coup, l'effet émotionnel des images, ont progressé beaucoup, tout en restant dans la sphère des conceptions et des sentiments les plus simples. Ce progrès a pourtant de quoi intéresser le psychologue, et peut-être un peu l'esthéticien. Nous ne pouvons ici qu'effleurer la question.

La curiosité et la sympathie combinant leurs influences, l'enfant est de bonne heure excité à chercher la signification des images. Il les interprète avec le cœur plutôt qu'avec l'intelligence. Il entre ainsi, rêveur et charmé, dans le monde des représentations, en même temps que dans celui

(1) *Les Trois premières années de l'enfant*, p. 305.
(2) *Mind*, juillet 1878.
(3) *L'Ame de l'enfant*, p. 51.

des réalités. Il y découvre, un peu grâce aux réponses de son entourage, des scènes familières qui se passent entre les personnes et les bêtes de la maison. Les rideaux du lit offrent leurs complaisants dessins aux récits fantastiques.

L'enfant prend bientôt le pli d'associer partout des images réelles ou fictives aux diverses histoires qu'on lui raconte. Cela devient quelquefois chez lui une heureuse et obsédante manie. Cette constance à poursuivre d'intéressantes fictions, à faire raconter des histoires touchantes aux dessins, à figurer sur les cloisons et sur les murs les dessins des histoires, indique une certaine exaltation de la sensibilité. Je crois qu'on trouverait rarement chez des garçons de cinq ans, même élevés dans une demi-solitude, comme on élevait autrefois beaucoup de filles, une sensibilité à s'attendrir sur la pauvre Rachel, qui mourut en donnant le jour à Benjamin, à regarder en pleurant son image sur une carte à jouer. C'était le cas de la petite Hélène, âgée de cinq ans, à qui sa mère avait raconté cette histoire.

Les petits garçons aussi aiment à retrouver des formes humaines ou animales dans les objets, dans les taches des murs ou des arbres, dans les nuages, dans la flamme et les braises du foyer. Mais je n'en sais pas un qui ait cherché dans ces dessins imaginaires des illustrations pour les histoires qui l'ont ému ou charmé. C'est là pour eux un jeu dont ils s'amusent en passant. Cette susceptibilité d'émotion, très utile, à l'origine, pour nous faire sympathiser avec les réalités et avec leurs représentations, mais qui, mal dirigée, tourne au romanesque et au fantasque, se produit plus souvent et plus tôt chez les petites filles, et, par exception, chez les petits garçons qui ont vécu un peu à l'écart, et se sont développés du côté du sentiment plus que du côté des idées. Je ne trouve aucun souvenir de ce genre chez Mme Roland, dont la solitude relative, à l'âge de huit ans, était affaire de goût ou de passe-temps studieux ; mais George Sand, qui connut plus que personne l'amertume et les ivresses de l'isolement, sacrifia beaucoup dans son enfance à ces illusions de la vue et de l'imagination.

Remarquons aussi que, dans la pratique de l'art, cette manie, contractée dès l'enfance, ne pourrait servir l'imagination du peintre qu'au détriment de la précision ou de la vérité. Botticelli, critiqué à ce sujet par Léonard de Vinci, déclarait que l'étude approfondie du paysage était inutile, « car il suffit de jeter contre le mur une éponge imbibée de différentes couleurs pour obtenir sur ce mur une tache dans laquelle on peut distinguer un paysage. Aussi ce peintre peignit-il de fort tristes paysages. Il est bien vrai, ajoute Léonard, que, dans cette tache, celui qui veut les chercher voit différentes inventions, à savoir des têtes humaines, divers animaux, des batailles, des écueils, des mers, des nuages ou des forêts et autres objets semblables. Il en est comme du son des cloches, dans lequel chacun peut distinguer les paroles qu'il lui plaît. Mais, bien que ces taches fournissent divers motifs, elles n'apprennent pas à terminer un point particulier (1). » On sait que, chez G. Doré, ce goût très prononcé d'humaniser la nature coexiste avec une imagination parfois démesurément symbolique, et toujours moins créatrice que fantaisiste.

La tendance à imaginer partout des représentations de la vie s'applique, chez quelques enfants, aux premières lectures, comme elle s'appliqua d'abord aux récits écoutés. Remarquons, en outre, le besoin d'étendre et d'embellir le théâtre

(1) *Traité de la peinture*, chap. LX de l'édit. Ludwig. Vienne, 1882. cité par M. Eug. Müntz, p. 668. (*Rev. des Deux Mondes*, 1er oct. 1887.)

où ces chères images ne cessent de jouer leurs touchantes tragédies. Le jeu passionné des images reçoit un surcroît d'excitation, et aussi de précision et de beauté, de ce rêve tout fait qu'offre, par exemple, la vue d'une villa merveilleuse, au jardin enchanté, aux salles féeriques remplies de riches tentures, de meubles rares, de cadres dorés, de peintures divines (une simple maison de campagne ainsi transformée par l'imagination d'Hélène, âgée de huit ans).

Les portraits n'intéressent guère l'enfant, quand ils ne sont pas des portraits de parents ou d'amis. Il les regarde pourtant quelquefois avec attention, bien qu'il ne connaisse pas les originaux ; il note, sans trop les admirer, les détails saillants du costume : mais ce qu'il leur demande en outre, ils ne peuvent pas le lui donner : c'est le mouvement, c'est la parole, c'est la vie. J'en ai vu qui éprouvaient plus que de l'étonnement, une sorte de gêne devant ces yeux qui les poursuivaient de leurs regards obstinés, et ces poses rigides, ces visages impassibles. D'ailleurs, ils ne savent pas les regarder ; ils les voient de trop près ou de trop loin ; ils sont, comme les animaux les plus intelligents, incapables de dégager un abstrait de leurs impressions variées et contradictoires, pour se donner l'illusion de la réalité devant ces toiles plates et luisantes.

III

Nous venons de voir comment l'enfant interprète les images, comment il comprend la langue du dessin. Il est encore plus intéressant de savoir comment il l'apprend, et comment il la parle, guidé par sa propre faculté d'observation, et à peine dirigé par les modèles de rencontre qu'il copie avec un entrain peu favorable au travail de l'attention.

L'homme et l'animal, souvent associés l'un à l'autre, et quelques jouets ou objets familiers, voilà les premiers sujets de représentations pour l'enfant, entre trois et cinq ans. Mais il a une prédilection toute particulière pour l'homme. Dans ses premiers essais, il le distingue vite d'un animal. Tandis que le premier est caractérisé surtout par une tête carrée ou ronde (la tête humaine offre un peu ce double aspect) et deux longs filets de jambes, ou quelquefois une seule jambe, le second l'est surtout par le cylindre ou le rectangle qui représente son corps allongé sur ses pattes, celles-ci représentées par quatre lignes verticales sur le même plan. Tels sont l'homme et l'animal embryonnaires que crée l'enfant, de trois à cinq ans. Ajoutons que le facies de l'un et de l'autre est souvent caractérisé par un, deux, trois ou quatre points, signifiant à volonté un œil, deux yeux, une bouche, un nez peut-être. L'intention n'est pas toujours bien marquée. On ne sait pas si ce carré ou ce cercle grossièrement exécuté, que nous avons appelé une tête, ne représente pas en même temps le buste : l'un et l'autre, en effet, ne font qu'une masse indistincte, les bras compris, vus de loin, vus d'ensemble. L'enfant ne fait attention qu'au plus saillant ; c'est pour lui l'essentiel, et c'est suffisant pour caractériser l'homme et le distinguer de l'animal.

Cependant beaucoup d'enfants, peut-être par imitation, ne se contentent pas d'un bonhomme aussi réduit. Même à l'âge de quatre ans, je les vois tracer une face de profil, ovale ou carrée, avec un groin en forme de nez, et, dessous, rattacher à la tête par une ligne droite, ou simplement contiguë, une sorte de sac ni carré ni long, quelquefois conique, d'autres fois piriforme, qui fait l'office de buste. Certains enfants de cet âge ne font que des dessins de profil ou de face ; d'autres réunissent les deux.

Les progrès, plus ou moins spontanés, ne suivent jamais une ligne d'évolution bien régulière. Ils se font en détail, comme par hasard, tantôt d'un côté, tantôt de l'autre. Ils n'en obéissent pas moins à des conditions générales, qu'expliquent tout à la fois l'ignorance technique de l'enfant, sa courte observation, sa mémoire et son attention capricieuses, et les exigences souvent trompeuses de sa logique.

C'est naturellement la tête, dont la beauté et l'expression ont tout de suite intéressé l'enfant, qui s'enrichit la première de détails importants. Le point noir qui représentait d'abord l'œil, dans les figures de profil, s'entoure d'un petit cercle ; ainsi la prunelle, le blanc de l'œil et les paupières sont distinguées. Ce perfectionnement du dessin de l'œil affecte plus rarement les figures de face, soit que les deux points rapprochés produisent une physionomie suffisante, soit que ce travail plus long rebute le jeune dessinateur. Cependant, sur plusieurs figures de face, je vois les deux yeux représentés par un point et deux traits droits, ou à peine incurvés. Mais l'œil de la figure unilatérale est toujours plus soigné. Il affecte quelquefois la forme d'un cône renversé, dont la base s'appuie sur l'axe du nez ; plus rarement (enfants de sept à huit ans), le premier cercle entourant le point noir s'enveloppe lui-même d'un cercle plus grand. Le sourcil doit être compris dans cette figuration, car je ne le trouve jamais exprimé par un trait spécial.

Le nez est toujours très mal fait, même par des enfants de huit à dix ans. Ils le font très souvent exagéré dans le sens aquilin ou camus, et très grotesque, sans nulle intention de ce genre. C'est quelquefois le nez de famille, sans doute parce que la forme en est plus habituellement sous les yeux du dessinateur novice, qui, lui aussi, travaille d'imagination, de chic, comme disent les artistes, c'est-à-dire d'après ses impressions dominantes.

Une ligne courbe ou brisée un peu au-dessous du nez, dans les têtes en profil, accuse souvent la bouche, dès que l'enfant commence à s'en préoccuper. Cette ligne est si peu apparente, quand la bouche de l'original est fermée, que l'enfant songe assez tard à la reproduire. Dans les têtes vues de face, un trait horizontal ou oblique la dessine suffisamment. Quelques enfants ajoutent fort maladroitement, sous ce trait, deux ou trois points, qui ont peut-être l'intention d'indiquer les dents. Une bouche fermée, qui laisse voir ses dents, ce n'est pas pour effrayer la logique enfantine. Somme toute, l'enfant qui n'a pas appris méthodiquement le dessin, arrive très tard, et à force d'imitations, à faire une bouche presque régulière, et surtout expressive, ce qui suppose tout à la fois la description exacte et le sentiment pittoresque. C'est ainsi que je vois un enfant de neuf ans et demi, rompu au libre dessin et très observateur, portraire son oncle, d'abord la bouche fermée (de profil), ligne droite terminée par un petit trait oblique (donnant un air sérieux), puis la bouche ouverte pour rire (lèvres relevées et étirées, laissant voir deux rangées de dents irrégulières), puis la bouche contractée avec protusion des lèvres, pour indiquer la frayeur (l'oncle fuit en toute vitesse Paris et le choléra). Voilà déjà presque un artiste.

L'oreille n'est pas un organe aussi essentiel, je veux dire aussi apparent, dans la figure humaine. Aussi fait-elle souvent défaut, même alors que l'enfant a commencé à la noter. Elle est plus rare dans les dessins de profil que dans les autres.

Dès ses débuts, l'enfant s'occupe d'un accessoire fort

important de la tête, de ce qui la couvre et la pare, des cheveux, du chapeau et du bonnet. Les cheveux sont grossièrement représentés, soit par des lignes droites toutes hérissées autour du crâne, soit par une série de petites courbes allant du front à l'occiput, soit par une profusion de lignes noires faisant une tache noire irrégulière, avec l'aspect d'une perruque usée, soit par quelque végétation informe jouant la guirlande ou la colonne de fumée, en un mot, des lignes droites massées ou des courbes annelées. Vu la place où cela se trouve, cela doit nécessairement représenter des cheveux. Une petite fille de huit ans, qui n'avait jamais dessiné, ayant fait sur mon invitation deux hommes et deux femmes, couvrit de deux bonnets fort bizarres les têtes masculines, et indiqua la chevelure des femmes par un jet de lignes droites retombant en panache du côté gauche de la tête.

Pour en finir avec la tête humaine, j'ai constaté que les profils sont presque toujours tracés de droite à gauche. Le mouvement adductif est plus familier que le mouvement abductif à la main habituée à tenir le crayon ou la plume. Peut-être le contraire aurait-il lieu non moins souvent chez les enfants des pays où le trait de l'écriture se fait droit, ou de gauche à droite.

J'ai remarqué enfin une très grande ressemblance, et comme un air de parenté, entre les têtes dessinées, à quatre ou cinq ans d'intervalle, par les mêmes enfants, quand ils n'ont pas appris le dessin ou copié des images variées. Cela tient sans doute à la routine de la main plus qu'au défaut d'observation. Les enfants que j'ai fait dessiner devant moi, après les avoir priés de ne pas recommencer toujours la même tête, n'ont pas eu de peine à lui trouver des variantes.

L'insertion des bras est un des faits les plus curieux de l'art enfantin. Bien qu'on les voie souvent absents ou représentés par une seule ligne dans les premiers dessins, l'enfant, même à quatre ans, s'en préoccupe quelquefois comme d'un élément très important de sa description. Il les représente d'abord allongés des deux côtés de la personne humaine, soit par deux lignes droites, soit par deux lignes brisées ou serpentines. La largeur des lignes dépend du crayon employé ; s'il est gros, elles seront plus épaisses, mais jamais doubles pour les deux bras. Ceci est un progrès qui ne vient que beaucoup plus tard, à l'âge de sept, huit ou neuf ans. Alors chaque bras sera représenté par un informe boyau allongé. Mais déjà, au début, les extrémités mobiles de la main, qui ont si vivement intéressé l'enfant même au berceau, figurent dans ses notations graphiques. Les appendices digitaux sont à peu près identiques pour les deux mains : ce sont des petites lignes variant de trois à cinq, à six, à sept, qui irradient au point terminal du bras. J'ai rarement vu des enfants de huit ou dix ans dessinant les doigts en nombre voulu, et assez régulièrement. Le détail est important, on l'indique ; mais il est d'une exécution trop délicate, on ne s'y arrête pas.

Le point d'insertion des bras est très variable, selon l'âge et le degré d'observation ou d'habileté technique. Quand la tête et le torse sont réunis, il est naturel que les deux membres supérieurs partent du milieu ou du bas de ce carré ou de cet ovale mal fait. Quand le buste est séparé de la tête, les bras partent du carré ou du sac qui le représente, rarement du cou, quelquefois du point d'insertion ou même d'un point quelconque des jambes.

Tout en les faisant diverger à gauche et à droite, beaucoup d'enfants, même à neuf ou dix ans, font partir les deux bras du même côté du torse. Cela provient-il d'une inhabileté artistique, et d'une ignorance relative des effets d'optique ? De l'une et de l'autre. Ils savent bien que les deux bras ne partent pas du même point ; mais, ne pouvant dessiner en profil qu'un seul côté, ils placent le bras sur un point du torse qui représente à peu près pour eux la partie d'où il émerge naturellement. Leur procédé tient aussi à une sorte d'erreur, tout à la fois technique et logique, dont il sera question plus loin. En tout cas, les enfants intelligents, même à l'âge de six ans, font rarement partir les deux bras de deux points tout à faits rapprochés. Préoccupés, non seulement de doter l'homme de ses deux bras, mais de les bien placer, quelques-uns les dessinent l'un assez loin de l'autre, et le dernier en perspective comme s'il se tenait en l'air ; d'autres les font surgir du milieu du dos comme des nageoires de poisson.

Cette duplication maladroite des bras ou des jambes, ou même des yeux, du nez et des oreilles, sur le même côté de la personne humaine, a dû persister longtemps dans les essais préhistoriques du dessin. Elle n'a pas laissé de traces dans les échantillons de l'art sauvage qui ont été recueillis jusqu'ici : cela n'est pas étonnant, car ces spécimens sont déjà des œuvres de véritables artistes, ayant derrière eux toute une longue tradition. Toutefois la duplication des jambes se retrouve au milieu de quelques inscriptions recueillies sur le Missouri et au Nouveau-Mexique par Schoolcraft (1). On peut se demander si ces créations anormales des artistes primitifs n'ont pas influé sur la personnification symbolique des divinités primitives, tout comme

(1) *Information respecting the history, condition and prospects of the indian tribes of the United States*, Philadelphie, 1854.

les inventions des artistes grecs ont perfectionné la mythologie hellénique.

Quand l'enfant a trouvé le moyen d'articuler les deux bras, soit par un angle, soit par une courbe, il utilise cette forme plus parfaite de plusieurs manières, faisant tenir à la main droite levée une chose et à la main gauche baissée une autre chose. Les enfants les moins intelligents, il est vrai, s'en tiennent longtemps, si on ne les en avertit pas, à une direction constante des deux bras appliqués aux mêmes exercices. Ainsi, pour certains garçons, l'*homme* appuie la première main sur une canne ou sur un sabre, et élève la seconde vers la bouche avec une pipe ou un instrument de musique. La *femme* de certaines fillettes, d'une main tient la laisse d'un chien, et de l'autre une ombrelle. J'en ai vu une, d'ailleurs intelligente, dont tous les *hommes* et toutes les *femmes* avaient à leur première main une canne, et retenaient de la seconde le fil d'un ballon sur lequel on voyait écrit le mot : *Louvre*.

Les jambes furent d'abord deux lignes verticales, quelquefois terminées par deux tirets horizontaux, dirigés l'un à gauche (jambe gauche), l'autre à droite (jambe droite). Comme le pied est ordinairement vu chaussé, il semble naturel que l'enfant le représente sous une forme simple. Pourtant des enfants, même âgés de sept ou huit ans, guidés sans doute par l'analogie du pied avec la main, terminent la jambe elle-même par quelques traits droits divergents. Quand les deux jambes sont devenues, comme les bras, et à la même époque, deux boyaux en général parallèles, leurs terminaisons arrondies indiquent visiblement la saillie en avant des deux pieds. Il en est ainsi dans beaucoup de dessins. Souvent, même dans les figures de profil, les deux pieds sont opposés comme dans quelques figures du moyen âge. Les enfants les plus intelligents sont ceux qui façonnent le mieux les pieds. N'oublions pas d'ailleurs que l'enfant, qui voit moins nettement les articulations des jambes que celles des bras, fait longtemps les membres inférieurs tous droits, qu'il s'agisse d'un homme qui court, d'un homme à cheval, d'un homme assis à table ou dans une barque.

Voici donc l'homme complet, ce nous semble. Eh bien, non, certains enfants, poussant la logique artistique jusqu'à ses exigences extrêmes, vont orner leurs créatures d'organes supplémentaires. L'enfant qui a l'habitude de dessiner le profil, en a la ligne principale, celle de gauche, pour ainsi dire, au bout des doigts : il la ferait les yeux fermés, avec la proéminence nasale, et presque avec la ligne de la bouche. Quand il lui plaît de dessiner un visage de face, il commence toujours par la ligne de gauche, et celle-ci se trouve naturellement faite avec un nez. S'il y prend garde, il passe outre, car il n'a pas appris à revoir, à retoucher. Aussi pose-t-il, sans coup férir, la face qu'il voulait faire ; elle est complète : deux yeux, une bouche, quelquefois un nez indiqué par un ou deux traits entre les deux yeux. Tant pis pour le premier nez, venu sans être appelé !

Mais voici qui est, ou qui paraît, non plus une étourderie, mais un défaut, ou, si l'on veut, un excès de logique. L'enfant a voulu dessiner un profil ; la ligne circulaire terminée, il met l'œil à sa place. Cet œil fait lui suggère l'idée de son voisin, et, sans penser à mal, il fait la paire : voilà le profil et son nez oubliés. La logique de l'enfant va ainsi en avant, perdant de vue ce qui est en arrière. C'est le penseur de l'idée qui passe, l'artiste du détail qui se fait.

Cette logique étourdie, ce besoin intempestif de symétrie et de minutie, expliquent d'autres erreurs graphiques, telles que l'oiseau à quatre pattes, dont les dessins de l'enfant m'ont fourni quelques échantillons. L'enfant sait qu'un oiseau n'a que deux pattes; mais l'ébauche de ce bipède lui ayant rappelé l'image d'un animal quelconque, et la vue des deux lignes représentant les pattes du volatile lui rappelant deux pattes de quadrupède, le jeune artiste ajoute aussitôt les deux pièces qui manquent à son chef-d'œuvre.

Le dessin des enfants offre d'autres imperfections ou anomalies curieuses, dont j'ai noté les principales, en donnant à faire, devant moi, à plusieurs enfants de cinq à six ans, les représentations des objets suivants : un homme, une femme, un homme à cheval, un homme à table, un homme en bateau, un homme devant sa maison, un homme dans son jardin, une table seule, une fleur seule, etc. Tous ces exercices m'ont montré, de diverses façons, et à différents degrés, le défaut d'habileté technique et de science optique, l'absence de perspective et de proportion. Je résume en quelques traits généraux toutes ces observations.

L'impénétrabilité et l'opacité paraissent ne pas exister pour le naïf dessinateur. Les cheveux se hérissent ou se bouclent à travers l'étoffe du chapeau; le gribouillage surajouté au menton ou aux joues, pour représenter la barbe, laisse voir les lignes déjà tracées du visage; la ligne antérieure du torse coupe les bras à angle droit; les cannes, les parapluies, les sabres, sont coupés par les lignes des vêtements et des jambes; les deux jambes de l'homme à cheval, dessinées parallèlement, sont coupées par la ligne dorsale et par la ligne abdominale du cheval;

les jambes de l'homme en barque, quand elles ne sont pas tout à fait au-dessus ou qu'elles ne se prolongent pas au-dessous de la nacelle, apparaissent à travers la coque, avec intersection des lignes représentant cette dernière (1).

Des enfants intelligents, mais inexercés, s'aperçoivent quelquefois de ces erreurs, sans être en mesure d'y remédier. Ainsi un enfant de huit ans, qui n'avait jamais exécuté les sortes de dessins dont j'ai parlé plus haut, ayant fait son homme à cheval, s'écrie : « Tiens ! je l'ai fait assis de mon côté. » A bout d'efforts, il m'a dit : « Ma foi ! je sais faire une jambe, mais je ne sais pas faire l'autre. Je la laisse. » Il a beaucoup ri, quand je lui ai eu montré que c'était la vraie manière de la dessiner. Cette leçon lui avait servi pour le dessin de la barque : il m'indique deux petites lignes droites, au-dessous du torse, et me dit : « Ce ne sont pas les jambes, ce sont les bancs. » Mais il n'était pas encore bien renseigné sur ce qui doit paraître, et ce qui doit être caché dans un dessin ; il ignorait que les bancs, pas plus que les jambes, ne sont visibles à travers les cloisons de la barque. Je l'ai édifié, une fois pour toutes, sur ce point important, en l'engageant à dessiner sa barque en noir.

Inutile d'ajouter que l'homme est assis à table tout droit, en vertu d'un équilibre d'autant plus étonnant, que ni ses jambes ni son torse n'effleurent la chaise placée derrière ou devant lui ; ou, s'il y a adhérence, il y a aussi compénétration et intersection de l'un par l'autre. Que le maître de la maison se montre à travers les murs diaphanes, rien aussi que de très naturel ; que, dans son jardin, il dépasse du front les arbres eux-mêmes, c'est dans son droit. Ce qui

(1) Je trouve confirmation de quelques-uns de ces faits dans un intéressant opuscule de C. Ricci, l'*Arte dei bambini*. Bologne, 1887.

est plus étrange, c'est qu'un arbre et une plante placés au second plan (ce qui est souvent indiqué par l'éloignement à gauche ou à droite) soient de même grandeur que ceux du premier plan. L'ignorance de la perspective est complète. Aussi l'enfant néglige-t-il absolument les raccourcis : si l'on veut rire, on n'a qu'à faire dessiner par des enfants de tout âge, dépourvus d'éducation esthétique, une simple table. Depuis la table représentée en carré avec les jambes sur le même plan que sa surface, jusqu'à la description à peu près exacte de ce meuble familier ; il y a pour l'enfant cent et cent manières de violer les lois de l'impénétrabilité, de la perspective et de la proportion.

Notons enfin la recherche, que dis-je, le culte du détail pittoresque ou intéressant. L'intérêt varie suivant l'âge, le sexe, le caractère et l'intelligence des dessinateurs, suivant les accidents divers de la vie, le milieu fréquenté, les saisons. Ainsi les manchons, les cache-nez, les gros bonnets, les pelisses, abondent dans les dessins d'hiver exécutés par des enfants de huit à douze ans. Un beau soldat, une belle dame admirés en passant, défrayent l'impressionnable artiste pendant des jours, des semaines, quelquefois des mois. La maladie ou la mort d'un ami, d'une connaissance (plutôt que d'un parent, auquel l'enfant n'ose pas s'attaquer) suggèrent des fioles de remèdes, des vases de circonstance, et forcément l'outil perfectionné de M. Purgon. Les attributs ordinaires ou accidentels du sexe féminin ne sont pas, d'ailleurs, la propriété exclusive des artistes appartenant au sexe correspondant ; la fillette use de la pipe, du veston, de la canne et du sabre, et le garçon de la jupe, de la dentelle, de la capote et de l'ombrelle féminine. Ce n'est pourtant pas la règle générale. Mais ce qui est commun aux deux sexes, et à la hauteur de tous les talents, c'est la fumée de la pipe, des cheminées, des locomotives et des bateaux à vapeur, les boutons du paletot représentés par une ou deux séries de gros points ou de ronds, même sur le buste primitif (carré ou cercle), et de la même manière sur le fourreau qui représente un des premiers costumes de la femme.

Ainsi l'art enfantin, comme la logique et la sensibilité enfantines, va du simple au composé, de l'ensemble au détail, du détail le plus saillant au plus délicat. C'est, d'abord, la réduction ou concentration des formes, la simplicité linéaire, l'évolution vers l'intégrité, qui le caractérisent. Ce qui y domine ensuite, en l'absence, et quelquefois en dépit d'une direction méthodique, c'est l'intégrité, l'intersection, l'unité de type et l'unité de plan.

IV

Les qualités spéciales qui font les artistes, le coup d'œil, la précision, le sentiment de la proportion, celui de l'expression, celui même de l'idéal, se trouvent réunies, ou se développent de bonne heure, dans une large mesure, chez un grand nombre d'enfants intelligents. Pour peu qu'ils soient amenés à recevoir des conseils, ou qu'ils s'attachent passionnément à des modèles faciles à imiter, ils arrivent à une habileté d'exécution quelquefois surprenante. Il me suffira d'en citer deux ou trois exemples, choisis dans cette bonne moyenne de praticiens qui n'ont jamais fait pressentir une vocation artistique.

Paul commença à dessiner à l'âge de quatre ans. La première chose qu'il aima à représenter fut le bateau de Royan, qui l'emportait à la plage pour les vacances. Il dessina longtemps des barques, des bateaux à vapeur, des navires à voiles, avec une perfection rare chez les enfants de cinq ou six ans. Il les dessinait d'après des modèles, d'après nature, et de mémoire. Dans ses essais les mieux réussis, il manquait toujours quelque chose d'essentiel : les cordages, les avirons, l'arrière et l'avant changeaient quelquefois de place sans nécessité; mais c'étaient bien là des barques et des navires. Aujourd'hui qu'il a bien observé et noté, jusqu'aux moindres lignes de la coque, et jusqu'aux moindres agrès, il dessine et peint avec un réel talent ses petites marines. Tout le monde admire la bonne tenue de ses bateaux sur les vagues, avec un fond de ciel clair ou brouillé de quelques nuages. Le maître de dessin du lycée fut émerveillé de lui voir comprendre la perspective à la première leçon. Avec deux traits de plume ou de crayon, il met de l'air et de la lumière sur les flots.

Son imagination facile et joyeuse, en dehors de cet objet de prédilection, s'est exercée à représenter toutes sortes d'objets, et surtout l'homme et l'animal. L'habileté acquise au travail des navires lui a beaucoup servi pour tout le reste. Il émaille ses lettres de caricatures et de croquis fantaisistes. L'observation (il a onze ans) y est souvent superficielle, les jolies intentions y sont quelquefois gâtées, ou à peine indiquées. Mais n'est-ce rien que cela? Les dessins familiers d'un de ses oncles lui ont révélé le secret de l'expression. Dans une lettre, il se fait bavardant avec un petit camarade et se cachant du professeur : on le reconnaît tout de suite, à la manière dont il se sert de sa main pour chuchoter à la sourdine. On ne reconnaît guère, il est vrai, son ami, et le professeur n'a aucune expression accusée. Dans une autre lettre, il annonce un toast en l'honneur des destinataires, et le toast se fait avec une bouteille de vin du Rhin. Il ne manque pas de représenter, autour d'une table ronde, ses parents et son frère à côté de lui, le verre en main. Tous sont ressemblants, mais lui seul s'est dessiné joyeux : il n'a pas songé à la gaieté des autres, l'aimable étourdi ! J'ajoute que, dans ses inventions parfois ingénieuses, ce qui manque le plus, même quand la ressemblance et l'expression sont atteintes, c'est la précision et l'égalité du dessin. Mais, puisqu'il y est arrivé pour les marines, il y a lieu d'espérer qu'il y arrivera pour les autres dessins, en les soignant.

Ce n'est pas à un enfant de sept ou huit ans, ni même à un enfant de dix ans, qu'il faut demander le sentiment exact des proportions et la précision rigoureuse du dessin. Les moins étourdis sont incapables de subordonner parfaitement les détails à l'ensemble, et d'observer la direction de toutes les grandes lignes. Ils s'attardent à quelque détail plus ou moins saillant, parce qu'il les aura frappés, ou simplement parce que c'est par là qu'ils ont commencé; ou bien ils glissent rapidement sur le tout, se contentant d'un à peu près. Ces imperfections n'indiquent pas un défaut originel et incorrigible d'observation et de jugement. Ils tiennent souvent au manque d'exercice, et dépendent bien plus du caractère que de l'intelligence. Les natures vives, exubérantes, ont peine à fixer leurs perceptions en présence de l'objet, et à les préciser en son absence. Leurs représentations sont vives, ingénieuses, mais inégales. Les esprits froids, mais attentifs et observateurs, ont plus d'exactitude et de mesure, mais moins de vie et de ressemblance, ou, si l'on veut, de vraisemblance. Une pratique passionnément suivie et sérieusement dirigée peut atténuer ces défauts et équilibrer ces qualités chez les uns et chez les autres.

L'enfant dont j'ai à parler maintenant est tout le contraire de l'autre. Il pèche par lenteur plutôt que par vivacité d'imagination. C'est un esprit fait de bon sens et d'exactitude. Il fut, dès ses premières années, précis dans son langage, net dans son écriture, juste dans ses raisonnements. Ses premiers dessins, à moitié spontanés, furent rigides et inexpressifs. Vers l'âge de sept ans, il vit des locomotives dessinées par un de ses oncles, ingénieur de chemin de fer. Ce qui l'étonna surtout, ce fut d'en voir dessiner une en quelques minutes. L'enfant demanda à garder le papier, et il ne le quitta pas des yeux de toute la journée. Le lendemain, au déjeuner, il montra une reproduction assez maladroite du dessin. « Pour la première fois, lui dit son oncle, ce n'est vraiment pas mal : je n'en aurais pas fait autant à ton âge. » L'enfant, ravi, lui demanda d'autres modèles; il s'exerça longtemps à les imiter; il étudia de près les machines, et il s'habitua à les dessiner de souvenir, comme il l'avait vu faire à son oncle. A neuf ans, il les dessinait à merveille. Mais il ne fallait pas le tirer de ses locomotives; il n'aimait, ne dessinait pas autre chose. Un jour, sa grand'mère, pour le plaisanter, lui demanda son portrait. Il la fit montrant sa tête à la portière d'un wagon de première classe, précédé de son inévitable locomotive. « Le wagon est très ressemblant, dit la grand'mère; mais suis-je aussi mal peignée, aussi mal fagotée que cela? C'était bien la peine de me mettre en voiture de première classe! » Il se découragea, et ne dessina même plus de locomotives.

A quelque temps de là, son oncle vint à son aide et répara le mal qu'il lui avait involontairement fait. Il l'emmena en promenade à diverses reprises, et de temps en temps lui faisait observer quelque chose de particulier dans un visage, un vêtement, un arbre, un animal, une maison.

Le soir, il lui demandait compte de ces observations, et le lendemain il le priait de lui en rappeler quelques-unes en quelques coups de crayon. L'enfant s'habitua ainsi à retrouver dans sa mémoire l'expression des visages et des attitudes, la forme caractéristique des objets, et jusqu'à la composition d'une scène vue en passant. Il fut surpris d'abord, il faut le dire, des éloges que son oncle prodiguait à ces ébauches, selon lui mal venues ; il ne comprenait que les lignes régulières et symétriques : ses bonshommes d'autrefois semblaient faits au compas. « Je sais bien que voilà un arbre pour rire, disait-il à son oncle ; la figure de ce soldat ressemble bien à celle que nous avons vue ; mais a-t-il un sabre ou un bâton, a-t-il un képi ou une vieille casquette ? — Qu'importe, si c'est dans le mouvement ? » Bon gré mal gré, l'enfant comprit la valeur d'un à peu près significatif ; le petit géomètre fit place au dessinateur. Il apprit à voir et à reproduire les aspects singuliers des choses, à achever, à préciser quelques détails essentiels, tout en posant l'ensemble avec justesse, à créer et à transformer en copiant, à unir le réel et la fantaisie, à travailler au besoin de verve, en un mot, à jouer avec son crayon. « Tu peux aller, lui disait son oncle un an plus tard ; soigne bien tes dessins au collège : c'est un devoir ; mais, à la maison, fais des dessins pour te distraire. Continue à reproduire exactement ce qui t'a frappé, la bouche, les bras et les jambes d'un homme irrité ou joyeux, la forme d'une maison ou d'un arbre, sans trop faire attention au reste. Ne crains pas de représenter les choses comme tu les vois au premier coup d'œil, ou comme tu crois, ou plutôt comme tu veux les voir. Regarde et choisis, compose et imagine : tu seras toujours assez exact et assez précis. »

Hélène, déjà connue de nos lecteurs, arriva tout de suite de la passion des images au désir de les imiter. Nous négligeons l'histoire de ses progrès, pour nous attacher à quelques points intéressants de ses confidences.

« De neuf à dix ans, me dit-elle, j'écoutais beaucoup, quand on parlait devant moi de beauté. Je me fis même, d'après ces conversations, un idéal qui persista longtemps : des cheveux très noirs sur une peau blanche, des yeux noirs, grands et profonds, un nez un peu couché, sur une bouche aux lèvres bien rondes, un type espagnol ou italien. A cet âge-là, je commençai à remarquer l'élégance de la tenue et de la démarche, les détails de la toilette et les caprices de la mode. Mes dessins reproduisaient tout cela avec autant de vérité que possible.

« Ces dessins étaient les portraits grossièrement ressemblants des personnes qui étaient à ma convenance, la répétition de ce que j'avais griffonné sur mes cahiers, mais avec un peu plus de goût. Deux demoiselles, qui étaient, à mes yeux, le type de la beauté, y étaient représentées dans plusieurs toilettes. Pour si occupée que je fusse, je me mettais à la fenêtre quand elles devaient passer. Quelques jolies paysannes faisaient aussi mon bonheur, quand le hasard me les faisait rencontrer. A l'église, j'étais plus occupée à regarder les minois qui m'entouraient, qu'à lire dans le paroissien que je tenais dans les mains, ouvert toujours à la même page. Un jour, étant allée au marché avec ma mère, je vus vivement attirée par une figure de femme comme je les aimais, et d'une beauté comme je n'en avais pas encore vue. Je restai là, bouche béante ; ma mère, voyant que je ne me décidais pas à la suivre, me dit : « Adieu, je te laisse. » Et je demeurai un peu plus. »

Remarquez ce besoin si précoce chez la jeune fille, et

assez rare chez le garçon, de se faire un idéal de beauté. Ainsi George Sand, encore fillette, avait réuni toutes ses aspirations d'amour, de beauté, de force, de vertu, dans un demi-dieu, qu'elle appela Corambé, et dont elle suivit longtemps dans sa pensée le mystique roman. Hélène, qui savait mieux combiner la réalité avec le rêve, active non moins que contemplative, s'était formé un idéal de beauté simplement humain ou artistique. Elle dessinait de préférence les personnes qui se rapprochaient de cet idéal, qui le réalisaient à ses yeux. Peut-être cet idéal n'était-il pas autre chose que le souvenir épuré et embelli de quelques-unes de ces personnes. Quant à cette impression saisissante, qui la fait s'arrêter en chemin devant une femme d'une rare beauté, ce n'est point là une qualité ou une faiblesse toute féminine. Il n'est point d'artiste ou de personne un peu sensible à l'impression esthétique qui n'ait ressenti quelquefois ce coup foudroyant de la beauté humaine, de la beauté supérieure à toutes. Après le plaisir de considérer une belle action, il n'y en a pas de plus grand, de plus pur, et peut-être de plus universel que celui de contempler un beau visage.

La figure et la personne humaine, les animaux, sont les sujets de prédilection de l'enfant. Le paysage le laisse indifférent, ou le tente peu. C'est que le dessin du paysage suppose, avec la faculté d'abstraire les petites masses des grandes et celle de concevoir graphiquement la perspective, la force synthétique et la délicatesse de vision, la finesse du trait. Un être vivant est d'une forme plus simple et plus limitée dans ses contours qu'un végétal et surtout qu'une vaste collection de végétaux. La traduction en est relativement facile, je dis la traduction par à peu près, dont se contente qui n'est pas capable de faire davantage, et qui n'a pas d'ailleurs beaucoup de patience à y dépenser. Elle supporte l'improvisation et l'ébauche. Aussi les artistes de l'âge préhistorique ont-ils commencé par graver des figures d'hommes et d'animaux. Les couleurs ne leur faisaient pourtant point défaut, à l'époque florissante du tatouage, pour reproduire la couleur des ensembles naturels.

Notez, d'ailleurs, que la forme plus grossière et plus saisissable à l'œil des vêtements qui couvrent le corps humain en simplifie considérablement la figuration linéaire. Aussi l'enfant, du moins jusqu'à la puberté, ne goûte point le nu, ni en dessin, ni même en peinture. Même alors qu'il sait poser une académie aux proportions harmonieuses, le costume lui paraît inhérent à la personne humaine. Il ne la trouverait pas complète sans cela. La vue du nu froisse d'ailleurs ce sentiment de la pudeur qui, grâce à l'éducation, s'est développé chez lui avec une si grande énergie. L'homme nu, c'est pour lui un cas d'exception, une étrangeté, une confusion ; ce n'est pas l'homme ordinaire, l'homme normal. L'homme habillé est l'homme vrai, l'homme concret ; l'homme nu est en quelque façon l'homme abstrait. C'est ornée de vêtements qu'il a admiré la beauté humaine ; dans les contes et les romans écrits à son intention, le costume accapare une grande partie de l'intérêt. L'enfant est réaliste à la façon des romantiques : le vêtement est sa passion, sa fête. La théorie idéaliste de Diderot passe à côté de lui. « L'habit de nature, dit-il, c'est la peau ; plus on s'éloigne de ce vêtement, plus on pèche contre le goût. Les Grecs, si uniment vêtus, ne pouvaient même souffrir leurs vêtements dans les arts. Ce n'était pourtant qu'une ou deux pièces d'étoffe négligemment jetées sur le corps... Il n'y a point de tableau de grand maître qu'on ne dégradât en habillant les personnages ou en les coiffant à la française, quelque bien conçu qu'il fût d'ailleurs. On dirait que de grands événements, de grandes actions, ne soient pas faits pour un peuple aussi bizarrement vêtu, et que les hommes dont l'habit est si quinquet ne puissent avoir de grands intérêts à démêler. Il ne fait bien qu'aux marionnettes. »

V

Le sujet que je viens d'effleurer est bien vaste. Il y aurait encore beaucoup à dire, notamment sur la question de la couleur et de la ligne, et sur celle de l'expression artistique des émotions. Quelques mots du moins sur ces deux points intéressants.

La question de la ligne et de la couleur existe aussi pour l'enfant. Quoi qu'on en ait dit, la couleur n'est pas la chose principale pour lui. Tout jeune, il est friand des couleurs vives, mais il les aime sur une forme arrêtée. La couleur est la joie des yeux, mais il faut qu'elle revête et caractérise un objet ; posée sur une surface quelconque, elle n'exprime rien sans le dessin. La perception de la couleur et celle de la forme ont d'ailleurs une origine distincte : la première est fonction propre de la rétine, la seconde a pour cause certaines sensations des muscles de l'œil. Dans l'interprétation comme dans l'exécution du dessin, le sentiment musculaire joue un rôle moins manifeste, mais plus important que celui de l'impression colorée. Mais dans l'exécution intervient aussi, avec quelque prépondérance, le jeu de divers mouvements spéciaux du bras et de la main.

On peut donc considérer séparément en esthétique ces deux éléments distincts dans l'impression subjective, et que les grands artistes savent si harmonieusement combiner, le dessin et la couleur. Le plus important des deux, à tous les points de vue, c'est le dessin : aussi voyons-nous l'enfant, comme l'homme primitif, recourir uniquement à la ligne, quand il veut représenter des objets. Le jeune pâtre Giotto avait sans doute admiré des toiles peintes dans la chapelle de son village : mais ce n'est peut-être pas ce qui détermina sa vocation artistique. En traçant des lignes sur la pierre avec un caillou, il vit que ces lignes figuraient quelque chose, il prit goût à reproduire ainsi les chèvres confiées à sa garde, et ensuite les animaux de la contrée.

Un enfant de quatre ans et demi, pour peu qu'il soit intelligent, dès qu'il a commencé à reconnaître dans une gravure monochrome des êtres vivants et des objets familiers, et surtout dès qu'il en a fait lui-même quelque représentation passable, jouit de la vérité du dessin tout comme de l'éclat des couleurs. La priorité de la couleur sur le dessin, quoi qu'en ait dit Spencer, n'est donc pas un fait historique. On connaît la théorie pédagogique qu'il a fondée sur cette hypothèse gratuite : le coloriage étant le procédé de représentation qui donne, suivant lui, le plus de jouissance à l'enfant, il faut le faire arriver de l'enluminure au dessin, et, plus tard, l'encourager au travail de l'esquisse par l'appât de la jouissance prochaine de peindre. Mon humble avis est qu'en l'arrêtant au coloris, on le voue au barbouillage, et qu'en le lui montrant comme conséquence du dessin, on lui déprécie le dessin et l'on risque de l'en dégoûter.

Je sais que l'école maternelle, au moins en principe, ne se borne pas à développer le sens de la ligne et celui de la couleur par les exercices géométriques du tissage, du découpage et du dessin au crayon de diverses couleurs ; elle donne aussi quelque place à la représentation des objets réels. J'ignore si tout s'y passe au mieux pour développer concurremment le sentiment de la forme et celui de la couleur. En tout cas, les exercices faits dans ce but risquent de n'avoir pas servi à grand'chose, puisqu'ils sont abandonnés au sortir de cette école. Je me trompe, on continue çà et là l'étude de la couleur en donnant aux jeunes enfants force cartes à colorier. C'est vraiment trop peu. Non seulement il est bon de faire marcher de front le dessin géométrique, le dessin académique et le dessin de l'objet concret, mais il faut qu'à tous les âges l'enfant y ajoute le dessin de couleur. Il doit sans cesse apprendre à bien voir dans les choses, et à mettre exactement sur leurs images les véritables teintes de la vie.

Ce n'est pas encore assez : il doit apprendre, dès le début, ou de très bonne heure, à attribuer aux êtres l'aspect et les attitudes de la vie. Léonard de Vinci voulait que l'élève artiste couronnât ses études par celle des mouvements qui sont l'expression naturelle des sentiments et des volitions. On s'en préoccupait assez peu naguère dans nos écoles : je parle, bien entendu, de nos écoles d'enfants. C'est beaucoup d'avoir mis un compas dans l'œil et dans la main de l'enfant, de lui avoir appris à noter les dimensions, les proportions, les distances des objets, la répartition des ombres et des clairs, et enfin la perspective. Mais c'est peu, si dans cette habileté artistique le sentiment n'est pour rien. J'avoue même que, contrairement aux idées de Léonard de Vinci, très brillamment soutenues par M. Ravaisson, il me paraît peu conforme à l'évolution psychologique de l'enfant qu'il commence à imiter la figure humaine dans son harmonieuse et parfaite beauté, pour arriver ensuite à la physionomie modifiée par les différentes émotions (1). Il me semblerait plus naturel de le faire débuter, ou du moins varier souvent ses exercices par des dessins, faits d'abord sans modèle, et plus tard sur modèle, de figures et de corps mis en mouvement par les émotions fondamentales. Il serait facile d'en dresser un catalogue très simple et très exact d'après les descriptions des savants observateurs, qui ont si bien décrit l'expression du sentiment, depuis Gratiolet jusqu'à Mantegazza.

(1) Voir à ce sujet l'article *Dessin*, dans le *Dictionnaire de Pédagogie* de M. Buisson.

CHAPITRE VII

La tendance dramatique

I

Le plaisir dramatique, c'est le plaisir de l'action, ou l'action faite en vue du plaisir. Cette difinition très large est parfaitement applicable à l'enfant, dont la vie est presque toute en mouvement et en jeu. Il convient cependant de la restreindre, même à son égard, par des distinctions qu'il ne fait lui-même que très tard, et fait toujours mal ; nous comprendrons mieux ainsi les manifestations souvent indécises de ses facultés esthétiques. Il y a lieu, selon moi, de comprendre, sous la formule générale de plaisir dramatique, les plaisirs qui résultent, pour le jeune enfant, du jeu proprement dit, des actions simulant le jeu, des récits, des simulations d'action.

Aucun amusement ne vaut pour lui le jeu proprement dit : il y déploie toutes ses énergies actives, il y exerce coup sur coup ou tout à la fois presque tous ses sens, la vue, l'ouïe, le toucher et le sens musculaire ; cette action est libre et complète, sans aucune arrière-pensée de travail ou de contrainte ; et, de plus, elle met en œuvre, dans toute sa force d'expansion, l'instinct de communauté et de sympathie sociale. C'est là de l'action intense, variée, attrayante au premier chef : c'est là le principe de tout plaisir dramatique.

*
* *

La plupart des actions que le jeune enfant est admis à faire avec nous ont pour lui ce caractère de jeu très intéressant. La sympathie y joue un rôle essentiel, avec la curiosité à demi satisfaite, avec ce je ne sais quoi d'inconnu, ce mystère qui pare toutes choses d'un reflet idéal. Le fait a été fort bien décrit par M. Pollock dans ce fragment de lettre que je lui demande la permission de transcrire :

« Je profitais des jours de vacances pour ranger mes livres. Maître Hannot était là : il prenait grand plaisir à grimper sur la petite échelle dont je me servais. Vint le moment où il fallait chercher les livres d'en haut. Alors je dis au petit : « Voyons, il faut que je monte seul ; mais tu « m'aideras, veux-tu ? Tu prendras les livres que je descen- « drai, et tu les mettras de côté, pour que je les reprenne « ensuite. » Ce qui par Hannot fut fait très sagement, et même assez habilement. Le lendemain, il demandait à recommencer. N'était-ce pour lui qu'un jeu, ou avait-il conscience de se faire mon compagnon de travail ? La besogne finie, il s'en applaudit en disant : « Fidy boy ! » Il est vrai qu'à un moment donné, l'envie le prenait de jeter des livres par terre. Je soupçonnai une ruse pour me faire descendre de l'échelle. Mais une simple admonition suffit pour l'arrêter. Il n'était pas si facile, par exemple, de le faire quitter mon petit cabinet-bibliothèque et l'échelle bien aimée, qui est tantôt chaise et tantôt échelle : de là un charme de mystère. »

*
* *

Les récits comptent parmi les représentations idéales des choses qui intéressent le plus l'enfant. C'est qu'il y a la distance voulue pour mettre son imagination en travail ; de plus, l'action dramatique est toute digérée, en sorte qu'il n'a qu'à écouter pour en suivre tous les détails ; ajoutons-y l'influence de la physionomie et du geste, surtout de la voix, que le narrateur rend à son gré mystérieuse, éclatante, terrible ou joyeuse.

Le spectacle des yeux ne suffit pas pour produire, même chez le jeune enfant, l'impression dramatique. Il assistera, sans s'effrayer ou s'étonner outre mesure, à des scènes qui provoqueraient chez certains adultes une terreur ou une pitié profonde. A l'âge de six ans, je vis un rassemblement devant une maison ; je suivis quelques personnes qui montaient un escalier sombre ; en haut, dans une petite chambre, une dizaine de personnes entouraient un lit ; j'approche, je regarde entre les vides, et je vois un homme en chemise, immobile, dont on frictionnait et battait le visage et les mains d'un blanc de cire : c'était un pauvre réfugié Polonais qui s'était pendu. Mon émotion ne fut pas bien grande. J'ai vu le même fait se reproduire dans une rue, où un homme, par jalousie d'amour, s'était fracassé la mâchoire d'un coup de revolver. Il était par terre, baigné dans son sang ; tout autour une douzaine de femmes du peuple, dont quelques-unes riaient, et des marmots de tout âge qui regardaient le blessé d'un air simplement curieux, comme ils auraient regardé un animal égorgé. Faites raconter cela par une personne émue, ou mettez-le sur la scène avec des paroles appropriées : dans le premier cas, tous les enfants éprouveront terreur et pitié ; dans le second cas, au moins quelques-uns.

Un spectacle, en effet, n'est pas en lui-même pathétique. La vue de la souffrance, les tressaillements et les sanglots de l'agonie peuvent causer un certain plaisir à celui qui avait un grand intérêt à la mort de la victime ; ils peuvent ne causer qu'une vague émotion aux cœurs secs ou blasés sur de tels événements. Au théâtre, il faut pouvoir s'abstraire d'une foule de sensations étrangères à l'action représentée, pour en suivre l'idée dans ses diverses phases, pour s'identifier avec le personnage dont la souffrance et le danger nous doivent devenir nôtres en quelque façon ; il faut être bien exercé, bien sensible, pour entrer dans la situation morale dont on ne voit que certains aspects, qui sont à interpréter d'une certaine manière. Ce qui prépare, ce qui soutient, ce qui surexcite, en la concentrant, l'émotion, ce sont les paroles, et surtout la voix des acteurs. Le facteur essentiel de l'émotion théâtrale, c'est la voix qui traduit la joie ou les douleurs humaines.

* * *

La simulation des actes les plus ordinaires devient très intéressante pour l'enfant, parce qu'il s'y rattache, outre le charme du mystère, l'idée de libre plaisir. Il peut s'y ajouter aussi, dans les moqueries que l'enfant exécute, le plaisir du contraste, qui est le fondement du comique, et le sentiment d'indépendance momentanée vis-à-vis de personnes dont le respect le tient en contrainte habituelle.

Les libres jeux des enfants de la campagne sont, en général, bien moins dramatisés que ceux des enfants de la ville. On fait parler davantage ceux de la ville, on leur fait raconter, et on leur raconte en les mimant beaucoup plus d'histoires. Ils ont aussi plus de loisir pour jouer, et plus d'occasions pour voir des scènes bonnes à imiter. Quelques grimaces primitives, quelques grossières contrefaçons de ridicules très saillants, les imitations assez exactes des voix de certains animaux domestiques, surtout de quelques oiseaux bons à attirer ainsi au piège, tel est, en général, tout leur talent comique. Il s'en faut qu'ils puissent être comparés aux enfants de la ville pour la malice et la vérité des grimaces, et l'art de contrefaire.

Il entre bien autant de plaisir dramatique sans doute que d'inconsciente coquetterie dans l'imitation très étudiée que certains enfants des deux sexes font de nos manières. Une petite fille de cinq ans aimait à se planter devant les personnes qui parlaient, et semblait prendre un vif plaisir à regarder le jeu de leur physionomie, qu'elle s'essayait ensuite à reproduire. On lui voyait une infinité de tournures et de démarches, presque jamais la sienne. En y regardant bien, on retrouvait celles des gens qui, par quelque chose d'extraordinaire dans leurs allures, avaient excité sa manie imitative.

Les petites filles de bonne maison (et leurs frères, quand ils en ont le temps) copient ordinairement leurs parents dans leurs rapports avec les serviteurs, les ouvriers et les marchands ; elles parlent à leurs poupées comme on leur parle ; elles imitent avec leurs compagnes les mines d'emprunt et les formules de fausse politesse que les dames échangent dans leurs visites cérémonieuses. Elles saisissent avec sagacité les ridicules de ceux qui les endoctrinent pour leur ennui et pour leur bien. Un maître de sciences abusait de la formule « il est évident » ; un autre ne disait pas vingt mots sans placer un « bref » à la fin de la tirade : une écolière, d'ailleurs fort insignifiante, ne les appelait pas autrement que M. « Il est évident » et M. « Bref. » Ceci est aussi bien d'un garçon que d'une petite fille.

Les différences d'éducation et de sexe d'organisation doivent pourtant se reproduire dans les imitations, de même que dans les jeux des enfants. En général, les garçons s'amusent à jouer à tout autre chose qu'à la « classe ». C'est la rage des fillettes. J'en ai vu qui passaient tous les jours plusieurs heures à faire l'école avec des amies, ou, à leur défaut, avec les chaises de la maison. Il est d'ailleurs bien rare que là, comme en toutes choses, les fillettes ne dépassent pas le modèle, particulièrement dans les scènes de colère. A la moindre faute commise par une de ces élèves pour rire (fillette ou chaise), ce sont des emportements fabuleux, des bousculades, des tapes à droite et à gauche, pour ne pas faire de jalouses.

∴

Les enfants entrent dans l'illusion dramatique avec une facilité incroyable, soit par concession à l'esprit de jeu, soit en vertu de la puissance suggestive des images. Un homme déguisé devient presque pour eux l'homme de son déguisement. Il y a plus : ils se prennent à leur propre feinte. Un enfant de sept ans avait eu la permission de s'affubler d'un vieux chapeau et d'un vieux paletot de son père ; le visage noirci comme un ramoneur, il courait de la salle à manger à la cuisine, effrayant (pensait-il) tout le monde ; la bonne le mena devant une glace, pour le faire jouir de son propre spectacle : l'effet fut immédiat ; il recula effrayé. Ainsi les acteurs collent sur leur propre peau celle d'un personnage imaginaire, qu'ils promènent dans le monde, quelquefois sans le savoir.

La mode est bien vieille, et ne sera pas usée de sitôt, des petites comédies de famille, entre parents et enfants. Il est si doux de rattraper quelques bribes du beau temps d'autrefois, en partageant les jeux que l'âge et la gravité semblent nous interdire ! Nous faisons ainsi nargue au sérieux de la vie et à sa vertigineuse fuite. Et nos enfants sont si heureux de nous voir aussi enfants, sinon plus enfants qu'eux-mêmes ! Le tout est de savoir se réserver une porte de sortie, dans ce domaine improvisé de la fantaisie et du laisser-aller sans limites, de savoir tout diriger sans en avoir l'air, et se reprendre tout entier, au moment voulu. Si vous saviez les jolies et pouffantes espiègleries que j'ai vu souvent se dérouler entre enfants de tous les âges, enfants de six, douze, quarante, soixante et soixante-dix ans, dans les petites clairières gazonnées de mon cher bois de Vincennes ! C'étaient des idylles comme en auraient joué les patriarches, s'ils avaient su jouer la comédie.

Et les beaux souvenirs historiques, les ravissantes visions : Henri IV galopant le long de son salon du Louvre avec un de ses enfants sur le dos ! le poète Racine faisant l'office de porte-croix dans les processions jouées par ses enfants ! Victor Hugo faisant le lion sous la table, pour amuser un petit enfant, et sortant de son trou en rugissant, d'un élan si naturel, qu'il entraîne la nappe et casse tous les verres ! C'est à donner envie d'être père et grand-père, ou regret de ne l'avoir pas été.

*
* *

Il semble que l'enfant tout jeune ne cherche pas autre chose que du jeu et des simulations d'actions dans nos représentations dramatiques. C'est pourquoi il veut s'y mêler activement autant que possible !

On avait conduit le jeune Charles, âgé de quatre ans, à la distribution des prix d'une école de garçons, pour l'amuser aux comédies qu'on allait y jouer. Il parut d'abord étonné ; puis, comme chez lui, il se mit à bavarder, et même à critiquer tout haut ce qui se passait devant lui. Il fut choqué de voir une femme de chambre (quel ahurissement si on lui eût dit que c'était un écolier !) hardie, joyeuse, trinquer avec son maître un jour de fête. « Chez nous, dit l'enfant, d'une grosse voix qui fit rire tous les voisins, on ne fait pas boire la bonne comme cela. » — « Tais-toi », lui disait-on. Mais il voyait qu'on le lui disait en riant, et il continuait à exprimer ses observations sans se gêner. Il demanda à un berger sur la scène : « Tu parles de tes moutons : où sont-ils? »

A Périgueux, pour satisfaire un acteur qui réclamait instamment un casque, un jeune enfant apostrophe un pompier qu'il connaissait, et lui crie en patois périgourdin : « Hé! Prête vite ton casque à cet homme, il en a besoin. »

L'enfant entre quelquefois dans ces jeux scéniques avec un sérieux de passion qui peut être une révélation de son caractère futur et peut-être de ses aptitudes dominantes.

« Carnot n'avait encore que dix ans lorsque sa mère, dans un voyage à Dijon, l'emmena avec elle et, pour le récompenser de la docilité réfléchie qu'il montrait en toute occasion, le conduisit au spectacle. On donnait ce jour-là une pièce où des évolutions de troupes, où des combats se succédaient sans relâche. L'écolier suivait avec une attention soutenue la série des événements qui se déroulaient devant lui ; mais tout à coup il se lève, il s'agite, et, malgré les efforts de sa mère, il interpelle, en termes à peine polis, un personnage qui venait d'entrer en scène. Ce personnage était le général des troupes auxquelles le jeune Carnot s'intéressait ; par ses cris, l'enfant avertissait le chef inhabile que l'artillerie était mal placée, que les canonniers, vus à découvert, ne pouvaient manquer d'être tués par les premiers coups de fusil tirés du rempart de la forteresse qu'on allait attaquer ; qu'en établissant, au contraire, la batterie derrière certain rocher qu'il désignait de la voix et du geste, les soldats seraient beaucoup moins exposés. Les acteurs interdits ne savaient que faire ; Mme Carnot était désolée du désordre que son fils occasionnait ; la salle riait aux éclats ; chacun cherchait dans sa tête l'explication d'une espièglerie si peu ordinaire. La prétendue espièglerie n'était autre chose que la révélation d'une haute intelligence militaire, le premier symptôme de cet esprit supérieur qui, dédaignant les routes battues, créait quelques années plus tard une nouvelle tactique, en proposant de remplacer les fortifications si artistement, si ingénieusement combinées de Vauban, par un tout autre système (1). »

II

Voyons d'un peu plus près ce que l'enfant peut comprendre dans les pièces faites pour les adultes.

Les souvenirs des personnes âgées peuvent offrir d'utiles documents à la psychologie de l'enfant. « C'est une loi de la nature organique, dit M. Ribot, que les acquisitions les plus récentes se perdent les premières ; c'est pourquoi les vieillards se souviennent encore des événements de leur enfance, alors que les faits les plus récents échappent à leur mémoire. » Je commence donc par interroger sur ses premières impressions de théâtre ma bonne ménagère, âgée de soixante-neuf ans ; elle est assez instruite, a les idées très nettes, et une certaine culture esthétique. Ce que je trouve chez elle, ce sont des souvenirs de sensations et d'émotions extraordinaires, avec quelque confusion dans les faits.

« J'assistai plusieurs fois, de sept à dix ans, me dit-elle, aux représentations enfantines du théâtre Comte. Il ne m'en est resté aucun souvenir précis. Vers le même temps,

(1) Cuvier, *Eloges historiques*.

je vis jouer à la Porte Saint-Martin, l'*Auberge des Adrets*, *Robert Macaire*, *Trente ans ou la vie d'un joueur*. Toutes ces pièces se brouillent un peu dans mon esprit ; et, d'ailleurs, il n'en surnage que fort peu de chose. Je revois bien Robert Macaire et son ami Bertrand, l'un gros, l'autre maigrillot, tous les deux d'affreux personnages. Un mouchoir sort de la poche de Bertrand. Je vois aussi pendant une scène d'orage, avec tonnerre et éclairs, une mansarde où la femme de l'un des bandits, plongée dans la misère, attend son retour; ses enfants sont auprès d'elle. Je vois quelqu'un arrêté par des gendarmes ; il me semble que cela se passe sur les marches d'un hôtel. »

Mes souvenirs personnels, plus précis quant à certaines circonstances des représentations auxquelles j'ai assisté fort jeune, sont à peu près négatifs en ce qui concerne les sujets représentés.

J'avais six ans, quand une pauvre troupe de comédiens vint faire une saison dans la petite ville où nous habitions. Ils représentaient sur la place publique des drames populaires, la *Barbe Bleue*, *Cendrillon*, *Geneviève de Brabant*. Je ne me rappelle ni une situation, ni un costume ; seul le visage de la femme du directeur est resté dans ma mémoire, peut-être parce que d'autres visages de femmes me l'ont souvent rappelé depuis. Par exemple, certains petits faits, sans doute alors très importants pour moi, sont toujours très présents dans mon esprit. Je vois, j'entends, le jour du spectacle, la troupe faisant un tour de ville, avec ses costumes frippés et couverts de clinquant, et ses airs bruyants à faire aboyer tous les chiens pendant une heure. Les musiciens défilent encore devant moi, dans un ordre et avec des démarches comiques. Le plus grand succès revient au joueur de clarinette : il se tient le dernier de la file, et Dieu sait si les gamins, un bâton à la bouche, le suivent en l'imitant !

Beaucoup plus tard (j'avais bien neuf ans), une autre troupe, assez habile, mais peu nombreuse, vint chanter sur la même place, et jouer de petites pièces comiques. Je vois les papas et les mamans rire en applaudissant à une piécette intitulée *Bruno le fileur*. Je vois ce personnage à casquette bizarre, à faux-col énorme, en pantalon blanc ou nankin tiré par de longs sous-pieds, en habit brun à queue, je vois tout cela s'agiter et se désarticuler ; j'entends la voix de l'acteur ; mais du sujet et des autres personnages de la pièce, il ne m'est absolument rien resté.

Les auteurs de mémoires n'ont pas grand chose de plus à nous apprendre sur leurs premières impressions de théâtre.

Le père et la mère d'Alexandre Dumas, pendant un voyage à Paris, emmenèrent leur jeune enfant au théâtre. On jouait *Paul et Virginie* à l'Opéra-Comique. Une des plus notables impressions qui restèrent dans l'esprit de cet enfant de trois ans, c'est que Mme de Saint-Aubin, qui tenait le rôle de Virginie, était énormément grosse ; Ce qui avait aussi produit sur le futur romancier, « une vive impression, c'étaient les changements à vue, qui amenaient devant la maison de Mme Latour des orangers chargés de fruits d'or, cette mer furieuse, cette foudre qui allait frapper et anéantir le *Saint-Géran* (1). »

Ce sont là de vrais souvenirs d'enfant, même âgé de trois ans, quand il a bonne mémoire, et qu'il a été fortement remué par certaines sensations. Je retrouve les mêmes impressions, vives, mais superficielles et limitées, dans

(1) A. Dumas, *Mes Mémoires*, t. I, p. 216.

cette réminiscence de la septième année, si bien burinée par Taine :

« A trente ans de distance, je me rappelle trait pour trait l'aspect de la salle où l'on me conduisit pour la première fois; des troisièmes loges, la salle me semblait un puits monstrueux, tout rouge et flambant, avec un fourmillement de têtes; tout en bas, vers la droite, sur un étroit plancher uni, deux hommes et une femme entraient, sortaient, rentraient, faisaient des gestes, et me semblaient des nains remuants; à mon grand étonnement, un de ces nains se mit à genoux, baisa la main de la dame; puis se cacha derrière un paravent ; l'autre qui arrivait, sembla fâché et leva le bras. J'avais sept ans, je ne pouvais rien comprendre ; mais le puits de velours cramoisi était si peuplé, si doré, si illuminé, qu'au bout d'un quart d'heure je me trouvai comme ivre, et que je m'endormis (1). »

Ainsi, les premières impressions de théâtre se rapportent à quelques sensations dominantes de la vue, à des couleurs et à des formes bien tranchées, à des images plus vagues et plus confuses de spectateurs et d'acteurs, à quelques gestes et à quelques attitudes interprétés d'une manière quelconque.

III

Je ne crois pas que les enfants, jusqu'à neuf ou dix ans, si bien doués qu'ils soient, puissent comprendre et sentir, sinon dans quelques traits de passion générale ou quelque situation simple, rien de ce qui nous intéresse au théâtre. Je fais exception pour les sujets déjà connus d'eux, par

(1) H. Taine, *l'Intelligence*, t. I, p. 125.

exemple, pour Esther, Athalie, Mérope, ou telle autre pièce, dont ils auront pu apprendre des extraits ou lire quelques scènes. Le fait est bien mis en lumière dans le joli petit récit suivant :

« Comme elles avaient tremblé qu'il ne fût trop tard, nous sommes arrivées de très bonne heure ; cependant il y avait déjà assez de monde dans la salle : ce monde, l'éclat des lumières, le mouvement du parterre les ont d'abord un peu étourdies. Sophie observait sans mot dire ; Louise, moins réservée, parce qu'elle réfléchit moins, regardait partout, me questionnait sur tout ; et lorsqu'elle a aperçu, dans une loge voisine de la nôtre, Mme de Saint-Sauveur avec sa fille Ernestine, elle s'est écriée : « Maman, voilà « Ernestine ! » Et j'ai eu beaucoup de peine à l'empêcher de crier d'une loge à l'autre : « Ernestine, nous voici ! » Elle ne concevait pas qu'on fût obligé de retenir sa voix et ses gestes dans un lieu où l'on venait pour s'amuser.

« Le sentiment, l'idée, le plaisir du moment l'emportent toujours ; et quand la représentation a commencé, ses observations, ses questions se sont succédé si rapidement, qu'il a fallu, à plusieurs reprises, lui imposer un silence absolu, pour ne pas exciter les réclamations de nos voisins. Sophie, absorbée par le spectacle, écoutait sans remuer, sans parler, et reprenait haleine à la fin de chaque acte, comme pour se reposer d'une fatigue.

« Louise, je vous assure, n'était point fatiguée ; son mouvement la repose, et elle ne connaît d'autre lassitude que celle de l'ennui. Cependant, en sortant du spectacle, elle s'est endormie sur mes genoux ; ses plaisirs mêmes, qui sont si vifs, l'occupent peu dès qu'ils sont passés, ils laissent seulement la place un peu vide. Sophie, au contraire, était tout agitée de ce qu'elle venait de voir ; elle avait pris à la représentation un véritable intérêt ; la suite de l'histoire de Joas, devenu roi, revenait dans sa tête ; elle plaignait Zacharie, elle se figurait la douleur que devait avoir sentie Joad en voyant son élève si mal tourner. Enfin, elle n'a eu rien de plus pressé que de tout conter à sa bonne, et j'ai vu ce matin que son sommeil avait été fort agité, tandis que Louise, qui s'était couchée en grognant, parce qu'on l'avait réveillée pour descendre de voiture, a dormi tout comme à l'ordinaire (1). »

Il est à présumer que six mois comme vingt ou trente ans après cette représentation, les souvenirs qu'en aurait gardés Louise auraient été morcelés et confus, comme la plupart de ceux qui ont été premièrement cités.

Il n'en aurait pas été tout à fait de même pour Sophie. Mais aurait-elle pu suivre avec la même facilité et le même intérêt une pièce dont le sujet lui aurait été parfaitement inconnu ? Je réponds sans hésiter : non.

Les adolescents, en général (et combien d'adultes leur ressemblent en cela !) ont besoin d'une légère préparation pour suivre sans fatigue et avec le charme continu de la curiosité satisfaite, les évolutions d'une pièce tout à fait nouvelle pour eux.

Mais avec les jeunes enfants, il n'y a pas de préparation qui tienne : les pièces faites pour nous ne sont pas pour eux. Qu'on les porte au théâtre, quand on ne peut pas les laisser seuls au logis, je n'y fais pas d'objection. Mais une fois là, ce qu'on a de mieux à faire, c'est de les laisser tranquillement dormir. Que ce soient des garçons ou des filles, au théâtre, ils ne voient rien de ce que nous y cherchons : les caractères vrais, les situations naturelles,

(1) Mme Guizot, *Lettres sur l'éducation*, t. II, lettre XL, p. 101-102.

le sentiment bien rendu et les convenances harmonieusement combinées. Ils ne voient que les dehors du drame, et quelques parties saillantes de cette surface.

Il y a trois ans, dans un collège de jeunes filles, les demoiselles s'étaient ingéniées à imiter Mlle Agar, la grande tragédienne, qu'elles venaient d'entendre. Elles se mirent en train de jouer les *Femmes savantes*, et certes, Molière n'aurait pas dédaigné cette interprétation de son œuvre. Certaines personnes trouvèrent même que c'était trop bien pour elles. On demanda aux petites filles si elles avaient été contentes. « Oh ! oui ; comme les costumes étaient beaux ! Thérèse avait une bien jolie robe garnie de dentelles; Léonie, avec sa perruque, ses manchettes, ses souliers rouges, était drôle tout à fait. » Ainsi des autres personnages ; on ne s'était intéressé qu'aux costumes et aux poses.

Un préjugé très répandu, et fondé uniquement sur des apparences mal étudiées, c'est qu'au moins dans nos comédies il y a beaucoup de choses à la portée du jeune enfant. Il possède, en effet, dit-on, l'instinct inné du comique. Mon Dieu ! ni plus ni moins que celui du tragique. Sans perdre notre temps à discuter, allons aux faits.

Des artistes de passage dans un chef-lieu du Midi donnèrent une représentation pour la jeunesse des écoles. Ils lui servirent des mets variés : le premier acte du *Misanthrope*, le quatrième acte de *Britannicus*, quelques scènes de l'*Avare*. Comme intermède à ces grandes scènes, identiques pour les costumes à ceux de la Comédie-Française, on déclama des poésies, on récita des monologues spirituels ou amusants. Les jeunes enfants ne comprirent rien au *Misanthrope* et s'ennuyèrent à *Britannicus ;* s'ils applaudirent à l'*Avare*, c'est quand, furieux de la perte de son argent, il s'arrache les cheveux, accuse tout le monde.

Harpagon, indiquant du doigt un coin de la salle, puis un autre, demandait si son voleur n'était point là ; alors, de quel entrain le jeune public se mettait de la partie, et répondait, pour rire : « Oui, il est ici ! » Et lorsque étendu par terre, l'Avare se dit mort et enterré, et qu'au bout d'un moment il demande s'il n'y a point là quelqu'un pour le ressusciter et lui rendre son argent, on lui criait avec transport : « Oui ! oui ! »

On prodigua aussi les éloges à un solo de flûte, aux monologues, et à un acte en prose : *On demande des domestiques.*

Il ne faudrait pas croire que l'enfant, qui trouve à rire à nos comédies, entende pour cela le vrai comique. Il y a loin de saisir un ridicule extérieur à saisir le ridicule moral. Les enfants adorent les bouffonneries et les situations grotesques ; les plus exagérées les trouvent prêts à applaudir. Notez, d'ailleurs, que le jeu de l'acteur entre pour beaucoup dans son succès, et ses grimaces, et son rire contagieux. Les mots les plus gros, comme les plus fins, l'enfant en rit, sans les avoir compris. Ils seraient dits en chinois ou en hébreu, qu'il n'en rirait pas moins. Heureusement pour lui, il comprend même à peine les facéties de Guignol ; sans cela, j'en voudrais un peu à Guignol de le faire rire.

Oui, malgré les grimaces qu'il sait faire à la justice et aux lois, qu'on me permette de dire son fait à Polichinelle. Je ne lui reprocherai pas son gros sel attique, mais bien sa morale surannée. La force et la ruse priment le droit dans toutes les scènes : le grand Polichinelle n'est jamais vaincu, si ce n'est par quelque crocodile ou le diable en personne. Et toujours les arguments du bâton ! A peine çà et là quelque trait qui ressemble à de la vérité d'observation. Des gens sérieux de mine aiment à aller de temps en temps poser devant Guignol. Heureusement, je le répète, les jeunes enfants n'y comprennent rien autre que les gestes burlesques et les sons de voix bizarres, qui les font rire. Puisque ces petites poupées plaisent aux simples et aux enfants, on pourrait s'exercer à les faire mieux parler et se conduire.

Quand nous voyons les enfants se tordre aux bras des bonnes ou à côté de leurs gouvernantes, pendant le jeu des chevaux de bois, la dépense nerveuse du rire n'est rien moins qu'intellectuelle. Ecoutez le boniment, noté par un ingénieux observateur, de l'un de ces désopilants imprésarios des Champs-Elysées :

« Il me semble l'entendre encore : « En route ! mes
« jolis enfants. On part pour la fête à Choisy. Attention
« seulement à ne pas tomber avant d'avoir mis les mains à
« terre, sous peine de se voir changé en invalide à la tête de
« bois, avec des yeux de cristal, un nez de carton... Tout le
« monde sera content, et satisfait par-dessus le marché ! »

« Alors commence cet impossible voyage où l'on gagne Moscou par la chute du Niagara, les chandell'usées, l'arc de triomphe des bougies de l'Étoile et la barrière du Maine, sans oublier de manger à la dite barrière les bons pruneaux de la mère Ramponneau, née à Griotte, dans le département de la Salade, avec une omelette au lard, et pas de retard, c'est ici comme chez la mère Bidard... Et l'enragé présente cerceaux et pantins aux épées tendues des cavaliers, criant après les malagauches, le premier chasseur d'Afrique, Mlle Henriette ou M. Popol à l'entresol qui s'est débarbouillé ce matin avec du cirage... Voici les bijoux de la belle Gabrielle, l'oiseau d'une île pantagruélique située à 17 degrés au-dessus de la lune, le bonnet de la concierge de l'obélisque, le dompteur des animaux féroces, du lion en pain d'épices, etc., etc.

« Les petits cavaliers, je l'ai remarqué, restent graves, le plus souvent occupés qu'ils sont à tendre l'épée. Mais les enfants rient à l'entour ; et ils rient plus fort quand le distributeur presse son débit, cogne une petite poupée à la pointe de Mlle Henriette, ou, glissant bruyamment sur l'estrade, prie ces demoiselles de ne pas lui faire tourner le sang en eau de javelle. Ce comique, fait de mots dérangés, d'assonances, d'appellations au hasard, de coq-à-l'âne, est celui qu'entendent les enfants ; encore faut-il le mouvement du débit pour les mettre en train, et les grandes personnes s'égayent peut-être le plus franchement à ces sottises (1). »

Je crois, en effet, que les enfants doivent goûter moins que certains adultes la plupart de ces plaisanteries. Pourtant ils les applaudissent, et souvent ils les répètent en riant. Mais c'est, à mon avis, le comique d'action qui les accentue, qui doit surtout les faire rire : celui-ci est à la portée de tout le monde. Quand Molière l'avait trouvé, il tenait pour assuré le succès de sa comédie ; c'est pourquoi il aimait à lire ses pièces (pas toutes sans doute) devant les gens du peuple et les enfants ; leur rire et leur plaisir lui certifiaient les heureuses trouvailles de son génie.

Le comique applaudi par les enfants l'est, en général, par contagion et de confiance. Ils ne riraient pas toujours si vite, s'ils avaient compris. Ils rient souvent même où il ne faut pas. Aussi bien, le comique qu'ils peuvent trouver, pour leur propre compte, est de beaucoup supérieur à celui qu'ils pourraient comprendre au théâtre. Il me suf-

(1) Lucien Arréat, *le Journal d'un philosophe*, p. 81.

fira d'en citer un exemple. La petite Henriette, connue de mes lecteurs, travaille ferme chez elle, pendant l'intervalle des classes. Elle vient de déjeuner chez sa vieille amie Fanny. Sa mère lui ayant commandé quelque chose, elle riposte, avec un sourire mutin : « Plus que ça ! travailler aujourd'hui ! Je n'ai pas à gagner ma nourriture : j'ai déjeuné en ville. » Cette joyeuse Parisienne aurait-elle compris ces plaisanteries au théâtre ? J'en doute ; et, comme beaucoup d'adultes doivent se trouver dans le même cas, il est naturel que les auteurs ou les acteurs forcent toujours un peu le trait, le caractère ou la situation comique. Une excellente pièce n'est jamais une copie de la réalité.

IV

Nous venons de voir comment les enfants comprennent les pièces écrites pour les grandes personnes ; voyons comment ils les jouent.

On a abandonné, dans la plupart des maisons d'éducation, les représentations théâtrales, que la vieille université avait longtemps pratiquées, et que les jésuites avaient remises en honneur. Parmi leurs nombreux inconvénients, elles avaient pourtant quelques bons résultats. « Ce que les jésuites, dit M. Compayré, cherchaient dans leurs exercices dramatiques, ce n'étaient pas seulement une distraction et un appât pour les jeunes gens, c'étaient des leçons de tenue et de bonnes manières. « La tournure, dit « un père jésuite, est souvent la meilleure recommanda- « tion. » On peut se convaincre, en lisant certains chapitres du *Ratio docendi et discendi* du P. Jouvency, de l'importance que les pères attachaient à la science des convenances extérieures. Le professeur de rhétorique doit s'occuper des gestes, de la déclamation. Il faut qu'il appelle le maître de danse à collaborer avec lui. L'élève apprendra à tenir la tête, les pieds, les mains... En un mot, la préoccupation du décorum est grande chez les jésuites, et nous ne saurions les en blâmer absolument. Rien de plus équitable que cette étude souvent négligée du maintien, de la bonne tenue, à condition qu'elle ne tombe pas dans les minuties de l'affectation, et surtout qu'elle ne nuise pas à des études plus sérieuses (1). »

Si les représentations dramatiques pouvaient assurer de tels avantages, il n'aurait été que juste de les conserver. Mais elles avaient aussi « des inconvénients manifestes : perte de temps, excitation excessive au plaisir, encouragement prématuré donné au désir de plaire (2). »

Surtout mal dirigés, ces exercices scéniques entraînent à des exagérations singulières, différentes suivant les tempéraments, et qui passent fort vite des manières aux dispositions intérieures. J'ai connu des maisons d'éducation où l'on permettait aux jeunes gens de jouer des pièces sérieuses et gaies deux ou trois fois l'an. On perdait un temps précieux à des bagatelles qu'il était souvent difficile de rendre avec une vérité relative. Ceux qui ne pouvaient être désignés pour remplir un rôle, et un rôle marquant, étaient dévorés de jalousie, cela va sans dire. Les plus favorisés se grisaient de succès. Presque tous y perdaient l'air simple et naturel. Quelques-uns de ces comédiens en herbe en étaient venus à ne plus savoir marcher ni parler comme tout le monde. Ils incarnaient

(1) G. Compayré, *Hist. crit. des théor. de l'éduc., en France*, t. I, p. 176.
(2) Id., *ibid.*

leurs personnages pour plusieurs mois : les uns tragiques, fiers, compassés, aussi acteurs, aussi faux que possible dans leurs relations avec leurs camarades ; d'autres enfin, d'une gaieté et d'une bouffonnerie exagérées, inopportunes, ayant laissé leur sincère bonne humeur d'enfants pour une jovialité d'emprunt et de parade.

Les inconvénients sont encore plus grands pour la sensibilité des jeunes filles, naturellement plus vive, ou davantage affinée par l'éducation. J'en ai vu qui, pour avoir joué une seule fois, étaient déjà des coquettes, des précieuses ridicules, bonnes à croquer par de nouveaux Molières. On sait le lamentable succès d'*Andromaque* et même d'*Esther* à Saint-Cyr : les petites filles les jouèrent trop bien. Il doit en être de la plupart des petites actrices, comme il en est, en dépit du paradoxe si vrai pourtant de Diderot, des vraies grandes actrices : plus elles entrent dans leurs rôles, plus elles les sentent. La confession d'une de ces dernières, que M. Sarcey a reproduite, est bonne à méditer :

« A partir du jour où le rôle m'est confié, nous vivons ensemble. Je pourrais même ajouter qu'il me possède et m'habite. Il me prend certainement plus que je ne me donne à lui. Aussi m'arrive-t-il souvent, et presque toujours inconsciemment, de prendre chez moi, comme partout ailleurs, le ton, la physionomie, l'allure que je veux lui donner. Impressionnée comme je le suis en pareil cas, je ne pourrais pas être gaie, quand je suis aux prises avec un *moi* terrible ou lamentable qui s'impose à mon esprit ; pas plus que mes humeurs noires ne résistent à un *moi* qui raille, rit et éclate à mes oreilles (1). »

(1) F. Sarcey, *Portraits de comédiennes;* c'est Mme Fargueil qui parle.

Ce n'est pas seulement dans les rôles tendres que les petites filles entreraient trop bien, c'est aussi dans les rôles gais. Mme G. Sand nous raconte avec une grâce infinie les comédies jouées au couvent par elle et ses camarades. C'était du Molière arrangé de souvenir, et accommodé au lieu et à la circonstance. Toute la communauté fut mise en belle humeur. « La gaieté se communiqua aux caractères les plus concentrés, aux dévotions les plus mélancoliques. » Pourtant cette « gaieté montait tous les jours d'un cran et les plus roides s'y laissaient entraîner ». Du fou rire on passait aux espiègleries les plus vives, et insensiblement jusqu'à l'idée d'une révolte pour rire (1).

V

Les inconvénients ne sont plus les mêmes quand, au lieu de pièces entières à jouer, on donne aux enfants, soit une scène bien choisie, soit des lambeaux de dialogue à déclamer et à mimer à tour de rôle. Ce sont alors de simples exercices de débit et d'interprétation littéraire, où le sentiment proprement dit a une part des plus restreintes. On n'incarne pas aisément un rôle que d'autres ont rendu ou vont rendre devant vous.

Dans un excellent pensionnat eurent lieu des jeux dramatiques tout aussi innocents. Ils ne donnaient prise ni à la coquetterie, ni à la jalousie, ni à la vaine gloire. Ils mettaient en activité tous les ressorts des énergies morales, à peu près abandonnées à leur propre direction : on n'y sentait point l'effort du maître qui enlève à l'enfant son naturel et l'esprit d'à-propos. Voici ce que la directrice m'a

(1) *Histoire de ma vie*, t. III, pp. 216-245.

raconté sur ces pantomimes librement exécutées par ses élèves.

« Il m'était parfois pénible et souvent impossible, les dimanches et les jeudis, de garder les jeunes filles constamment sages pendant les longues heures d'oisiveté. Je n'aimais point à les voir s'isoler pour converser à voix basse, loin des oreilles des surveillantes. A la fin celles-ci étaient à bout d'invention de jeux dont on se lassait bientôt. On épuisa vite le goût des charades, des proverbes, des énigmes ; pour passer le temps sans encombre, que faire ? Les élèves, sans secours aucun, nous tirèrent d'embarras. Je ne me mêlais que de loin aux jeux des pensionnaires, et me tenais avec ma sœur et d'autres maîtresses, dans un endroit du jardin peu éloigné du centre de leurs récréaions. Les enfants, à cette époque de l'année, ne montaient se coucher qu'à neuf heures, ou plus tard, s'il faisait par trop chaud.

« Un soir deux élèves vinrent nous prier de vouloir bien nous rendre à leur invitation, pour assister à un petit jeu qui allait bien les divertir. Nous nous rendîmes complaisamment à la place qu'elles nous avaient préparée avec toutes sortes de soins délicats : les tabourets des pieds n'avaient même pas été oubliés. Devant nous, à une certaine distance, étaient des bancs pour la moitié des pensionnaires. Quand nous fûmes installées, une grande élève vint nous prier de prêter une bienveillante attention à une représentation mimée d'un souvenir classique. Il fut expressément défendu à celles qui allaient être juges pour le moment et qui seraient actrices à leur tour, de dire qu'elles avaient deviné l'énigme avant d'en avoir vu l'entière exécution.

« On commença.

« Deux jeunes filles, accommodées en servantes, faisaient semblant de dormir profondément, à poings fermés... Au bout d'un moment, un coq chanta, et ce fut si naturellement, que le chant parti de la direction de nos volières me fit croire à un de mes poulets mis en éveil. Alors arriva une vieille, toute grimaçante, et mal vêtue, qui se mit en devoir de réveiller, en les secouant d'importance, les deux filles qui dormaient si bien. Aussitôt debout, elles se mirent au travail, et la vieille ne leur ménagea pas la besogne. Elles filaient au rouet, qu'elles simulaient parfaitement; quand la lassitude les gagnait, et qu'elles faisaient mine de vouloir se reposer, soudain la vieille les menaçait de sa canne, et, de la physionomie et de la main, leur faisait des remontrances sévères. La canne surtout était éloquente et avait le don de les activer au travail. Après cette besogne coupée par un léger repas effectué sans quitter les rouets, nouveau somme. Puis nouveau chant du coq. J'avais compris. La vieille accourt avec la même précipitation que la première fois; je vis les deux dormeuses faire un poing de menace vers les volières. Quelques instants après, les filles s'étaient éloignées, et l'on entendit comme les cris et les plaintes d'un poulet qui se débat et que l'on égorge. Tout le monde s'écria : « Délicieux! Charmant! » Toutes avaient deviné. Je ne peux pas dire avec quel sentiment exquis de tout ce qu'a dit La Fontaine, sa fable de la *Vieille et les deux servantes* avait été rendue.

« Nous félicitâmes de bon cœur les deux servantes pour leur réveil si bien exprimé, et pour la scène du travail où elles s'étaient montrées si gentiment mutines et révoltées. Et la vieille, avec son jupon détestable, sa coiffe antique faite des feuilles d'un grand cahier, elle avait supérieurement joué une femme avare, irritable, qui ne peut laisser les gens oisifs une minute, et court comme un lutin dans toute la demeure. « Le coq ! le coq ! » demanda-t-on de toutes parts. Ces jeunes filles, dont la plupart n'avaient jamais été à aucun théâtre, voulaient voir tous les acteurs pour les complimenter, comme cela se pratique sur les grandes scènes. Le coq était une Lucie, vrai démon, je m'en souviens encore, qui certainement avait dû faire un long apprentissage de la langue des gallinacés, car vous auriez juré avoir affaire à un véritable coq.

« Cette savante troupe, dont quelques membres seulement avaient payé de leur personne, s'assit pendant que l'autre allait préparer la représentation qu'elle avait déjà choisie. La seconde pantomime fut aussi bien exécutée que la première. C'est surtout à mon jugement et à celui de ma sœur que les comédiennes tenaient. Quand elles sentaient que nous avions deviné, elles étaient heureuses, parce qu'elles étaient sûres d'avoir bien exprimé leur sujet.

« Jamais je n'oublierai cette charmante récréation que le plus beau clair de lune rendait encore plus féerique. Depuis, tous les soirs qu'il fit beau, et même aux récréations du jour, pour montrer ces jolis jeux aux externes, ce fut le passe-temps de nos pensionnaires. Elles ne s'en lassèrent pas jusqu'à leur départ de vacances. Il y avait des comédiennes d'un si grand mérite, que chaque troupe aurait voulu les posséder. On leur faisait des avances, on se les arrachait, pour ainsi dire. Mais les surveillantes firent si bien qu'on n'eut à regretter aucun désordre. Notre présence à ces énigmes flattait les comédiennes, et leur donnait du stimulant en même temps que de la retenue.

« Ces énigmes furent toujours si bien rendues que, sauf deux ou trois, nous pûmes, ma sœur et moi, et aussi les élèves, en trouver le mot, malgré la rapidité des mouvements, des gestes et des signes du visage. Si parfois, et ce fut rare, il y eut confusion, j'intervenais à la fin et je conseillais une meilleure interprétation.

« Loin d'en souffrir, le travail de la classe s'en ressentit pour le mieux. Les aspirantes au brevet y gagnèrent de graver dans leur souvenir des faits d'histoire qui leur étaient passés comme inaperçus ; des élèves qui jusqu'alors avaient été de véritables bibliophobes se prirent d'un goût passionné pour leurs livres classiques. Elles les connurent à fond, du commencement à la fin, à force d'y chercher des sujets à pantomimes. Tout y passa : l'histoire sainte, l'histoire ancienne, l'histoire romaine, l'histoire de France n'eurent plus de secrets pour ces enfants. Les plus aimables créations de la mythologie, les fables de La Fontaine, nous montrèrent ce que l'enfant bien dirigé peut en saisir. Peut-être est-ce ma sœur qui, de loin, prépara cette charmante éclosion d'études littéraires, en dressant les toutes petites élèves à dialoguer le *Loup et l'Agneau*. On ne saurait croire ce que ces jeux ont remué d'idées et de souvenirs durant ces deux derniers mois d'année scolaire.

« L'histoire donnait matière à des représentations aussi faciles à réussir que les fables. Je me rappelle encore avec quelle saisissante vérité on rendit la Démence de Charles VI, d'après le récit de M. de Barante. La chevauchée dans la forêt du Mans, à l'aide de perches cachées par les tabliers noirs de classe, nous fit, malgré tout, rire à nous tordre. Orphée et Eurydice fut aussi quelque chose de bien gentil.

« Rien ne trouva au dépourvu l'esprit inventif de ces enfants. Quelques-unes, que j'avais fort mal jugées en classe, m'étonnèrent là plus d'une fois. « Je serai donc « plus sévère, leur disais-je, puisque vous n'êtes que pares- « seuses ; je me ferai plus exigeante. » Elles riaient de se montrer à moi sous un meilleur aspect : c'est ennuyeux de passer pour stupide, quand on manque seulement de courage.

« Ma sœur ne peut se rappeler sans rire le Cerbère imaginé par ces enfants, et qui aboyait de trois gueules réelles, car on avait enfermé dans un seul tablier à manches trois enfants accroupies, en ne laissant sortir que les têtes. C'était réjouissant de les voir, et de les entendre gronder ou hurler. Les autres riaient à se rendre malades.

« Les costumes ne coûtaient pas gros : le tablier de classe, le plus propre et le plus neuf, fut tour à tour manteau royal, pourpre romaine avec un peu de bonne volonté de notre part, draperie de Jupiter olympien, robe de magistrat, peau d'âne même. Elles faisaient une espèce de tête d'âne avec de la paille : une élève, courbée comme à quatre pattes, était cachée sous le tablier, qui recouvrait aussi la tête de paille ; l'élève la tenait en serrant le tablier pour conserver sa forme à la tête ; deux oreilles se dressaient roides au haut de la tête : c'étaient les deux manches du tablier enveloppant deux grandes règles mues par des ficelles. Cette figure agitée de temps à autre égayait toujours l'assistance.

« Les petites ne pouvaient guère remplir les grands rôles : leurs études, peu importantes encore, ne s'y prêtaient pas. Mais elles s'offraient complaisamment pour faire nombre, quand il fallait du peuple, des soldats, des pages, du bétail, des chevaux, des animaux divers. Elles ne furent pas déshonorées d'être pourceaux dans l'Enfant prodigue, renards dans les Prouesses de Samson ; vaches maigres et vaches grasses dans les Songes du Pharaon d'Égypte. Elles n'étaient pas plus fières d'être officiers royaux, suivantes de princesses. Une même se prêta à être rôtie, devant une sorte de feu, rôti qu'on tournait et retournait et arrosait avec sollicitude, et qui devait être servi à un repas homérique.

« Quelquefois les deux troupes devaient se joindre pour n'en former qu'une seule, quand un nombreux cortège était nécessaire. Souvent aussi, les deux troupes fonctionnaient dans une même représentation, quand il s'agissait de batailles. Seulement, on entendait du bruit et quelque tumulte pendant les préparatifs. Les sous-maîtresses, qui n'étaient là que pour réprimer les écarts, nous disaient que, dans ces cas-là, il y avait toujours discussion; personne ne voulait être du parti de la défaite et de la honte. On laissait au hasard le soin de clore le débat, et, moitié riant, moitié rechignant, on entrait en scène. Mais, au moment d'en venir aux mains, ces jeunes démons y allaient aussi vivement que des gamins. Souvent même, et malgré l'histoire, la victoire ne fut pas du côté où elle devait être: l'aile récalcitrante ne voulait pas être prisonnière, et elle couchait par terre celle qui, par le sort, devait avoir la victoire. On avait triché, ce n'était pas bien; mais on avait ri, et l'on ne pouvait pas décemment recommencer la bataille.

« Voyant l'acharnement avec lequel on dévorait les livres d'étude pour y trouver matière à comédies, je vis le parti que je pourrais tirer de l'action chez l'enfant. J'utilisai ce genre d'amusement pour les chemins de fer, leçon toujours aride et rebutante. Chefs de gare, buffets, les quarts d'heure accordés aux touristes pour admirer certaines particularités, les employés fermant les portières avec leur: « Les voyageurs en voiture, s'il vous plaît! » rien n'y manquait. Pas même la chaudière, qu'une élève en tête d'une longue file, simulait en levant son sarrau noir au-dessus de sa tête; comme elles couraient, le vent s'engouffrait dans le tablier et faisait un grand ballon qu'elles appelaient la *chaudière*. Un employé disait toutes les stations du parcours avec les principaux embranchements ; elles répétaient les noms en courant. Toutes, grandes et petites, gagnèrent beaucoup à ce jeu. Pas une élève des premières divisions ne se trouva jamais embarrassée pour faire les voies ferrées au tableau noir devant ses compagnes. Ses cartes lui avaient donné les principaux points de repère pour les villes importantes, et il lui était facile de placer les noms qu'elle possédait si bien et qu'elle avait appris en se jouant. »

Voilà des exercices que des garçons n'auraient peut-être pas imaginés ni goûtés ; mais ils auraient pu en trouver d'analogues, avec les différences voulues. Remarquons, d'ailleurs, que les petites âgées de sept à dix ans n'y jouaient qu'un rôle très effacé, fort actif cependant à certains moments : elles faisaient peuple, cour, armée. Elles avaient, d'ailleurs, tous les jours, et non moins intéressantes, leurs petites représentations dramatiques dans leurs classes : c'étaient les simples et savantes imitations de la méthode appelée phonomimique.

Ces attrayants accompagnements de l'exercice de lecture ont une valeur propre, grâce à l'étroit rapport des sons et des gestes avec les sentiments qu'ils traduisent. Ils étaient continués pour eux-mêmes, dans notre institution, longtemps après que les fillettes avaient appris à lire. On mimait tout ce qui raisonnablement pouvait l'être, en particulier les fables de La Fontaine et de Florian. C'était plaisir de voir ces gracieux petits corps reproduire tout à la fois les voix et les cris des animaux, les bruits des choses, et, par leurs mouvements appropriés, les aspects et les successions de certains phénomènes habituels, et surtout les sentiments les plus généraux de l'homme. Elles exprimaient l'admiration par les mains ouvertes et élevées à la hauteur du visage; la colère, par la voix rugissante, les mouvements violents et le battement des pieds sur le sol; la crainte par les yeux grands ouverts, la respiration saccadée et le tremblement des membres, etc.

Tout cela était venu et s'était perfectionné par degrés. Les petites filles avaient commencé par imiter avec des gestes simples quelques situations concrètes, comme celles qui répondent à ces questions : « Comment fait l'enfant qui voit un bel oiseau? — Comment fait la petite fille qui voit un méchant chien? — Que fait le chasseur quand il prend l'oiseau? Quand il est furieux contre son chien? etc. » Pas une élève qui, à l'âge de six ans, ne pût satisfaire aux mêmes questions posée d'une manière plus générale : « Comment exprimer l'admiration, la frayeur, la colère, en un mot, les principaux sentiments, ainsi qu'une foule de faits connus de tout le monde? » C'était là une fort intéressante application de la méthode Frœbel, ou, si l'on veut, de la méthode naturelle, de la méthode conforme à la loi d'évolution.

Que d'avantages à retirer, en plus de l'agrément quotidien, de pareils exercices, régulièrement continués, et perfectionnés dans les années suivantes!

En premier lieu, c'est un art bien rare, et qui serait très précieux, que celui de savoir exactement représenter avec le geste les principaux aspects des choses et les principaux sentiments de notre espèce. « Écrire et parler, dit quelque part Vauvenargues, il n'y a que ces deux moyens d'influence. » Tout le monde aujourd'hui apprend à écrire, et l'apprendra toujours de mieux en mieux; il serait non moins utile, et beaucoup plus facile à tout le monde d'apprendre à figurer les choses dont on parle et à peindre les émotions dont on est animé. Cette connaissance entraînerait l'aisance et la grâce des manières, cette précision, cette sobriété, ce bon goût dans les gestes, qui manquent à tant de personnes instruites, bonnes et même polies.

Cette pratique intelligente de *l'action oratoire*, ainsi mise à la portée de tous, ferait qu'on s'observerait et qu'on observerait mieux autrui. On s'observerait soi-même, pour se dominer, pour adoucir l'expression de certains sentiments, et compléter celle de certains autres. Cette attention portée, même sans y penser, sur les manifestations de sa propre sensibilité, tournerait d'autant moins à l'ostentation et à l'hypocrisie, qu'on sentirait autour de soi plus de gens habitués à en faire autant. Et qui sait si la tendance trop encouragée chez les enfants à se moquer et à contrefaire par malveillance, ne trouverait pas un puissant dérivatif dans ce maniement systématique et esthétique de toutes les facultés d'expression ?

CHAPITRE VIII

La lecture

I

Lire un livre, c'est l'interpréter avec notre propre jugement, l'accommoder à notre expérience personnelle, en imaginer les personnages, en suivre les déductions, en ressentir les émotions, selon les dispositions, soit permanentes, soit temporaires, de notre esprit et de notre sensibilité. L'objet que l'art nous donne à goûter n'est qu'un thème offert aux variations capricieuses de l'artiste qui est en chacun de nous. La beauté esthétique, comme la beauté naturelle, est aux trois quarts une illusion active de notre esprit; grâce à l'œuvre d'art, nous nous faisons une certaine hallucination de réalité. Lire, comprendre, sentir une œuvre gaie ou triste, sérieuse ou légère, scientifique ou littéraire, c'est créer à nouveau, sur des indications précises, mais d'une façon personnelle, des types et des objets d'une certaine espèce. « C'est ainsi qu'une bonne mère, dominée par la force même de son affection, verra dans son enfant une beauté qu'elle aura construite elle-même, et qui n'existera pas pour les autres (1). »

(1) James Sully, *les Illusions des sens et de l'esprit*, p. 152-155.

II

Il doit exister, en général, une certaine relation entre le goût de la lecture et la manière dont l'enfant apprend à lire. Les deux choses, dans l'éducation, devraient se suivre naturellement : à quoi bon savoir lire, si on n'aime pas à lire, si on ne lit qu'en être machinal, et au hasard, ce qui se présente? Il ne me paraît donc pas inutile d'examiner comment on s'y prenait autrefois, et comment on s'y prend aujourd'hui, dans nos familles et dans nos écoles, pour inspirer aux enfants le goût de la lecture.

Quand un de mes cousins sut lire, son maître lui mit entre les mains les *Aventures de Télémaque*. Un jour, il avait si bien lu, qu'on lui donna dix lignes à étudier dans ce livre. Il s'évertue à apprendre sans rien comprendre, et s'arrêtant n'importe où : « Calypso ne pouvait se consoler du départ d'Ulysse dans sa douleur... » Il répétait cela jusqu'à épuisement. Sa grand'mère et sa tante se donnèrent beaucoup de mal pour lui simplifier cette besogne ardue. Un oncle étant venu faire sa visite habituelle, le petit dit à sa tante : « Dis-lui de s'en aller ; il crie si haut que je mêle ses paroles à ma leçon. » Il se tenait la tête, comme s'il elle allait éclater. L'oncle s'esquive, et l'enfant se lamente d'avoir à apprendre quelque chose d'aussi terrible, quand il aurait été si heureux de sauter sur les genoux du gai camarade qui s'en allait! « Maintenant ce sera toujours comme cela! » pensait-il. Et il avait un violent chagrin.

Il faut avouer que le *Télémaque* est une pâture bien substantielle pour un enfant de cinq ans et demi. Dans cette institution, comme on n'en rencontre plus sans doute aujourd'hui, tout se bornait à remplir la tête des écoliers de mots qu'on ne leur expliquait jamais. Il s'y débitait un choix de poésies de Florian, qu'on serinait aux enfants : dans un dialogue du lierre au thym, mon cousin crut longtemps que le *lierrotin* était un oiseau.

La petite Marie, élève à la même époque, s'était rendue un jour en classe de trop bonne heure. La maîtresse la laissa seule à la cuisine pendant quelques minutes. Le chat de la maison vint flairer une friture, et ne resta pas longtemps à la regarder sans la toucher. Ce fut un beau tapage, quand la dame rentra. L'enfant fut houspillée autant que si elle avait elle-même accompli ce larcin. Pour la punir, on lui donna à apprendre (elle n'aurait pas autre chose à faire de la journée !) des vers indigestes, auxquels elle ne comprenait rien. De temps en temps elle venait présenter son livre : mais la peur et l'ignorance l'empêchaient de retenir tous ces mots; on la renvoyait sans pitié à son banc. Malgré le mortel ennui de ces longues heures d'étude, un petit rayon de gaieté traversait par moments son esprit, et elle se sentait comme réconfortée par cette pensée, que le chat avait dû éprouver un grand plaisir en dévorant le déjeuner de sa maîtresse. Mais tout aussitôt une autre réflexion venait assombrir son front : il devait pourtant se trouver bien malheureux d'être le chat d'une dame aussi peu gentille pour les enfants !

Depuis, Marie regarda tous ses maîtres avec terreur ; elle n'en aima jamais aucun ; d'ailleurs tous ceux qu'elle eut étaient des pédants absurdes, dont le nom signifiait larmes, écriteaux humiliants, baisers à terre, longues stations contre les murs, debout ou à genoux, leçons apprises par punition, etc. En dépit de ces durs commencements, les livres ne furent pas des ennemis pour Marie, grâce à l'exemple de sa mère, qui aimait passionnément la lecture.

La famille ne savait pas mieux que l'école faire naître et entretenir le goût de la lecture. On lisait, au hasard, quand on était curieux, ce qui tombait sous la main. Or, si le hasard produit d'heureuses rencontres, le cas est toujours bien rare. Ainsi, Vallès, un jour de retenue à l'étude, découvre dans le pupitre d'un de ses camarades un livre dont il fit ses délices : *Robinson Crusoé* ! Il eut par la même voie quelques autres livres, tous lus avec transport : les *Contes du chanoine Schmidt*, les *Aventures du Robinson suisse*, et la *Vie de Cartouche*, avec des gravures ! Pour un révolté de naissance, le mélange n'était pas des plus sûrs.

D'autres fois, l'entourage venait à propos inspirer ou diriger les lectures de l'enfant. Jeanne avait donné beaucoup de peine à ceux qui avaient entrepris de lui apprendre à lire ; enfin, on ne sait qui s'en mêla, mais on la vit un jour lire dans un livre, tout bas, pour elle. Bien que passionnée pour les récits de sa sœur Hélène, elle s'était, par fausse pudeur, obstinée à ne pas recevoir ses leçons de lecture. Mais elle avait une affection sans bornes pour une amie de sa sœur, qui comprenait sa timidité. Elle dut sans doute hâter elle-même en secret ses progrès en lecture, pour lire les livres de cette amie.

Le plus grand plaisir que celle-ci pût lui faire, c'était de lui dire : « Viens, je vais te montrer mes livres et t'en prêter. » Sans se le faire répéter, on courait aux livres qui se trouvaient entassés dans une vieille armoire ; la petite en choisissait quelques-uns, et en emportait autant que sa robe pouvait en tenir. Avec quel bonheur elle arrivait chez elle, chargée de ce précieux fardeau ! « N'est-ce pas qu'il y en a beaucoup ? disait-elle à sa sœur ; après ceux-là, on m'en prêtera d'autres ! » Aussitôt elle allait s'asseoir dans un coin bien solitaire, mais sur le parquet, s'y trouvant mieux que sur une chaise. Elle lisait tout le jour, jusqu'à ce que sa provision fût épuisée. Le soir, elle se couchait heureuse, ne sentant pas sa fatigue; elle faisait de beaux rêves, la nuit, et se réveillait joyeuse comme un oiseau, voyageant déjà en esprit dans un monde enchanté. Ces livres le plus souvent étaient vieux, à couvertures sales et déchirées; mais ils contenaient d'admirables histoires!

Quand la bibliothèque de cette amie fut épuisée, on s'attaqua aux livres du papa: morceaux parfois bien durs pour des dents de jeune souris; on y comprenait ce que l'on pouvait. Homère, Virgile, Horace, quelques autres traductions d'auteurs grecs et latins y passèrent. Deux volumes de Buffon furent plusieurs fois relus. Les *Amours de Théagène et Chariclée*, après les *Contes du chanoine Schmidt*, furent pour Jeanne sans intérêt. Elle jouissait mal de la lecture des romans; son âme droite et sincère lui faisait un crime de tenir dans ses mains ces livres, qu'on lui avait présentés comme dangereux. Mais elle dévora sans remords une vingtaine de volumes de Voltaire, histoire, poèmes, essais divers, et les trouva d'autant plus à son goût qu'on ne lui défendait pas de les lire.

Ce libre esprit était toujours revêche devant des leçons ou des travaux assujétissants. Elle avait caché une petite *Histoire de France*, d'ailleurs fort sommaire et fort sèche, dans la vieille paillasse d'un lit qui ne servait pas: le livre n'existant plus, il n'y aurait plus à l'étudier, pensait-elle. La ruse ne servit pas à grand'chose, car le soir même on courut acheter un livre semblable. Bien plus tard, dans un déménagement, la pauvre *Histoire de France* revint à la lumière, et tout le monde rit de ce tour si mal joué!

Ces méchants débuts n'ont pas trop nui à Jeanne. Les semences que ses lectures variées ont déposées dans son esprit y produisirent plus tard une moisson luxuriante. Mais, soit défaut originel, et assez commun chez la femme même instruite, soit défaut d'éducation, cette liseuse infatigable, ne s'étant pas habituée à l'esprit de suite et de critique, aime trop exclusivement ce qui l'intéresse au point de vue des sentiments, et néglige ce qui est raison et jugements abstraits.

Voilà ce qu'était autrefois la lecture pour les enfants les mieux partagés. Elle était abandonnée au hasard, au caprice, à l'imitation d'exemples plus ou moins heureux. Les choses se font-elles mieux maintenant? La famille livre davantage l'enfant aux influences de l'école; l'école est mieux dirigée, les méthodes améliorées; et pourtant!

On obtient tout aujourd'hui par l'attrait, on demande tout à l'émulation née du plaisir. « Un enfant refuse d'apprendre à lire; il est incapable de tenir son esprit fixé sur des lettres sans attrait pour lui; mais il contemple avec avidité les images contenues dans un livre. « Que représentent ces images? » Le père répond : « Quand tu sauras « lire, le livre te l'apprendra. » Après plusieurs colloques de ce genre, l'enfant se résigne, se met d'abord mollement à la tâche, puis s'habitue et finalement montre une ardeur qui a besoin d'être modérée. Voilà un cas de genèse de l'attention volontaire. Il a fallu greffer sur un désir naturel et direct un désir artificiel et indirect. La lecture est une opération qui n'a pas d'attrait immédiat, mais elle a un attrait comme moyen, un attrait d'emprunt; cela suffit : l'enfant est pris comme dans un rouage, le premier pas est fait (1). »

(1) Th. Ribot, *Revue phil.*, nov. 1887.

Nous avons aussi à l'école les leçons de choses, les images, les chants, les évolutions rythmiques, toutes les attractions de l'enseignement maternel. C'est un jeu que d'apprendre à lire. Ce sont des jeux que les charmants petits récits, en prose ou en vers, de Mme Pape-Carpantier, de M. Pécaut, et de leurs émules, dont on récrée le bambin qui vient d'apprendre à lire. Dès l'âge de cinq ou six ans, le voilà maître de toute une encyclopédie de livres bien faits, curieusement illustrés, dorés sur tranche et sur couverture. Mais l'enfant les lit-il? Comment les lit-il? Nos élèves des classes élémentaires de l'école ou du lycée n'étudient et ne lisent pas avec plus d'intelligence ou de goût que leurs aînés.

On éveille trop tôt et l'on satisfait mal, selon moi, le goût de la lecture. C'est une récréation au repos, qui ne devrait jamais empiéter sur les autres récréations de l'esprit et des organes. Pourquoi tant se presser de clouer l'enfant dans l'immobilité de l'attention? Qu'y gagne-t-on pour l'instruction ou l'éducation? La plupart des jeunes filles, grâce à leur vie plus sédentaire, sont beaucoup plus liseuses que les garçons; mais à quels livres se plaisent-elles?

Dans une même famille, à intelligence égale, on voit de très grandes différences quant au goût de la lecture. Mon frère et mes sœurs furent des lecteurs plus précoces et plus passionnés que moi; je ne me suis mis à lire que vers l'âge de treize ans, et même à cette époque, je relisais plus souvent des livres qui m'avaient enflammé que je n'étais en quête de livres nouveaux. Du grand appétit de lecture chez un enfant, on ne peut rien conclure pour le présent ni rien augurer pour l'avenir, pour les dispositions intellectuelles, morales ou esthétiques. La manie de la lecture n'est souvent, chez l'homme comme chez la femme, qu'un indice de curiosité futile ou de paresse d'esprit.

On s'applaudit, quand on a donné à l'enfant un livre craquant neuf, rempli de belles images qu'il dévore, où il plonge avec délices son visage pour en aspirer la bonne odeur. Après, des livres jolis, encore des livres jolis. Comment voulez-vous qu'il goûte ensuite un livre simplement propret, dont le texte seul est intéressant? Et puis trop de livres : cette lecture de luxe, rapide et superficielle, ne peut que blaser un jeune esprit. Adieu la bonne et franche curiosité, toujours en éveil, qui s'attache à son objet, s'en imprègne avec passion, y revient à son heure, et, relisant avec plus de calme, s'arrête un moment pour réfléchir, et se pose une question ou la pose à d'autres! Maintenant beaucoup d'enfants regardent à satiété les images de leurs livres; bien peu les relisent.

III

La lecture des œuvres d'imagination a un retentissement considérable sur les énergies sensibles et actives de l'enfant. Prochain ou éloigné, l'effet en est presque toujours certain. Qui nous dira tous les collaborateurs occultes qui ont opéré, dès l'origine, l'intime et profonde solidarité de l'être moral (1)?

Lire une œuvre d'imagination, ce n'est pas seulement se complaire dans certaines situations idéales, c'est aussi en quelque façon s'y transporter soi-même; c'est entrer plus ou moins dans le rôle des personnages; c'est craindre, espérer, aimer et haïr à leur place; c'est, en un mot, vivre,

(1) Tout éducateur doit avoir lu et relu ce que M. Marion en dit aux chap. II et IV de la *Solidarité morale*.

ou penser vivre de la vie qu'on leur prête. Aussi y a-t-il des personnes qui ont besoin de lire à haute voix, avec les intonations et les gestes imaginés dans les héros qu'elle se rendent ainsi plus réels, plus vivants.

Cette identification du lecteur avec les personnages du roman ou du poème est si vivement ressentie par les enfants passionnés, que le son de leur propre voix, quand ils lisent pour d'autres, leur communique un trouble étrange.

Voici de ce fait deux exemples curieux :

« Quelquefois, dit Mme Roland, je lisais haut, à la demande de ma mère ; ce que je n'aimais pas ; cela me sortait du recueillement qui faisait mes délices et m'obligeait à ne pas aller si vite ; mais j'aurais plutôt avalé ma langue que de lire ainsi l'épisode de l'île de Calypso, et nombre de passages du Tasse. Ma respiration s'élevait, je sentais un feu subit couvrir mon visage, et ma voix altérée eût trahi mes agitations. J'étais Eucharis pour Télémaque, et Herminie pour Tancrède ; cependant, toute transformée en elles, je ne songeais pas encore à être moi-même quelque chose pour personne ; je ne faisais point de retour sur moi, je ne cherchais rien autour de moi ; j'étais elles et je ne voyais que les objets qui existaient pour elles ; c'était un rêve sans réveil (1). » Quelle tendresse et quel feu ! Et quelle pureté virginale !

Berlioz se peint dans une circonstance analogue, brûlant des mêmes feux, et animé de la même émotion pudique, plus profonde peut-être, car il avait déjà connu la passion de l'amour. « Combien de fois, expliquant devant mon père le quatrième livre de l'*Enéide*, n'ai-je pas senti ma

(1) *Mémoires particuliers*, Partie I.

poitrine se gonfler, ma voix s'altérer et se briser ! Un jour, déjà troublé dès le début de ma traduction orale par le vers : *At regina gravi jamdudum saucia curâ*, j'arrivai tant bien que mal à la péripétie du drame ; mais lorsque je fus à la scène où Didon expire sur son bûcher..., les lèvres me tremblèrent, les paroles en sortaient à peine et inintelligibles... Enfin, à cette image sublime de Didon qui « cherche aux cieux la lumière et gémit en la retrouvant », je fus pris d'un frisson nerveux, et, dans l'impossibilité de continuer, je m'arrêtai court (1). »

De tels effets ne doivent guère se produire, même chez les âmes ardentes et tendres, que lorsque l'éducation de famille les a prédisposées à la rêverie. Un tel état n'est pas impossible, mais il est très rare pour un élève de collège : les regards de ses camarades, leur rire prêt à éclater, auraient bientôt déconcerté la pudibonde muse. Par le caractère même de l'enseignement classique, l'esprit de l'enfant aurait été détourné de l'émotion pathétique au sentiment littéraire. Il est bon que nos émotions, comme nos admirations, aient le vol un peu, mais rien qu'un peu déprimé par le terre-à-terre de la critique.

Mais, ne l'oublions pas, la sensibilité, refoulée par les conditions du milieu, ou exaltée et comme perdue dans le rêve, c'est encore de l'action en réserve. Même chez les plus contemplatifs, l'action est prochaine ou possible. Qui de nous, au collège, n'a pas rêvé, sinon essayé de rééditer pour son compte les aventures de quelque Robinson ? Combien même, avant le collège ou le couvent, n'ont pas imité sans le savoir, dans leur ferveur religieuse, Bernardin de Saint-Pierre s'établissant ermite dans un

(1) *Mémoires*, t. I, p. 7.

joli coin de verdure, à deux pas de la maison paternelle !

Livres charmants, certes, ceux qui donnent à des bambins de sept ou huit ans le goût des lointains voyages, s'ils ne leur donnaient pas en même temps la pitoyable récréation des grandes chasses, des tueries sans pitié ! Livres délicieux que ces petites fictions enfantines, qui donnent à l'enfant la vision de l'indépendance primitive, le rêve du paradis sur la terre, quand leurs descriptions, quoique simples et saines, ne sont pas assaisonnées de ce romantisme littéraire qui fait parler aux sentiments le langage mystique des passions !

Certains enfants sont d'ailleurs plutôt portés par les suggestions de la lecture à l'action immédiate ; d'autres, aussi ardents, mais plus réfléchis, sont plutôt portés à des projets et à des rêves d'action. Chez les premiers l'action est vite ébauchée ou résolue, mais l'idée en passe et ne revient plus, ou du moins ne laisse-t-elle pas des germes appréciables de possibilité.

« Les livres que nous prenions à la bibliothèque du collège étaient des vies de Bayard, de Duguesclin, de Clisson ; les nobles traits qui étaient rapportés dans la vie de ces capitaines, avec les histoires des Croisades, nous faisaient rêver moyen âge ; nous étions tous des barons féodaux en herbe. Le touchant *Journal de Cléry* aidait d'autre façon à fausser notre sentiment. La guerre d'Orient, là-dessus, nous fit tous chauvins. » L'enfant passe, vers ce temps, du collège des jésuites au lycée. « Si l'on ne jouait pas au sire de Coucy, on singeait, à la vérité, le grognard et le sans-culotte. Je me rappelle, entre autres, un de nos camarades qui était véritablement frappé ; je le vois encore, le profil gras, les sourcils froncés, qui se promenait gravement sous les platanes, une main dans l'hiatus de sa redingote et l'autre derrière le dos, dans l'attitude de Napoléon à Sainte-Hélène; il dénombrait les régiments, les généraux, les batailles, et savait son *Mémorial* sur le bout du doigt ; il avait des flux de paroles, à l'instar de son grand homme, puis il restait une journée sans mot dire, comme Charles XII (1). »

Chez certains enfants, rêveurs de par la naissance ou par l'éducation, les livres même les plus stimulants à l'action favorisent plutôt, comme je l'ai dit, les dispositions à la rêverie et à la chimère. Les *Vies* de Plutarque, lues par Rousseau en même temps que des romans, ne lui ont jamais donné que des vapeurs d'héroïsme, tandis qu'elles en donnaient l'ivresse à Mme Roland fillette et à Vauvenargues adolescent. La première, si décidément faite pour agir, cherche de bonne heure à accorder sa conduite à ses sentiments. A l'âge de onze ans, mise en goût de mysticisme par la *Vie des Saints*, elle supplie sa mère de la mettre au couvent, où elle pensait rester toute sa vie. A peu près à la même époque, son père, qui croyait lui faire un cadeau très convenable pour elle, lui avait apporté les traités d'éducation de Locke et de Fénelon. Eh bien, la petite Manon en faisait son profit pour plus tard. Elle écrit à ce propos : « Je commençais à sentir que j'avais une destination qu'il me fallait mettre en état de remplir (2) ».

Tout au contraire, l'enfant qui devait être G. Sand, cette rêveuse par excellence, faisait de l'histoire elle-même un roman ou un conte de fées. Elle avait, d'ailleurs, les plus sérieuses raisons d'en agir ainsi : « Par l'absence de théorie morale, dit-elle, l'histoire ne satisfaisait pas l'appétit de logique qui commençait à s'éveiller en moi, mais elle prit à

(1) L. Arréat, *une Éducation intellectuelle*, p. 16.
(2) Id , *Ibid.*, partie I.

mes yeux un attrait différent : je la goûtai sous son aspect purement littéraire et romanesque. Les grands caractères, les belles actions, les étranges aventures, les détails poétiques, le détail, en un mot, me passionna, et je trouvai à raconter tout cela, à y donner une forme dans mes extraits, un plaisir indicible (1). »

Et si elle faisait ses délices des contes de fées, c'est qu'elle croyait trouver, dans ce monde faux et charmant, l'idéal de beauté, de justice et de bonté dont elle était déjà éprise. « Dans mes rêves d'enfant, ces personnages étaient le type de l'aménité, de la bienfaisance et de la beauté. J'aimais leur luxe et leurs parures, mais tout cela leur venait des fées, et ces rois-là n'avaient rien de commun avec les rois véritables. Ils sont traités d'abord fort cavalièrement par les génies, quand ils se conduisent mal, et à cet égard ils sont soumis à une justice plus sévère que celle des peuples (2). » Ce sont bien là ces bonnes petites fées chantées par Béranger, dont elle entrevoyait, à travers le voile des fictions naïves, le sourire bienfaisant et la baguette justicière. Elle va même jusqu'à supposer, et avec raison peut-être, que la lecture, faite à seize ans, d'un roman de Mme de Genlis, éveilla ses « premiers instincts socialistes et démocratiques (3). »

IV

Nous devons très peu compter sur le jugement de l'enfant pour le contrôle et la direction de ses propres lectures. L'esprit critique, il est vrai, ne lui fait pas absolument défaut. Mais il lui obéit si peu dans la pratique !

(1) *Histoire de ma vie*, t. III, p. 5.
(2 et 3) *Ibid.*, t. II, pp. 273-274.

Hélène se laissait souvent monter la tête par ses livres ; mais tous ne la satisfaisaient pas également. Quand une histoire ne marchait pas à son gré, elle la reprenait en sous-œuvre, la recommençant jusqu'à ce qu'elle allât selon ses idées. Son jour préféré, à l'école, était le jeudi, consacré au travail manuel. Pendant cet exercice, les lectures à haute voix et les histoires racontées par une aimable causeuse, tenaient le jeune monde en sagesse. On était, une fois, sous le coup d'une violente émotion, au sujet d'un voyageur perdu dans les profondeurs d'une forêt du nouveau monde : il courait un affreux danger, en lutte avec un terrible serpent. « Oh ! le pauvre ! Pauvre de lui ! » disait tout bas quelque petite méridionale. Mais il vint à Hélène une idée, et une réflexion semblable l'a souvent rassurée plus tard dans des circonstances aussi émouvantes. « Je suis bien bonne d'avoir de la peine pour lui : le serpent ne l'a pas mangé, puisque c'est lui-même qui raconte ce qui s'est passé. »

Ces petites protestations du jugement enfantin n'empêchent pas les jeunes lecteurs de s'intéresser aux fictions comme à des réalités. Tout ainsi que nous, le vrai de l'art, qui est la vraisemblance, ou simplement la description saisissante, les saisit au vif, et souvent même bien plus que ne le ferait le réel placé sous leurs yeux.

Hélène, à l'âge de douze ans, lut sans permission *Notre-Dame de Paris*, que son frère laissait errer sur sa table. Elle avait le soin, avant de mettre la main sur le livre, de bien regarder sa position pour le replacer au même endroit. C'était pendant le mois de septembre, quand le soleil fait tout miroiter dans l'espace, et que les frissons de l'air tiède remplissent l'être d'un vague indéfinissable et d'une lassitude point accablante. L'enfant, heureuse de vivre, courait à ce roman, passait tout ce qui a trait aux mœurs du moyen âge, dont elle ne se souciait guère, et trouvait à chaque instant des sensations et des pensées pour elle inconnues jusqu'alors. Elle aimait le beau Phébus au moins autant que le faisait la séduisante Esméralda. Le prêtre, Quasimodo, tous les personnages de l'attachant récit ont laissé dans son esprit des souvenirs ineffaçables. Bien des fois le marbre et le bronze lui ont mis des Esméraldas sous les yeux ; elle a détourné la tête : ce n'est point là l'Esméralda qu'elle a rêvée, et sans doute aussi celle qu'a rêvée le poète fut tout autre. Elle pleurerait encore volontiers en repensant à ce chapitre où la pauvre bohémienne parle du petit soulier conservé avec tant d'amour !

A dix-sept ans, Hélène, venue à Paris pour y terminer ses études, entendit, la veille de Pâques, une sourde rumeur qui ressemblait au bruit des vagues tourmentées par la tempête, se rapprochant, s'éloignant. On lui dit que c'était le bourdon de Notre-Dame annonçant aux fidèles la fête du lendemain. Elle demanda à s'aller coucher, prétextant une migraine, pour aller entendre, sans témoin importun, la grande voix mystérieuse qui lui rappelait une charmante période de sa vie et une lecture des plus troublantes. On eût été bien mal venu de lui dire que Quasimodo ne s'était jamais balancé aux cordes de cette cloche. Lui et tous les personnages de ce drame, si réellement présents à son esprit, ont existé pour elle. « Que de fêtes ce bourdon a sonnées depuis ; que de choses il raconte ! se disait-elle. Que de vivants l'ont entendu, qui sont maintenant couchés dans la tombe, loin du bruit et des agitations, loin des peines, mais aussi loin des joies de ce monde ! »

Ce n'est pas tant d'être ému, que de l'être agréablement, qui intéresse l'enfant à une action quelconque. Un petit garçon qui avait lu et relu autrefois les *Malheurs de Sophie*, toujours prêt à verser des larmes et à répandre des soupirs sur les infortunes de la petite étourdie, ne voulait plus en entendre parler à l'âge de neuf ans. « Je n'aime plus, disait-il, que les livres qui ne font pas toujours pleurer. Et puis, à la fin de l'histoire, il y a toujours quelqu'un de mort, qui n'est pas là pour partager la joie des autres. Cela me fait de la peine pour lui, et j'aimerais mieux autre chose ! »

Je me serais bien gardé de riposter à cette boutade de logique enfantine. Je tiens que les enfants ont bien raison d'aimer les dénouements heureux. C'est leur droit, c'est de leur âge, et il y a bien assez d'épines dans la vie, pour qu'on nous fasse, à certaines heures de loisir, nous oublier un moment sur un lit de fleurs ! J'ai lu, à ce propos, du philosophe naturaliste Darwin, une profession de foi qui peut faire sourire les romanciers, mais qui n'est pourtant pas celle du premier venu. « Les romans, disait-il, ceux même qui n'ont rien de remarquable, m'ont procuré pendant des années un prodigieux soulagement, un grand plaisir, et je bénis souvent tous les romanciers. Un grand nombre de romans m'ont été lus à haute voix ; je les aime tous, même s'ils ne sont bons qu'à demi, et surtout s'ils finissent bien. Une loi devrait les empêcher de mal finir. »

On comprend, me dira-t-on, qu'un savant dont le cerveau est incessamment tendu par le travail de recherche et de méditation soit par-dessus tout sensible à l'impression fraîche et reposante des œuvres d'imagination. A plus forte raison sera-ce le fait de l'enfant, qui a sa croissance physique et intellectuelle à faire, travail considérable, qui lui laisse peu de forces disponibles pour les pures récréations de l'esprit. N'allez pas lui changer son « divertissement » en « fatigue », et le surmener d'émotions intenses, et surtout pénibles.

Soit par l'effet d'un tempérament bien équilibré, ou de quelque bon exemple donné dans la famille ou à l'école, quelques enfants se font une manière de lire personnelle et de bon goût. Tel celui qui, à l'âge de sept ans, laissait de côté les livres peu amusants, trop sérieux pour son âge, se les réservant pour l'époque où il « pourrait mieux comprendre », parce qu'il « saurait plus de mots. » Cet enfant était aussi de ceux qui relisent les livres les ayant intéressés.

Quelques enfants font même, quand ils ont reçu un livre nouveau, un triage de lecture qui témoigne chez eux, car ils sont intelligents, autant de sens critique que de puérile impatience. Madeleine, âgée de onze ans, dès qu'elle est en possession d'un livre nouveau, jette un regard par-ci par-là, à la fin, au commencement, pour en avoir une idée. Elle lit ensuite par portions de dix ou quinze pages : elle revient sur ce qui l'a frappée ; elle y revient jusqu'à trois ou quatre fois. Elle dit alors qu'elle sait le livre par cœur ; elle le relit dans sa pensée, elle y songe, elle en parle. En voilà une (et j'en citerais vingt pour cent, et je citerais un nombre égal de garçons petits et grands), qui, du moins pour son plaisir, sait faire un choix dans ses lectures, et réfléchir en lisant, ou après avoir lu.

Le nombre est assurément bien petit des enfants des deux sexes, comme aussi des adultes, qui montrent la même ardeur et le même discernement dans la lecture de livres plutôt sérieux qu'amusants. Mais en voici la raison, applicable à l'enfant comme à l'homme : « Le goût des lectures sérieuses, des distractions saines ne vient pas tout seul ; il est le produit d'un certain degré d'instruction qui élève l'intelligence, parfois à son insu, et lui fait trouver sa récréation dans un ordre de jouissances supérieures (1). »

Ne jugeons donc pas d'après les apparences, comme certains écrivains d'ailleurs d'un esprit très fin et très délicat, mais qui imputent à la nature ce qui revient à l'éducation. Ils sont surtout sujets à rabaisser la femme et la jeune fille, appréciant la masse d'après un type ou un idéal préconçu. Ils nous la montrent insensible à la logique, amusée du détail, dédaignant le simple et le familier, incapable de réfléchir en lisant, de juger par elle-même. Leur roman est « celui qui ne fait pas penser ». Combien y a-t-il d'hommes qui lisent d'autres romans, ou qui les lisent sans passer les pages de description et de document? « Demandez à n'importe quelle jeune fille si elle connaît *Eliane* et le *Journal de Marguerite*, elle se piquera de répondre oui; elle ajoutera même que ce sont des livres « très jolis ». Très joli, c'est le terme abrégé qui désigne tous les mérites (2). » Je sais plus d'un enfant de dix à quatorze ans, intelligent, qui, de beaucoup de livres, même un peu sérieux, dira : « C'est intéressant » ou « c'est amusant, » indifféremment.

V

J'incline à croire avec M. A. Martin, que « la mauvaise littérature peut faire beaucoup plus de mal que la bonne ne peut faire de bien (3). » N'oublions pas, d'ailleurs, qu'une œuvre n'est pas toujours absolument mauvaise : elle peut

(1) Oct. Gérard, *Education et Instruction, enseignement primaire*, p. 328.
(2) P. Desjardins, *Revue bleue*, 12 nov. 1887.
(3) M. A. Martin, *L'Education du caractère*, p. 162.

ne l'être que pour certains tempéraments et surtout pour un certain âge.

Les romans passionnants et les recueils mystiques ont fait un mal incalculable. On les lit, quand on a douze ou treize ans, en scrutant chaque mot; on se plonge dans des méditations nuageuses où la peur, la curiosité, la fascination vous enfoncent de plus en plus. J'aurais tremblé pour Manon Phlipon, si, à l'âge de dix ans, au lieu de *Candide* où elle ne trouvait rien « contre les mœurs », elle avait eu à sa disposition la *Nouvelle Héloïse !*

Avec un roman ordinaire, s'il y a quelque passage scabreux, le petit enfant n'y a rien compris; un peu plus âgé, quand il est bien élevé, il est rare qu'il n'en soit pas dégoûté; s'il a la tentation de l'achever, c'est pour l'intrigue, et pour le dénouement surtout, sans s'y attacher outre mesure. Cette innocuité n'est d'ailleurs que relative, et je ne m'y fierai pas plus qu'à celle des peintures de la passion. En voulez-vous la raison psychologique, la raison péremptoire ? Un moraliste fin et délicat va nous la donner.

« Un instinct presque irrésistible ne nous pousse-t-il pas à regarder bientôt comme licite, pour peu qu'il nous tente, un acte dont il y a des exemples ? L'esprit s'apprivoise avec les pensées qui le choquaient d'abord. C'est ainsi que nous trouvons dans un entourage malsain et dans les mauvaises lectures, d'un côté des maximes commodes pour justifier tout ce que la passion pourrait nous suggérer de pire, de l'autre une excitation pour nos passions latentes... Cette influence des souvenirs et des habitudes mentales sur la conduite est plus frappante dans les phénomènes de perversion, parce que les passions inférieures, par elles-mêmes si dangereuses conseillères, nous mettent toujours en quête, pour ainsi dire, de prétextes à faillir et d'excuses pour nos fautes (1). »

Mais je suppose que les mères ne laissent pas égarer sur leurs étagères des livres notoirement dangereux, qu'elles ferment soigneusement à clef leurs bibliothèques, et surtout qu'elles ne se figurent pas pouvoir dormir sur les deux oreilles, parce qu'en permettant certains livres ou certaines revues à leurs enfants, elles auront indiqué par une croix les passages à franchir sans aucun arrêt. Tout danger sera-t-il écarté, pourra-t-on être assuré de quelque grand bien moral, avec les livres spécialement destinés à l'enfance, et que l'on fait maintenant si intéressants? D'abord, l'abus de ces peintures de passions ou d'actions idéales, rend l'enfant, surtout l'enfant très sensible, moins apte à s'accommoder aux réalités et aux obligations de la vie de chaque jour. Même sans faire école de morale, ce qui ferait perdre à l'enfant son temps sans profit, ces livres surexcitent trop sa sensibilité, ou l'habituent au besoin d'émotions superficielles, le préparent à être un futile lecteur de feuilletons. Et qu'est-ce donc alors que l'enfant est assez mal disposé par son caractère ou son éducation extérieure à ne chercher dans les livres les plus moraux que de méchants modèles? Le cas est assez fréquent.

Les maîtres et les parents qui pensent corriger les défauts au moyen de lectures morales n'obtiennent pas les résultats espérés. Si le caractère ou l'acte est offert à l'imitation de l'enfant, il le trouve ennuyeux et l'oublie vite. S'il est à ne pas imiter, la méthode est aussi mauvaise que l'était cette pratique des Spartiates enivrant de malheu-

(1) Henri Marion, *De la solidarité morale*, p. 126.

reux esclaves pour guérir de l'ivrognerie. Une petite fille, volontaire à l'excès, reçut parmi ses étrennes un livre que la mère avait été bien heureuse de rencontrer. On attendait merveille de cette lecture qui reproduisait, un peu exagérés, les défauts dominants de l'enfant. Celle-ci comprit la leçon et le motif qui avait fait acheter ce livre ; elle riait à se tordre des gamineries du héros, et ne trouva rien de mieux que de les servir de temps en temps à sa famille. La mère, ne sachant plus à quel saint se vouer, mit la petite en pension. Ce furent pour les maîtresses de l'institution bien peu de roses sans épines. La directrice, à bout de conseils et de menaces, lui donna un jour à copier plusieurs fois une histoire fort bien écrite qui avait pour titre l'*Écolière rebelle*. Comme le modèle revient à de bons sentiments et se corrige, elle pensait que la pensionnaire se prendrait d'un beau zèle pour en faire autant. Les bonnes résolutions de l'écolière du livre n'effleurèrent même pas l'âme de la copiste. Le soir et le lendemain, elle mit en œuvre tout ce qu'elle avait de mauvais dans le caractère pour bien imiter les actes et les discours dont elle avait fait son profit. Elle remplit le dortoir de cris : « J'étouffe ici, faisait-elle ; si l'on n'ouvre pas ces portes maudites, je les briserai. Tyrannie ! Tyrannie ! » Au réfectoire comme au dortoir, elle travaillait pour la galerie; elle rejeta la nourriture avec impertinence. Toute la journée, elle fut en révolte ouverte contre le règlement, ne voulant ni étudier, ni jouer, ni manger. Elle alla jusqu'à faire mine de se suicider avec son petit couteau. La maîtresse, qui avait sondé le terrain et ne pouvait guère espérer quelque chose de cet esprit gâté par une détestable éducation de famille, fut obligée d'en débarrasser sa maison.

Spencer consent que nous lisions l'histoire pour notre

amusement, sans nous flatter d'y trouver une instruction d'aucun genre. Il exagérait ainsi, après Jacotot, une demi-vérité, jusqu'au paradoxe (1). L'influence des exemples historiques, soit sur les actions de la vie privée, soit sur des actions se rapportant plus ou moins directement à la vie collective, a été bien surfaite; mais elle n'est pas impossible. Croyons-y surtout, non pas pour la conduite ordinaire de la vie, mais plutôt pour les cas difficiles et extraordinaires. Alors surgit, du moins chez les sujets les mieux doués, une inspiration lumineuse ou héroïque, sortie du plus profond de l'être humain, tels que l'on fait l'hérédité, l'éducation et le milieu social.

M. Gréard nous cite un exemple de cette sorte d'influence, qui peut valoir pour d'autres cas. « En 1870, alors qu'on discutait en plein vent les chances d'une sortie qui nous avait été fatale, je me souviens d'avoir entendu un apprenti de seize ans expliquer dans un groupe, en s'appuyant du souvenir du siège de Paris sous Henri IV, qu'une ville assiégée ne pouvait se délivrer qu'avec l'appui d'une armée de secours. On se moquait de son pédantisme. Avec un peu plus de savoir, on aurait applaudi à son bon sens (2).

Je suis loin aussi de nier la valeur de l'histoire comme leçon de patriotisme ou même comme leçon de morale. Mais il faut supposer alors que cette instruction, en vivants tableaux, s'emparera de l'imagination et du cœur de l'enfant, que les faits seront présentés avec une émotion tout à la fois sincère, expansive et discrète. Même encore, tout cela laissera peu de traces, s'il ne fait partie intégrante

(1) Voir mon *Etude sur Jacotot*, pages 128 et suivantes.
(2) Oct. Gréard, *Education et Instruction, enseignement primaire*, p. 328.

des idées et des sentiments dont a été tissée la conscience morale de l'enfant. Ou je me trompe fort, ou cette continuité et cette cohérence parfaite des principaux éléments de la conscience ne peut se trouver que dans la famille, et ailleurs que grâce à elle. Qu'on me permette, à ce propos, un retour sur mes souvenirs d'enfance. Ayant concouru vers l'âge de douze ans, pour une bourse de lycée, j'eus à répondre à cette question : « Auriez-vous aimé mieux être Thémistocle ou Aristide ? » Mon concurrent le mieux placé avec moi avait opté pour Thémistocle. J'optai pour Aristide, justifiant mon choix « sur ce que la justice doit être la souveraine du monde ». Cette réponse m'était dictée par le cœur plutôt que par l'esprit, et elle me vint tout naturellement des explications dont mon père et ma mère assaisonnaient nos lectures d'histoire.

Avec les réserves exprimées plus haut, et quelques autres que je pourrais faire encore, et à la condition que l'école ait la famille pour auxiliaire ou trouve le moyen de la remplacer, je serais d'avis que l'enfant lût un peu moins de romans et un peu plus d'histoire. « Pourquoi, dit Mme Michelet, uniquement des romans à cet âge ? Où en est la nécessité, et pourquoi établir un divorce absolu entre les livres de classe et les livres de récréation ? Ce serait une dure condamnation des livres qui servent à instruire, si en dehors des heures où l'élève est assis sur son banc d'écolier, il fallait soigneusement bannir tout ce qui lui rappellerait ses manuels. N'avons-nous pas éprouvé cent fois que tout ce qui se rattache à un travail intellectuel qui nous agrée, loin de nous répugner, est au contraire pour nous la source d'un plaisir nouveau (1) ?

(1) *Revue pédag.*, 15 décembre 1886.

V

Un de mes amis, publiciste fort connu, voulant contrôler et diriger les lectures de ses enfants, sans gêner en rien leur indépendanee, s'y prend de la manière suivante. Ce n'est pas comme un modèle pédagogique à suivre, que je le présente ici, mais simplement comme un exemple psychologique à méditer.

Disons tout d'abord qu'il m'a fait l'honneur de mettre en pratique une idée que j'ai depuis bien longtemps émise, dans les termes que voici : « L'écriture et même la lecture ne sont pas à proprement parler objets d'instruction. Ce ne sont que des moyens plus expéditifs d'intellection et de communication des idées. L'instruction proprement dite a pour véritable objet les faits et leurs liaisons, la connaissance des êtres et des objets, de leurs caractères essentiels, de leurs rapports entre eux et avec nous, et puis la connaissance de plus en plus développée de la nature humaine autour de nous et en nous-mêmes. Que de choses plus utiles à enseigner avant la lecture et l'écriture ! On arrive assez vite à lire et à écrire, par la méthode naturelle et même par toutes les méthodes, pour ne pas embarrasser la première instruction de ce fatigant exercice. Pour moi, je regarde comme des anomalies regrettables les prodiges d'enfants, comme j'en ai tant vu, qui savent lire presque avant de savoir parler. J'estime, avec l'abbé Sicard, que le temps de l'instruction vraiment *scolaire* n'est pas celui où l'enfant bégaie. « Il faudrait, dit-il, à ce premier âge, où « l'œil qui s'ouvre pour la première fois sur la nature lit « ordinairement si mal dans ce livre intéressant, apprendre « à un enfant à regarder, à observer, à comparer, à distin- « guer et à juger, à énoncer ses jugements, à mettre enfin

« de l'exactitude dans les propositions et de la correction « dans ses premières phrases (1). » Tout cela, c'est l'instruction des choses ou sur les choses, et un enfant peut la recevoir sans avoir besoin de savoir ni lire ni écrire (2). » Mon ami ne s'est donc pas trop appliqué à presser les progrès en lecture de ses enfants.

Il va de soi que leurs premiers exercices de lecture courante ont porté sur de petits récits très simples et très intéressants. Mais aucun livre de lecture n'a été donné aux enfants avant l'âge de six ans. Le premier livre fut un présent solennel, un présent de fête. L'enfant y était dès longtemps préparé, et il y aspirait ardemment. Dès l'âge de cinq ans, il assistait de temps à autre aux veillées de famille : on profitait des soirs où il était le plus dispos et le moins fatigué. Ces soirs-là, le père, la mère, et plus tard la sœur aînée, lisait quelque histoire à la portée du petit ; il en examinait à loisir les gravures ; il faisait des questions auxquelles on répondait avec précision ; on montrait le plus vif intérêt aux personnages qui l'avaient intéressé, et bientôt on l'emportait bercé et à moitié endormi dans son rêve. Il parlait souvent du moment où il pourrait, lui aussi, lire aux autres de jolies histoires. Quand il recevait son premier livre, il était tout à fait mis en goût de lecture. Quelle joie alors pour lui, et pour ses parents qui en avaient bien à l'avance discuté le choix !

Ce livre était pourtant bien modeste : un simple petit in-12, en percaline à peine gaufrée, dont tout le luxe se bornait à être doré sur tranche et à laisser voir le nom de l'enfant en caractères dorés aussi ! Ajoutez-y des gravures très peu nombreuses, mais simples d'invention et d'une

(1) *Leçons à l'École normale, l'an IV de la République.*
(2) Voir mon *Étude sur Jacotot*, p. 100.

exécution très nette, car le père, à tort ou à raison, est persuadé que l'imagerie excède et tue l'imagination enfantine.

L'enfant, par la suite, a reçu de la même manière deux ou trois livres par an. A dix ans, il en a reçu jusqu'à cinq. Chacun des jeunes membres de la famille, vers l'âge de douze ans, a ainsi une petite bibliothèque personnelle, du meilleur choix.

Il en a grand soin, car il a quelquefois le plaisir de s'en voir emprunter quelqu'un par ses sœurs, son frère ou ses parents, qui lui donnent par là le conseil indirect de les respecter et l'exemple direct de les relire.

Les lectures se font souvent en commun, chacun lisant à son tour quelques pages ou quelques chapitres. On ne garde jamais pour soi les livres lus à part. On aime à en rendre compte, à savoir l'avis des autres sur divers points. Ainsi les lectures des enfants sont toutes contrôlées, discutées, expliquées, indirectement réglées. Le mystère et la liberté d'esprit y perdent moins que la rêverie creuse et la sentimentalité équivoque. Et c'est tant de gagné aussi pour le bon sens critique et pratique, et pour la sensibilité vraie.

Les deux garçons de mon ami ne lui paraissent ni plus ni moins intelligents que leur sœur aînée : il n'a trouvé chez eux ni plus ni moins de goût pour les sujets sérieux. Nous verrons plus tard, l'adolescence venue, s'il y a quelque différence remarquable à noter. D'ailleurs, il n'est jamais accordé ni aux uns ni aux autres un assez long temps de lecture qui exigerait une attention soutenue. Le père a pourtant observé un petit manège de sa fille, qu'il n'a pas encore aperçu chez ses frères. Elle n'aime pas les phrases trop longues : si elle a à les lire tout haut, elle précipite sa lecture et paraît avoir hâte de venir à la fin. Quelquefois, avant de commencer un livre nouveau, elle le feuillette, regardant si les alinéas sont souvent coupés, si les pages ne sont pas trop garnies. Dans le premier cas, elle l'avoue, le livre lui paraît agréable à lire ; autrement, elle ne l'entame qu'avec la secrète intention de glisser sur les pages aux lignes serrées.

On peut voir là l'indice d'une aptitude médiocre à l'attention prolongée, mais tout aussi bien un avertissement secret de la raison qui proteste contre ce qui lui fait d'un plaisir un effort, une peine. En tout cas, si c'est là une qualité, elle est bien voisine d'un défaut. Nos feuilletonnistes, à vrai dire, ont favorisé jusqu'à l'abus cette tendance paresseuse de leurs lecteurs rapides ou superficiels : Dieu sait s'ils leur donnent à chaque page de l'air, du blanc, et même du vide ! Ils sont ainsi assurés d'être lus d'un bout de page à l'autre bout, jusqu'à la fin du volume. Quant à nos romanciers à prétentions plus hautes, célèbres par leur talent de décrire la nature et le cœur humain, ceux qui les achètent le plus, ceux qui font leur fortune, ne sont pas ceux qui lisent les descriptious et les analyses dont ils se font gloire : ceci est bon pour leurs rares confrères, et les rares critiques qui, par goût ou par métier, lisent tout, chacun dans son genre.

Mais revenons à nos jeunes lecteurs. Parmi les charmants écrivains qui travaillent aujourd'hui pour eux, il en est de très judicieux, qui savent fort convenablement ménager les dimensions des alinéas et des phrases. Ceux-ci respectent, sans la flatter, la légitime paresse de leurs lecteurs, d'ailleurs séduits et captivés par leurs drames entraînants. Le père de mes petits amis connaît, vous vous en doutez bien, leurs noms et leurs livres.

CHAPITRE IX

La composition littéraire

I

Jusqu'à huit ou neuf ans, et même au delà, l'enfant, si on ne le gâte pas d'une rhétorique intempestive, ou si on ne lui donne pas à reproduire, après lecture, des narrations et des descriptions d'un style trop enjolivé, écrit comme il parle, et c'est ce qu'à cet âge il peut faire de mieux. La précision est celle de son langage, la correction aussi; l'ordre logique des idées ne va pas au delà de deux ou trois de ces petites phrases dont se compose le style parlé de cet âge. Les épithètes sont le plus souvent naturelles, mais justifiées par une circonstance de temps, de lieu, etc. Le sexe et le caractère s'y montrent à peine. Telle est cette petite ébauche de narration, qui se trouve, avec beaucoup de spécimens du même genre, dans un Rapport bien connu de M. Buisson. Le sujet est indiqué par une image représentant une basse-cour.

« Ce tableau représente une petite fille nourrissant une petite famille de poulets qui sont très affamés et qui ont attendu longtemps leur nourriture. — Et maintenant la petite fille donne aux poulets leur nourriture. — C'est une scène du matin. — C'est en été, parce que les arbres ont revêtu leur verte parure et que l'herbe est verte. Si c'était en hiver, ces petites êtres mourraient. J'ai écrit cette histoire sans l'aide de personne. »

Cela est un peu sec, mais tout à fait simple et naturel ; à peine une tournure d'emprunt fait à un auteur : « Les arbres ont revêtu leur verte parure. » Cet essai littéraire est signé par un petit garçon de sept ans : une fillette du même âge, ou même plus âgée, aurait pu le signer. Voici, en effet, une description de fillette. Le sujet est un retour de promenade par la pluie :

« Ce matin, il y avait beaucoup de soleil. Mais il ne fait plus beau. L'enfant et sa bonne sont sorties pour se promener sur les boulevards, voir ou acheter de beaux objets. Elles n'ont pas vu le temps qui devenait noir, et, pas de parapluie. Les voilà trempées jusqu'aux os. Gare aux rhumes ; car on s'enrhume même en été. »

Ma petite amie a huit ans.

A cet âge, les lettres ne sont pas écrites d'un autre style. Même avec des redites, la précision, la brièveté de la description, du récit ou du raisonnement, en sont les caractères dominants. Le petit homme et la petite femme parlent avec plus ou moins de facilité le langage de la famille. On ne s'y met guère en frais de coquetterie. On fait parfois de l'esprit, pour amuser son monde. On exprime des sentiments délicats ou touchants, ordinairement sans y appuyer, parce qu'on les éprouve réellement, ou parce qu'on croit convenable de les montrer ; mais on les éprouve en les montrant.

Voici des plaisanteries qui coulent de source, et qui seraient moins nettes et moins franches, si le petit homme songeait le moins du monde à les bien dire. On ne s'attend pas à voir un auteur, et on ne le trouve pas non plus.

« Si tante D. n'a pas de robe neuve, la vaniteuse ! je parie qu'elle ne se décidera pas à venir. Ma foi ! qu'elle vienne en chemise. En famille, cela ne fait rien. Si elle ne veut pas venir en chemise, elle pourra s'habiller avec du papier. On m'a dit que l'on peut faire des vêtements avec du papier. »

Et encore : « Je fais sauter les crêpes aussi bien que tante Chocolat. Je ne les fais jamais tomber. Mais, hier soir, j'en ai fait sauter une qui s'est partagée, c'est-à-dire qu'elle s'est coupée sur le bord de la poêle. »

Il ne faut pas croire, d'ailleurs, que les garçons aient le privilège exclusif de la plaisanterie par écrit (soit historiette en deux ou trois lignes, soit trait jeté en passant). Mais, d'autre part, les petites filles n'ont pas un don spécial pour exprimer des sentiments, et surtout des sentiments tendres. Je ne dis pas, avec cela, que les petites nuances ne trahissent pas le sexe, tout comme le caractère.

Voici d'abord un fragment très ému d'une lettre écrite par un garçon de huit ans.

« J'ai un grand chagrin. Il y a une dizaine de jours, M. T., en ramassant les devoirs, nous a dit : « Mes petits « amis, je vais vous quitter, mais pas définitivement ; car « les bons élèves de primaire A passeront dans ma classe. « Je suis nommé à la classe de huitième B. » Pense comme j'ai été malheureux ! En classe, j'ai retenu mes larmes. Mais en revenant du lycée, je ne me suis pas gêné pour pleurer tant que j'en ai eu besoin. »

Voyez, du même, une petite plaisanterie qui confine à un sentiment très délicat :

« Je voudrais bien aller vous voir à Angoulême. Mais je tiens autant aller voir les grands parents de la Rochelle. Comment faire ? Je crois que j'ai une excellente idée. Je vais me couper en deux morceaux ; j'en enverrai un à la Rochelle et un à Angoulême. Comme cela, je partagerai les deux plaisirs qu'on aura de m'avoir aux deux endroits. Est-ce que cette idée vous convient ? »

Une petite de sept ans, très éveillée, et qui écoutait assidûment les causeries entre grandes personnes, était folle d'écrire tout ce qu'elle voyait et entendait. « Maintenant, disait-elle un jour à sa maîtresse de classe, que vais-je faire, car j'ai fini ma copie et ma page, en attendant que mes compagnes aient terminé les leurs ? — Tenez, lui dit la maîtresse, vous allez écrire une lettre à ma mère. » L'enfant court à sa place, et se met à écrire de suite, sans chercher des idées ; on voyait à sa figure rayonnante combien elle était heureuse d'exécuter un pareil travail. Voici la lettre :

« Bonjour, madame, je suis bien contente qu'on m'ait permis de vous écrire. Je voulais le faire depuis longtemps, mais je n'osais pas.

« Quand je vous rencontre dans le corridor, je voudrais vous embrasser, parce que vous êtes bonne. Je demanderai un jour à m'aller chauffer avec vous et je vous raconterai beaucoup d'histoires. Cela vous distraira un peu du grand travail que vous avez pour surveiller la nourriture de tant de personnes.

« Vous savez, madame, que le pont de l'Adour a été emporté par l'inondation. Tout le monde y est allé voir ; moi aussi avec papa et maman. Il y avait tant d'eau que la terre tremblait.

« Soignez-vous bien, madame ; je crois que vous êtes enrhumée, je vous ai entendue tousser au vestibule. Il faut venir acheter des pastilles à papa qui sera bien content (le père était pharmacien). »

Je ne vois rien, dans cette petite lettre, ni pour le style, ni pour le sentiment, qui ne pût être signé du nom d'un petit garçon du même âge, affectueux et bien élevé. Si, plus tard, des différences notables existent dans le style des jeunes filles et des adolescents, je crois qu'elles sont beaucoup plus littéraires que morales, et que, même à cet égard, il est beaucoup de jeunes filles qui sont mâles et d'adolescents qui sont féminins. Étudions donc, en négligeant pour le moment cette question du sexe, moins importante qu'on ne la fait, les essais de composition littéraire qui sont les premiers revenus dans mes souvenirs ou tombés sous ma main.

II

La composition parlée, récit et description, a devancé la composition écrite. Elle en est toujours la meilleure préparation. Que de secrets l'expression orale n'a-t-elle pas à révéler à l'écrivain! Il y a une différence notable entre un aimable conteur, comme Alphonse Daudet, et un romancier qui note et ne raconte pas, comme Emile Zola. Ce qui est un jeu pour l'un, la part faite aux scrupules de l'artiste qui ne veut pas lâcher son œuvre, est toujours pour l'autre un labeur douloureux. C'est en se jouant aussi, que le petit enfant habitué à dire, je ne dis pas seulement à réciter, de petites histoires, en reproduit, et bientôt en invente, la plume à la main.

Je ne saurais trop recommander aux mères cette méthode si naturelle de former le jeune écrivain. Je les engagerais surtout à ne pas l'abandonner, quand l'enfant, déjà grandelet, paraît capable de voler de ses propres ailes. C'est alors qu'il peut le plus facilement nous échapper, que nous devons le suivre de l'œil, pour contrôler et plutôt que pour diriger ses libres ébats dans le monde de l'imagination et de l'art.

La tendance n'est pas rare, chez les enfants des deux

sexes, de grouper deux ou trois de leurs camarades pour leur débiter d'amusantes histoires. Aux yeux des parents, cela ne tire pas à conséquence. Ils auraient cependant beaucoup à apprendre sur le caractère, l'intelligence et les dispositions morales de leurs enfants, s'ils se laissent aller eux-mêmes à écouter ces historiettes-là. La plupart du temps, ils ne le font que pour en rire, comme d'une petite manie insignifiante. Ainsi faisait la mère de G. Sand, qui, sa couture à la main, écoutait à demi les « petits romans » d'Aurore, enfermée entre quatre chaises. Quelle mine précieuse d'observations de toute sorte, dans ces jolies rapsodies d'un enfant de trois ou quatre ans!

Ne croyez-vous pas aussi qu'il eût été fort intéressant, peut-être fort utile pour lui, d'avoir pu écouter avec attention les récits enfantins de tel ou tel futur romancier ou poète de talent? J'aimerais bien, quant à moi, pouvoir comparer les premiers bégaiements de son génie avec les vaillants essais de sa jeunesse et les fortes productions de sa maturité.

Mais les biographies des illustres, même lorsqu'ils les ont écrites eux-mêmes, ne vous renseignent guère là-dessus.

Ainsi, tout le monde sait que le célèbre Walter Scott était dans son enfance un infatigable conteur. Pendant les récréations, toujours en quête d'oreilles complaisantes, il n'était heureux que lorsqu'il pouvait débiter, avec une facilité surprenante pour son âge, des récits le plus souvent imaginés. Ce goût persista chez lui, et ceux qui avaient été ses camarades ne furent pas surpris de la gloire de ce charmant et fécond écrivain. Avec des dons plus heureux encore, s'il est possible, Daudet enfant, a montré le même talent des récits contés, prélude de ses contes écrits. Je donnerais une douzaine de ses *Contes du lundi*, pour un de ses petits contes d'enfant, même non inventés par lui.

Sans avoir jamais ouï parler de Walter Scott ni de Daudet, la petite Hélène se prit à redire à sa jeune sœur les histoires qu'elle avait lues dans les livres. Le père, fonctionnaire peu rétribué, n'avait pas alors les moyens d'envoyer ses fillettes en classe. On les gardait à la maison, et la mère souffrait grandement de laisser s'étioler, dans de longues heures d'ennui, les facultés assez remarquables de ses filles. On les occupait bien quelque peu ; mais qu'était ce travail mal dirigé et mal surveillé, comparé à celui qu'excite le désir de plaire à un maître assidu et compétent ?

La maman, sourde et d'humeur paisible, ne les tracassait nullement après le léger travail imposé par le père. Nos deux fillettes s'occupaient alors d'une façon qui n'est pas commune, car le hasard vient toujours en aide aux intelligents. L'aînée parlait, la jeune écoutait. Quand Hélène eut épuisé les histoires de ses livres, elle en inventa, pour satisfaire la petite de plus en plus avide de contes. Ceux qu'elle inventait étaient même trouvés plus intéressants que les autres.

Alors je ne sais comment naquit l'idée de donner une suite à un récit qui dura deux, peut-être trois ans, qu'on laissait, qu'on reprenait, sans jamais se lasser ni oublier ce qu'on avait dit et où l'on en était. Les incidents se passaient entre les personnages nombreux de cinq ou six familles, qui avaient de jolis noms ; une d'elles se nommait de Milon, une autre de Romainville. Ces filles de bourgeois modestes affectaient des préférences pour les riches et les nobles (on ne trouve beau que ce qu'on n'a pas). Elles aimaient surtout qu'il y eût beaucoup d'enfants et de domestiques. On se reconnaissait fort bien dans tout cela ; il n'y avait ni désordre ni confusion.

Elles collaboraient ensemble, l'une avec son imagination inépuisable, l'autre avec son caractère parfois capricieux. Comme l'aînée faisait entrer en scène une madame Dumont, veuve, et qui n'avait qu'un petit garçon, la petite lui dit : « Ecoute, Hélène, je ne peux pas souffrir cette dame avec un seul enfant. Et puis, le mot veuve est triste, il me fait peur, quand je suis seule dans l'obscurité. — Comment faire ? répliqua Hélène ; je ne l'ai vue qu'ainsi, en grand deuil, comme cette dame que tu connais, qui a dernièrement perdu son mari. — Eh bien ! comme tu voudras, elle sera veuve ; mais il faut lui donner d'autres enfants, au moins une petite fille. »

Aussitôt l'idée d'un baptême à raconter, de fêtes, d'un joli bébé bien enveloppé et enrubanné que l'on promène, caressa l'esprit de la conteuse. L'enfant ne tarda pas à venir au monde. L'on donna une jolie petite à cette Mme Dumont, bien comme il faut, dans son long voile noir. — « C'est bien plus gai comme cela ! » disait la sœur cadette ; tu sais qu'on s'amuse mieux quand il y a beaucoup d'enfants. — Oui, oui, répondait l'aînée ; je trouvais, en effet, Mme Dumont un peu triste avec son fils unique, dont elle a un soin extrême, non sans quelque mélange d'inquiétude. »

Il y eut un beau baptême, avec des repas, des parties de plaisir, comme il y en a dans la vie. Les petites filles avaient des ajustements et des poupées, comme Hélène et sa sœur en rêvaient pour elles. Ces enfants avaient des professeurs, matière à descriptions abondantes ; ils étaient punis ou caressés selon leurs mérites, toujours avec modération et justice. Ils ne mangeaient, aux repas, que les choses qu'ils aimaient, des confitures, des sucreries, des gâteaux principalement : les parents se seraient bien gardés de leur donner de la soupe, du gras de viande : ça les aurait dérangés. On allait souvent en voiture, et à de jolies maisons de campagne, où l'on pouvait jouer au volant dans les allées, sauter à la corde, se porter en canot sur l'eau remplie de poissons rouges. Les robes et les vêtements se comptant par centaines, les mamans ne grondaient jamais (avons-nous dit qu'elles étaient la douceur même?) si l'on se déchirait par accident.

Tous ces personnages, leurs caractères, leurs antécédents, ces maisons, ces villas, ces campagnes, ces toilettes, ces meubles, ces appartements, étaient si familiers à l'esprit des deux enfants, que la petite comprenait facilement tout ce que disait l'aînée, et celle-ci avait rarement besoin de se reprendre.

Elles étaient, je puis vous l'assurer, aussi heureuses que ces enfants, quand ils étaient heureux. Elles éprouvaient, immobiles et modestement vêtues, dans leur petit coin, autant de plaisir qu'on en éprouve quand on est bien vêtu, voituré, bien nourri de ce que l'on aime, qu'on roule sur l'herbe des prairies, et qu'on se promène dans un beau parc, plein d'oiseaux, de poissons et de jolies fleurs.

Qu'est-ce qui avait déterminé cette vocation de conteuse chez Hélène? Où avait-elle trouvé l'exemple de ces récits intéressants, bien agencés et coordonnés autant que peuvent l'être des créations enfantines? C'était, avant tout, un résultat des lectures qui avaient séduit et charmé le cœur de l'enfant; en second lieu, le plaisir de sa sœur toujours de plus en plus avide de récits. Quand on a assez fidèlement reproduit une histoire lue dans un livre, on peut, sans trop de peine, en inventer une à son tour. Le premier succès encourage l'essor de l'esprit sans cesse en quête de nouveaux horizons, et enfin on arrive à bien conter, parce que l'on a conté beaucoup.

Il faut pourtant dire que la tendance créatrice de l'enfant trouva dans son entourage un surcroît d'excitation. Le père n'était pas ce que l'on peut appeler un causeur. Fatigué, le soir, il s'endormait auprès du feu, sa cigarette finie. Mais survenait-il des visiteurs, il se mettait en frais de conversation, et contait avec gaieté mille souvenirs de jeunesse. La mère, elle, aimait à faire part de ses lectures; elle racontait souvent, aux enfants, tout frémissants, les misères du peuple dans le passé, les injustices des grands, les mystérieuses bastilles, la Révolution grandiose, mais en faisant pour chacun la part du blâme et de l'éloge. Hélène écoutait à demi, trouvant cela sérieux.

Les deux frères, collégiens, narraient souvent à leurs sœurs des bagatelles, qui étaient loin de valoir les histoires d'Hélène, au jugement de sa petite sœur. Que disait le frère aîné? Il parlait courses dans les montagnes et au loin. Il adoptait quelquefois le genre badin. Un jour, voulant donner une image de l'enfer des chrétiens, il s'y prit comme voici. On était alors en hiver, sous le vaste manteau de la cheminée de la cuisine. La mère était absente pour un voyage de deuil. Le père donnait une leçon de comptabilité à une demoiselle, que son frère attendait en se chauffant avec les quatre enfants. Notre aîné, qui pouvait avoir quatorze ans, écumait le pot, qui représenta, cette fois-là, la grande chaudière des vengeances éternelles. Les navets, les carottes, l'oignon, l'ail, autant de pécheurs et de pécheresses, orgueilleux, mauvais riches, avares bien connus des enfants, et qui tous avaient bien mérité de bouillir avec les démons. Le narrateur, armé de son trident, cuiller ou fourchette, était Lucifer en personne; et, quand les pécheurs remontaient à la surface pour implorer la miséricorde divine, d'un coup de fourche, le prince des démons les replongeait dans les abîmes inférieurs. Chacun de ces actes était accompagné de discours fort drôles à l'adresse des légumes récalcitrants. Il arrivait que les petites, au milieu des rires, s'intéressaient au sort de quelque morceau malheureux, qui revenait toujours, et que l'impitoyable maître enfonçait de plus belle. La présence d'un auditeur étranger l'excitait même à se piquer d'honneur, et à ne point céder à un misérable damné de navet.

Le frère cadet racontait aussi des histoires que les sœurs trouvaient toujours délicieuses, quand elles se rapportaient aux trois chats du logis, à qui l'on parlait comme à des personnes. Elles croyaient bénévolement ce que le frère disait au sujet de ces incomparables bêtes, à l'entendre, de race princière ; car un chat russe, le prince Barbiscoff, venant soigner ses rhumatismes aux eaux thermales de Bagnères, avait traversé le pays. Ayant aperçu sur les toits la petite Hon-Hon, il s'était laissé séduire au point de l'épouser : de ce mariage étaient nés les chats favoris qui ronronnaient sur les genoux des enfants. Ensuite on passait à l'éducation des jeunes félins, à leur enfance extraordinaire, dont les faits et gestes méritaient d'être consignés dans des livres. Pour conclure, on étendait un linge sur le parquet, et aussitôt le trio de chats commençait son exercice de bonds, de peignées et de tripotées.

Un sujet qui revenait souvent et fournissait des variations nombreuses, c'étaient les bons tours et les grosses balourdises des fruits secs du collège. C'étaient les obus de papier mâché lancés dans toutes les directions, à la barbe du maître d'étude, affairé à son pupitre. Ce maître dur et inflexible avait pour habitude de répondre aux élèves qui lui faisaient une supplique : « Je ne suis pas un dieu pour qu'on me prie. » Malgré son aspect redoutable, les jeunes gens s'ingéniaient à lui faire des farces, et trouvaient le moyen de faire en étude de bons goûters arrosés de vrai vin, sous les tables. Le portier du collège, un gros homme braillard, farceur et irascible, mettant à toutes les sauces une dizaine de mots espagnols pêchés je ne sais où, apportait aussi son contingent aux drôleries racontées par les deux frères. Rien ne réjouissait comme ses appels au parloir, lorsqu'il s'agissait de trois frères : « *S. major*, *minor* et *minimus!* criait-il à tous les échos du cloître. Ses querelles avec sa doucereuse et maligne moitié se renouvelaient tous les jours, pour les mêmes motifs et avec les mêmes formules. « Garde ton haleine pour souffler le feu ! » lui disait-il. Parfois poussé à bout, il disait à ce diable en jupons : « Si j'avais épousé Gabrielle plutôt que toi, j'aurais été plus heureux ! »

Toutes ces histoires, toujours nouvelles, ont joliment égayé le manteau de la vieille cheminée.

Je ne fais pas ici l'histoire d'une famille exceptionnellement douée. Combien d'anciens enfants s'y reconnaîtront sans doute ! Plus j'observe et plus je lis, plus je vois que, sous mille différences superficielles ou accidentelles, chez l'enfant comme chez l'homme, chez les personnes d'élite comme chez les plus ordinaires, les tendances variées de la nature humaine révèlent un fonds primitif et commun !

Qu'on en juge par la citation suivante, empruntée à un écrivain délicat et distingué, mais qui l'est devenu, moins par vocation que par sympathie, et, si j'ose dire, par influence de contact.

« Chacun suivait sa pente, marquait son caractère dans les récits. L'un de nous, vif, ardent, avait la passion des déluges, des grands bouleversements du globe. Il culbutait sans peine toute la création dans les eaux. Tout était emporté, il ne restait rien. « Mais lui disait-on, comment la « terre fut-elle encore peuplée? » Nul embarras. Il appelait à son aide le grand vent de la Genèse, et il ressuscitait tout, finissant gravement ainsi : « Les hommes étaient desséchés, « mais ils n'étaient pas morts. » C'est l'histoire des rotifères que l'on ressuscite à volonté.

« Mon frère Antonin, d'une nature pensive, savait quelques-uns des beaux récits de mon père sur les traditions des sauvages de l'Amérique du Nord. Il préférait nous les redire plutôt que d'en chercher de nouveaux dans son imagination. La nôtre était vivement excitée par la vue d'un fort beau dessin qui représentait un animal singulier, gigantesque, que nous savions avoir été l'habitant du pays de ma mère : le mammouth. Mon frère nous contait, non son histoire, mais sa fin tragique. Nous l'écoutions, sans nous lasser jamais.

« Mon frère aîné avait pour lui les fées et les génies. Entre nous, je suppose qu'il prenait le plus beau aux *Mille et une Nuits*. Mais nous n'en savions rien et nous l'admirions fort.

« D'autres merveilles aussi faisaient diversion. Jacques avait vu Paris, la grande ville, si loin! si loin de nous, au bout du monde (1)!

Voilà bien Hélène et ses frères, mêmes effigies avec d'autres modules.

(1) Mme Michelet, *Mémoires d'une enfant*.

III

Des enfants qui aimaient tant à raconter devaient se servir de la plume avec assez de facilité, comme bien vous pensez. Hélène eut, sans culture classique, pour ainsi dire, le style élégant, clair et enjoué.

Vers onze ans, elle fut mise en classe. Un soir la mère, transportée de joie, vint embrasser ses petites et leur dit : « On offre cinq cents francs de plus à votre père, et nous allons pouvoir vous faire donner de l'instruction. » Hélène, au début du mois suivant, prit son sac et ses aiguilles et fila en pension. Ses maîtresses la trouvèrent ignorante de ce qu'elles enseignaient ; mais elle mit vite l'orthographe, d'instinct, et se trouva d'emblée à la tête des petites filles de son âge pour la composition française.

On donnait à rapporter par écrit une historiette, un conte, une description, dont la maîtresse leur avait fait la lecture. Ce devoir ne se donnait qu'une fois par mois et il n'était guère corrigé. On demandait encore la transformation en prose d'une fable, d'une pièce de vers. Les enfants n'apprécient pas beaucoup cette manière de composer. La plupart sont gênés par la difficulté de présenter autrement une idée dont ils ont l'expression sous les yeux, et plusieurs se contentent de copier tout uniment le texte, sans y rien changer que la coupe des lignes et les majuscules du commencement.

Les petites filles du couvent avaient en mains un recueil de devoirs de toute sorte, véritable clef destinée à ouvrir tous les tiroirs de la maigre science qu'on leur offrait. Là se trouvaient intercalées, au milieu d'analyses grammaticales et logiques, et de conjugaisons variées, des dictées et des lettres toutes faites pour chacune des principales circonstances de la vie. Hélène prit grand plaisir à ce livre ; mais, au lieu de pâlir sur la grammaire et la géographie, elle lisait et relisait les exercices d'orthographe et de style qui la récréaient.

Au premier de l'an, c'était une véritable débauche de lettres, comme dans toutes les institutions de cette époque. Hélène, à l'imitation des autres, fit une véritable montagne de brouillons. Celles qui écrivaient le plus de lettres passaient, aux yeux de leurs compagnes, pour des filles de bonnes maisons. Aussi quelques-unes, petits Balzacs novices, après avoir travaillé aux compliments des parents les plus proches, imaginaient des cousins, des oncles, toute une légion d'amis et de connaissances, dont la poste aurait été bien embarrassée de trouver les adresses. Bien entendu, on fourrait dans sa poche toutes ces lettres, qui ne devaient point partir, et qui étaient simplement destinées à l'effet. Du 15 décembre à la Saint-Sylvestre, on ne s'occupait guère à autre chose ; les maîtresses étaient bien aises de distraire les enfants par ce moyen, et s'occupaient, de leur côté, avec les plus grandes, à la confection d'ouvrages devant servir de cadeaux au jour de l'an.

Le livre d'Hélène avait passé sous les yeux de ses frères, qui lui avaient signalé des inepties qu'elle n'avait pas remarquées, lisant pour se récréer simplement. Cette leçon ne fut pas perdue. Une petite fille du nom d'Elisabeth, placée à côté d'elle, copiait servilement le texte de son livre, ce dont Hélène riait comme une folle. Elisabeth était externe. « Tu écris à tes parents que tu voudrais bien leur souhaiter de vive voix la bonne année, disait Hélène. Qui t'empêchera de le faire? Efface de « vive voix ». Tu leur dis encore que tu veux leur faire oublier ta conduite inqualifiable par ton application et ta sagesse... Ne mets pas cela non plus : tu es la plus sage de nous toutes, tu vas avoir un tableau d'honneur à leur présenter... Pourquoi prends-tu tout ce qui est là ?.. « la longue vie de Mathusalem... la bonté du Père éternel... la postérité aussi nombreuse que les étoiles du ciel... la santé du Pont-Neuf ?.. Mes frères ont trop fait leurs gorges chaudes de cela, pour que je l'emploie ! Fais comme on m'a appris : ferme ton livre, et écris ce que tu as dans la tête. — Je n'y ai rien, disait Elisabeth. — Tu crois, répliquait l'autre. Voyons. Tu aimes ton père et ta mère, tes frères te donnent bon exemple par leur travail. Dis-leur cela, et souhaite-leur du bonheur pour le plaisir que tu en reçois. Tu vois arriver avec plaisir le premier jour de l'an pour leur dire toutes sortes de choses aimables, et pour avoir des bonbons, on peut l'avouer aussi... » Et Hélène, au lieu et place des maîtresses qui ne comprenaient que la moitié de leur rôle, donnait une leçon de travail épistolaire à sa docile amie.

« Et quoique ce soit une lettre de premier de l'an, tu peux raconter aux autres parents à qui tu écriras toutes choses autres que des souhaits avec des mots qu'on ne comprend pas. On me l'a dit chez nous, quand j'ai fait la lettre de marraine. Tu peux raconter tes petites histoires, les amies que tu as, si tu t'amuses beaucoup, ce que tu aimes le plus à table, si l'on a été malade chez toi, enfin tout ce qu'on se dit, quand on est ensemble. Pour papa et maman, que nous voyons tous les jours, c'est plaisant de leur écrire ! Les maîtresses ont dit que c'était plus respectueux que de leur parler. Je ne sais pas si je leur donnerai ma lettre. Mes frères n'en présentent point, eux. Ils appellent cela des sornettes ! Pour eux, ils souhaitent tout simplement la bonne année, en promettant que l'année prochaine les rendra méconnaissables, tant ils vont travailler et se montrer doux et obéissants ! Et papa leur dit : « C'est ainsi « toutes les veilles des jours de l'an ! » Et maman : « Quand « est-ce que les promesses deviendront des réalités ? » C'est, d'ailleurs, bien plus commode, une lettre : avant qu'on l'ouvre, on embrasse ; puis on se sauve, et quand on revient, les parents ne pensent plus à leurs petits sermons. Toi qui es sage, tu ne peux comprendre ce qu'il y a d'ennuyeux à ces cérémonies pour un enfant qui ne l'est pas assez, et je suis dans ce cas. Il me semble que je suis un monstre de fausseté. »

Et Hélène, durant ces quinze jours où l'on ne récitait pas la moindre leçon, bavardait comme une pie, tout en écrivant des brouillons de lettres à faire croire qu'elle allait en monter boutique.

IV

Si l'on compare les institutions de demoiselles d'autrefois avec celles d'aujourd'hui, sans parti pris, on doit s'incliner devant ces dernières, pour l'esprit d'ordre, l'administration et la réglementation des études. J'en connais une que je n'hésiterai pas à donner comme un modèle excellent à imiter. Là, toutes les élèves, à quelque condition qu'elles appartiennent, si elles sont passablement douées, arrivent à écrire avec facilité, et quelques-unes avec distinction.

On ne s'y borne pas à faire écrire pour apprendre à écrire, à indiquer en quelques mots les préceptes généraux de cet art si simple, mais si susceptible d'être compliqué, à corriger les erreurs et à indiquer ce qu'on aurait dû mettre à la place. On s'attache à former le style oral, qui est la moitié du style écrit.

Dans ce pensionnat, à l'exemple de ce qui se faisait chez Mme de Maintenon, on a imaginé des soirées dites littéraires. On y entend de jeunes conférencières; on y lit les devoirs les plus avantageusement notés dans la semaine. Cela fait naître des observations que personne n'oublie, grâce aux mille incidents qui s'y rattachent. On y propose des énigmes historiques, et l'esprit s'y livre à des jeux, comme dans les réunions de la bonne compagnie. Comme cela a lieu dans l'imposant salon de la maison, et sous l'œil de la maîtresse, rien ne passe en contrebande, pas un geste, pas une manière triviale, pas une faute. On redresse les torts faits à la langue et aux façons, et les jeunes filles, simplement, y rivalisent de grâce, de retenue et de bon maintien. On y joue quelquefois des comédies improvisées et exécutées par les grandes, et l'on finit, au grand assentiment de toutes, par des danses modérées et gracieuses.

Dans les premières années, on se contente d'alimenter la mémoire par des sujets lus deux ou trois fois. Peu après, c'est un proverbe ou une sentence à développer, sans canevas toutefois. Le style épistolaire est soigneusement étudié à tout âge ; on apprend aux élèves les formules et les convenances de ce style, habitude négligée souvent par ignorance ou par défaut d'éducation.

A la fin de chaque trimestre, la maîtresse exige de chaque élève une lettre à cœur ouvert, où l'on doit lui parler de son goût ou de son antipathie pour tel ou tel genre d'étude. Il arrive à la maîtresse d'entendre des choses pénibles, des rapports, des confidences tenues secrètes, des plaintes que l'on croit justes ; mais elle est courageuse et disposée à toutes les épreuves, quand il s'agit de l'intérêt de ses élèves. C'est, d'ailleurs, un excellent moyen de connaître à fond les caractères, et de savoir comment chacun demande à être dirigé. Nombre de ces lettres sont délicieuses d'abandon, de franchise tendre et respectueuse, d'élan, d'admiration et d'enthousiasme.

Le manuel de littérature en usage dans cet établissement n'est pas volumineux : un mince traité permettant de vite apprendre par cœur ce qu'il importe le plus de connaître: les principales figures et leurs définitions, les divers genres de composition, etc. « Les hommes qui ont un génie pénétrant et rapide, a dit saint Augustin, profitent plus facilement dans l'éloquence en lisant les discours des hommes éloquents qu'en étudiant les préceptes mêmes de l'art. » Cette maxime est largement appliquée par le génie facile des fillettes. A l'aide de morceaux choisis dans les chefs-d'œuvre de tous les siècles, on orne leur esprit de richesses incalculables. Ces morceaux sont plutôt relus qu'appris de mémoire; ce sont des exemples à reproduire.

Tous les devoirs sont corrigés aux élèves. La sous-maîtresse fait un tableau des principales erreurs ou des passages à admirer que l'on soumet au jugement de la classe entière. Les aspirantes au brevet viennent trois par trois, pendant les études, chez la directrice, lire elles-mêmes leurs compositions et en entendre le jugement scrupuleux et détaillé.

Passons vite aux résultats produits par ces exercices de style, qui se traitent deux fois la semaine chez les petites, trois fois chez les moyennes, tous les jours chez les grandes.

Une fois, la sous-maîtresse avait donné, pour le rapporter le lendemain, un devoir dont le titre était formulé ainsi : « Quel est le métier que vous voudriez avoir? » Il y eut des réponses pour tous les goûts et toutes les vocations. « Moi, je voudrais être reine et faire le bonheur de mon peuple, disait l'une. » J'aimerais être rentière », faisait une autre ; — « Moi, institutrice » ; beaucoup répondaient : « Moi, je voudrais être comme maman. »

Le devoir d'une petite de sept ans n'avait que deux lignes : « Je suis encore trop jeune pour penser à quel métier je pourrai me livrer plus tard. » — « Cette réponse, fit observer la maîtresse, n'est pas de vous ; l'on eût mieux fait de vous laisser traiter le sujet, sans émettre une réflexion. Voici, pour votre confusion, comment la petite Louise a compris son travail. » Louise a dix ans.

« Puisque vous tenez à savoir, ma chère maîtresse, le métier que je trouve le plus à mon goût, je vous dirai que c'est celui de modiste. Les modistes sont toujours habillées à la mode, ne se salissent pas en travaillant.

« Je trouve aussi que les magasins des modistes sont bien jolis, avec tous ces étalages de chapeaux, de bonnets, de plumes, de dentelles et de rubans. Je serais si contente de toucher beaucoup de soie, de tulle, de velours ! Une modiste qui a bâti un chapeau bien tourné avec des plumes et de jolis nœuds, et qui a contribué à rendre belle une femme laide (*sic*) doit être bien heureuse ! Si mes parents le veulent, je serai modiste. »

L.

Je pourrais citer plusieurs essais du même genre, faits par des fillettes d'à peu près le même âge.

Les pensionnaires trouvaient parfois le temps des études long et fastidieux. La directrice leur conseilla de composer le journal de leur vie, et, pour ce faire, leur distribua des cahiers à couvertures roses, « roses, disait la maîtresse, comme vos rêves ». Si les grandes, poètes à outrance et à imagination vagabonde, mais prudentes, fermaient avec soin leurs secrets, les petites les laissaient facilement errer sur les tables. Parfois, quand les enfants dormaient, la directrice, faisant la dernière ronde, aimait à se faire un peu de bonne humeur en lisant certains de ces cahiers roses qui traînaient.

Une petite Lucie, paresseuse et dissipée, se croyant la plus grande pécheresse de la terre, chaque soir, dans son journal, demandait avec candeur à Dieu, à la Vierge et à tous les saints, le pardon de ses forfaits. Elle les mentionnait tous. J'en cite deux ou trois entre cent. Elle se croyait damnée, parce qu'elle s'était trouvée jolie, et avait été fière d'une robe neuve. Quel réjouissant aveu ! « Aujourd'hui, à table, pour poser, j'ai fait la difficile. Je savais que c'était bon ; mais parce que d'autres ont refusé, j'ai refusé, moi aussi. Sotte que j'étais ! J'ai bien été punie. Toute l'après-midi, ce plat manquait à mon estomac. Ce que l'orgueil peut vous faire faire ! On ne m'y reprendra plus. Si encore la maîtresse avait insisté ! Mais point. On a remporté le plat, et j'avais envie de pleurer, car je suis gourmande, et j'aime tout. » Lucie avait neuf ans tout au plus. C'était la plus naïve dans la confession des torts qu'elle s'imputait. D'autres y mettaient un peu de coquetterie, pour ne pas dire un autre mot, envers elles-mêmes.

Voici quelques échantillons du style de nos pensionnaires presque grandes.

Le premier devoir, d'après une image dont il fallait deviner le sens, est d'une enfant de douze ans, bien élevée dans sa famille, mais avec des tantes un peu affectées dans leurs manières et leur langage. L'école n'avait pas tout à fait corrigé ce défaut chez la petite fille.

LA POUPÉE MALADE

« Ma poupée, ma chère Lili, est malade, gravement malade, hélas ! Jugez de mon inquiétude. Elle ne mange plus, ne répond plus à mes caresses.

« Une fièvre violente la dévore et la consume ; elle voudrait boire sans cesse de l'eau fraîche ; mais, de peur d'augmenter son mal, je n'ose lui donner que de la tisane.

« Tous les moments de loisir que me laissent la classe et les leçons, je les passe à son chevet, et, sans les instances de ma mère, je veillerais Lili toute la nuit. Le délire de ma poupée fait peine à voir ; elle crie, s'agite en tous sens, et prononce des mots inintelligibles pour toute autre que moi. Ce qu'elle dit me navre ; elle repousse la mort qu'elle croit voir, m'appelle à son secours, puis me console par des adieux touchants.

« Le docteur craint, je le vois bien, de me dire la vérité ; autant que je puis la deviner, nous sommes en présence d'une fièvre cérébrale, d'une intensité peu ordinaire, et due sans doute à quelque imprudence de ma bonne qui aura laissé Lili au soleil sans chapeau.

« Pensez à l'étendue de mon malheur, si je venais à perdre ma pauvre Lili, si bonne, si douce, si intelligente !

« Aujourd'hui, à la suite d'une crise effroyable, j'ai envoyé cherché ma meilleure amie, pour lui demander quelques conseils. Je lui ai fait signe d'entrer bien doucement, car Lili reposait un peu, si l'on peut appeler repos un sommeil agité, avec des sons rauques qui s'échappent de sa gorge suffoquée.

« Le berceau de la chère petite est placé sur une table ; son chapeau, qu'elle m'a demandé tout à l'heure dans son délire, est là et semble adresser des reproches à ceux qui étaient chargés de veiller sur cette frêle existence.

« Pauvre Lili, doux trésor, ne t'en va pas! Que deviendrais-je sans toi ?

« La triste impression que je vois peinte sur le visage de mon amie me montre que tout espoir est fini. En effet, si vous voyiez les ravages que la maladie a déjà faits sur ce visage, naguère si rose et si plein de santé, vous en seriez émus, j'en suis sûre, pour si indifférents que vous soyez.

« Faisons une bonne prière : Dieu seul peut la sauver aujourd'hui. Si le ciel exige de moi ce sacrifice, je sens bien que je pleurerai toujours.

« Je pleurerai, comme la Rachel de l'Ecriture, *qui ne veut pas être consolée, parce que ses enfants ne sont plus.*

« D. A. »

Voici, avec un peu moins de prétention, plus de maturité et une grande vérité de sentiment, la lettre d'adieu d'une jeune élève de quatorze ans à une élève devant quitter le pensionnat :

« Ma bien chère Marie,

« Mademoiselle B. (la maîtresse) nous a dit de vous écrire pour vous faire nos adieux. Que dois-je donc vous dire? Ah! vous le savez, vous l'avez deviné. Je vous dirai seulement que je suis triste, oh! mais bien triste de vous voir partir.

« Si j'étais poète, je vous ferais des vers pleins de choses aimables; mais je sais que vous accueillerez aussi bien que le plus beau poème ces seuls mots que mon cœur, encore plus que ma bouche, dira tout bas à votre oreille : je vous aime, je ne voudrais pas que vous partiez, je ne vous oublierai pas. Rappelez-vous ce que disait Marie Tudor pour Calais, et pensez qu'il en est ainsi de moi. Votre nom est dans mon cœur.

« Je suis fière, chère Marie, d'avoir été choisie par vous pour amie. Tant d'autres de mes compagnes auraient été heureuses de donner ce titre sacré à la meilleure élève de la pension !

« Certes, c'était bien à vous, chère amie, que revenait le droit de commencer ce cahier d'honneur qui sera comme les Annales de la pension. Aucune de nos compagnes ne vous enviera ce privilège, parce que toutes elles ont dû rendre justice à votre bon cœur et apprécier vos nombreuses qualités.

« Vous laissez d'impérissables souvenirs ici, ma bien chère amie, et quand on parlera de Marie..., ce sera pour la citer comme le modèle des élèves sages et studieuses. Je voudrais, à mon tour, lorsque je quitterai la pension, faire parler de moi comme on le fait de vous en ce moment. C'est là une gloire à ambitionner ardemment, c'est même une gloire plus enviable que bien d'autres.

« Au chagrin que me cause votre départ, se mêle un sentiment de consolation. Je suis contente que toutes vos compagnes vous regrettent et de voir que vous emportez la sympathie, l'estime et l'amitié de nos bonnes maîtresses.

« En finissant ma lettre, chère amie, je vous répète encore ce que je vous ai dit au commencement, que je vous aime, que je vous aimerai toujours. Je vous embrasse bien tendrement en vous disant adieu. Ah ! que ce mot est dur à prononcer et qu'il a d'amertume !

« A. B. »

Autre sujet, un peu plus sérieux, traité par une petite de quatorze ans :

LA FEMME DE MÉNAGE.

« Chère Louise,

« Nous voici déjà de grandes filles, ma sœur et moi, et sur le point de quitter le pensionnat où nous avons passé tant de jours heureux. D'autres études nous réclament, et ma mère nous a écrit : « Il est temps, mes chères filles, « que je vous initie aux travaux du ménage ; je tiens à com- « pléter moi-même votre éducation de ce côté-là ; car une « femme qui ne sait pas être une femme d'intérieur, est une « imperfection que le monde méprise et que la nature désa- « voue. » Voulant surprendre notre mère et lui épargner de la peine, nous avons acheté divers traités de cuisine, des manuels à l'usage des femmes de ménage, que sais-je encore ?

« C'était inutile !...

« Notre maison vaut bien tous les livres du monde ; elle est citée, à dix lieues, comme un modèle de tranquillité, de paix et d'harmonie. Notre père est, dit-on, le plus heureux des hommes ; et nous-mêmes, nous avons été élevées de telle sorte que nous nous plaisons partout. Nos domestiques et nos voisins se jetteraient au feu pour nous, s'il le fallait ; nos amis, et ils sont nombreux, nous admirent sans critique et sans envie. Tout ce qui nous touche de près ou de loin respire un air de bonhomie, qui dilate et épanouit le cœur. Il n'est pas jusqu'aux chats et aux chiens de la maison qui ne fassent mentir le proverbe : ils se lèchent et folichonnent ensemble, à qui mieux mieux, dans le pré qui est devant la maison.

« Mais ce paradis terrestre, qui le cultive si bien ? Cette île de plaisir, quel en est le Christophe Colomb ? C'est notre chère maman ; une maman jolie comme une rose de mai ; propre, diligente, active, comme la fourmi prévoyante, et cela sans bruit, sans fracas d'aucune sorte. Toujours levée à la même heure, ni trop tôt, car elle aime mieux être aimée qu'applaudie, ni trop tard, ce qui affaiblit le corps et mine parfois les maisons les plus solidement établies. Elle veille au soin des appartements, se réserve pour elle tout ce qu'il y a de plus fragile et de plus délicat. Mon père n'a jamais trouvé le déjeuner en retard ; il rentre, un sourire et de bons baisers l'attendent.

« Je ne dirai rien du service, ni des mets simples, sagement variés et bien accommodés, ni surtout du café... Qui n'a pas bu du café de maman, ne peut avoir une idée du nectar servi aux immortels de l'Olympe ! Je t'entends me dire : « Quelle sensuelle, cette petite ! Son nez fin et pointu pourrait bien appartenir à une gourmande. » Sensuelle ! Gourmande ! Mais je crois que, pour être heureuse et plus apte au travail, il ne faut pas négliger le corps. Et, comme Chrysale :

Guenille, si l'on veut, ma guenille m'est chère.

« Après chaque repas (tout est si bien ordonné !), un peu de chant et de musique, quelques lectures intéressantes. Mon père repart. Alors un autre genre de travail recommence. C'est la couture, l'entretien du vieux linge et des vêtements. Aujourd'hui on fait la lessive, on repasse ; une autre fois, on s'occupera de la toilette de la maison, de haut en bas. Jamais, chez nous, l'ouvrage n'est ajourné, sous aucun prétexte de froid ou de chaleur, de ceci ou de cela ; toute chose a son temps marqué, comme sa place aussi.

« Ma mère reçoit, mais peu, la manie des visites étant reconnue depuis longtemps comme un abus. Nous n'avons pas adopté un jour de réception, et maman accepte une amie aussi bien un jour de grand travail. Elle n'a pas honte qu'on la trouve en robe d'intérieur, et elle ne s'en excuse jamais. Il y a des gens qui se figurent qu'une femme de ménage doit invariablement avoir les vêtements sales, la figure enfumée et les mains calleuses, usées par l'eau de vaisselle et l'épluchage des légumes. Rien de tout cela ne se voit chez nous.

« Le soir venu, mon père, après son repas, n'a jamais senti le besoin d'aller au café : nous lui suffisons. Maman trouve dans son esprit cultivé une foule de choses à dire toujours nouvelles, toujours charmantes, parce qu'elle les assaisonne des richesses de son cœur, qui sont inépuisables.

« Et le jour finit comme il a commencé, c'est-à-dire, par une pensée de reconnaissance envers le bon Dieu qui nous veut si heureux.

« J'ai fait de bonnes études, chère Louise ; toutes mes maîtresses ont été satisfaites de moi. J'aurais pu briller par mes agréments littéraires, a-t-on dit quelquefois. J'aime mieux être comme maman, j'aime mieux être une femme de ménage (1).

« M. P. »

(1) Le lecteur pourra relire avec intérêt, pour les confronter avec les lettres qui précèdent, les trois lettres d'enfants âgés de treize à huit ans, que j'ai insérées au chapitre sur le *sentiment de la nature*. Je le prie, d'ailleurs, de ne pas oublier que ces lettres fourmillent d'impressions et de formules évidemment suggérées par l'oncle de ces enfants. Réduits à leurs seules ressources esthétiques et littéraires, ils n'auraient pas dit ni senti tout cela.

V

Je ne sais si je me trompe, mais on voit, dans ces essais de petites filles, autre chose que le souci du détail et que l'expression de l'émotion fugitive. On y voit du bon sens, de la mesure, et assez de suite dans les idées. Dans l'une d'elles, est traitée avec beaucoup d'ordre, de clarté et d'indépendance, une question sérieuse d'économie domestique. C'est de la même manière simple, élégante et raisonnable, que ces demoiselles, dès l'âge de onze ou douze ans, composaient sur des sujets d'histoire, même de littérature et de pédagogie. Les textes de narrations, de descriptions et de dissertations portaient plus souvent sur des objets d'expérience commune que sur des sujets artificiels et abstraits, si bien désignés par le nom fabuleux de *laïus*. Presque toutes y réussissaient au moins aussi bien (et je ne surfais pas leur mérite) que l'auraient pu faire des garçons du même âge, d'intelligence ordinaire, dressés pour le mieux d'après les méthodes classiques.

Où seule l'élite des garçons aurait pu l'emporter, c'est dans l'ordre et l'enchaînement des idées. Je me hâte aussi d'ajouter que les maîtresses de ce pensionnat, élevées elles-mêmes en grande partie d'après les méthodes en usage pour les femmes, n'exigeaient pas sérieusement ces divisions tranchées, ces plans bien tracés, cette composition bien ordonnée, ces dispositions et ces vues d'ensemble, qui ont tant d'importance aux yeux de la plupart des professeurs de lycées.

A ceux qui trouveraient que la femme s'y décèle par la délicatesse ou la continuité du sentiment, je répondrais par un seul exemple, qu'à mon grand regret le défaut d'espace m'empêche de citer tout au long : c'est la lettre si délicieusement tendre et affectueuse, et assez précieuse aussi, que Benjamin Constant écrivait à sa grand'mère, à l'âge de douze ans.

Mais toutes les qualités de style et de composition dont il est question plus haut, ce sont là choses qui s'apprennent. On peut enseigner sans trop d'efforts une logique artificielle, même aux esprits qui ont naturellement très peu de logique. J'ai corrigé pendant de longues années les devoirs d'histoire et de littérature des demoiselles les plus avancées de cette institution, et j'appelais sans peine leur attention sur ces obligations essentielles de l'écrivain. Je ne trouvais pas ces jeunes filles plus réfractaires à mes avis que la plupart des jeunes gens, aspirants ordinaires au baccalauréat, dont il m'est passé par les mains des centaines.

L'ordre et la suite des idées sont si peu l'apanage exclusif des hommes parlant ou écrivant, que M. de Buffon dut en rappeler la nécessité aux écrivains et aux orateurs du siècle le plus brillant et le plus riche en idées de notre histoire littéraire. Combien, en effet, aujourd'hui comme autrefois, d'illustres auteurs manquent de ces précieuses qualités, parce que personne ne leur en a donné l'exemple, enseigné ou conseillé l'usage ! M. Renan attribue aux exercices scolaires du petit collège où il a fait ses études, ses plus sérieuses qualités d'écrivain : je leur dois, dit-il, « la clarté de mon esprit, en particulier une certaine habileté dans l'art de diviser, art capital, une des conditions de l'art d'écrire (1) ».

Quand notre enseignement féminin se sera normalement

(1) *Souvenirs d'enfance et de jeunesse*, p. 216.

constitué et développé, on pourra juger, sur enquêtes vraiment expérimentales, la fameuse question de l'égalité ou de l'équivalence des aptitudes intellectuelles et littéraires des deux sexes. Jusqu'ici elle n'a été faite que sur des adultes, sur des cas exceptionnels, et par des juges prévenus, dont presque toujours le siège était fait d'avance.

Si l'on consulte le rapport si remarquable et si intéressant de M. Buisson sur l'exposition scolaire de Philadelphie, on voit que l'expérience a pu déjà être faite aux Etats-Unis, et donner des résultats significatifs. Ni dans les devoirs des écoles supérieures, ni dans ceux des écoles de grammaire, on ne remarque de différences sérieuses entre les deux sexes, soit pour le fond, soit pour la forme des compositions. Seulement l'aplomb et l'orgueil national est plus tempéré de sensibilité délicate chez les jeunes filles. D'ailleurs égalité parfaite, quant à la maturité précoce et à l'énergie des idées, comme il convient à des enfants dont l'esprit est ouvert librement à toutes les préoccupations d'un peuple de politiciens et d'hommes d'affaires. Il va sans dire que, même chez les tout jeunes, dont le dogmatisme et l'âpreté de secte n'ont pas encore durci la tendre écorce, la franche gaieté, et l'innocente malice et la naïve humour se donnent large carrière. L'équerre et le compas classiques n'ont pas, on le sent, passé par là.

Tant de liberté, que nous en trouverions, nous autres Français, peut-être un peu trop. « Que dites-vous de cette libre penseuse de douze ans, qui parle d'une jolie petite église, « où toutes les bonnes gens vont le dimanche pour « voir leurs voisins et montrer leurs beaux habits? » et de ce gamin de onze ans qui se marie, perd sa femme et constate qu'après avoir beaucoup pleuré il ne tarda pas à se consoler, et fut aussi heureux qu'auparavant?... W. Bur, H. St., homme d'Etat de quatorze ans, écrit au général Grant qu'il est à sa place à la présidence, mais ce n'est pas la coutume de se faire élire une troisième fois : « Il imagine qu'il ne « voudra pas violer les lois de son pays. » La jeune Amanda pense qu'il vaut mieux prêcher d'exemple que de paroles ; elle trouve absurde qu'un papa tire de sa poche une chique de tabac ou sa pipe devant ses fils et leur dise : « Si je vous « prends à fumer ! »

« Ce petit ton décidé, Laura D... ne craint pas de le prendre vis-à-vis de ses concitoyens ; les générations actuelles sont dures et froides, et pour elles le principal attrait, c'est l'argent (elle regrette de le dire). « Nous sommes un peuple « intelligent, mais sommes-nous aussi honnêtes qu'intelli- « gents ? (1). »

Faut-il s'étonner qu'ainsi formées dès l'âge le plus tendre, les femmes de lettres américaines n'aient rien de cette mièvrerie et de cette préciosité sentimentale dont beaucoup trop d'auteurs mâles donnent chez nous l'exemple ? Il s'est produit, là-bas, depuis un certain nombre d'années, une littérature d'écrivains *naturalistes* qui n'ont rien de commun avec nos descripteurs des choses de la nature. Les femmes brillent au premier rang dans cette école littéraire, « réfutant le préjugé trop répandu qui veut que les femmes aient à un degré médiocre l'intelligence de la nature... Point de rêveries alanguissantes sous les grands arbres, au bord des eaux... Elles s'en gardent tout autant que les hommes. Elles ne tombent pas non plus dans le mysticisme religieux ; elles aiment l'activité, l'exercice au grand air ; elles ont lu Emerson et Agassiz, elles sont frottées de

(1) E. Dreyfus-Brissac, *l'Education nouvelle*, p. 281, d'après le rapport de M. Buisson, et à propos des *Devoirs des écoliers américains*.

science et de philosophie, mais d'abord elles sentent la nature profondément et passionnément, elles savent la *décrire dans son ensemble et dans ses détails*. C'est avec *discrétion* qu'elles ajoutent çà et là quelques figures à leurs paysages ; l'élément romanesque se manifeste à peine (1). »

A la bonne heure ! Voilà un brave exemple donné par les dames d'Amérique aux dames et aux damoiseaux d'Europe.

Mais, sans sortir de chez nous, ne trouverions-nous pas plus d'un exemple de femmes pouvant montrer que, dans les moyennes cultivées, la balance penche aussi souvent de leur côté que de celui des hommes ?

Je lis dans un rapport de M. Vapereau sur l'examen pour le certificat d'aptitude au professorat des écoles normales d'institutrices :

« Il y a un progrès marqué, soit dans les compositions, soit surtout dans les épreuves orales. Nos aspirantes, même celles qui ont échoué, ont fait preuve de plus de savoir, de plus de goût et de culture littéraire, d'*un jugement plus ferme et plus personnel*, de plus de faculté d'assimilation, d'*un plus grand art de composer*, d'*ordonner et d'enchaîner les idées*, d'une plus grande sûreté de parole, de plus d'aplomb et d'autorité, en un mot, de plus de qualités essentielles aux fonctions de l'enseignement (2). »

Je lis, d'autre part, dans un rapport de M. Brouard, sur les examens pour le certificat d'aptitude à l'inspection primaire et à la direction des écoles normales. « Pour le sujet de pédagogie, la plupart des candidats se sont jetés dans

(1) Extrait d'un article de M. Th. Bentzon sur le *Naturalisme aux Etats-Unis* ou la *Bibliothèque du plein air (Out-door library)*, *Revue des Deux-Mondes*, 15 septembre 1887.

(2) *Revue pédagogique*, 15 sept. 1886.

une psychologie nuageuse, dans des considérations abstraites sur le jugement, considérations qui, pour le moment, n'étaient que des hors-d'œuvre. Au lieu de prouver qu'ils avaient lu, *non multa, sed multùm*, de faire d'heureux emprunts de pensées et même d'expressions aux auteurs qu'ils avaient dû particulièrement étudier, et dans lesquels la question se trouvait presque traitée à l'avance, ils ont préféré se rapporter à leurs manuels ou bien à des traités de philosophie peu à leur portée, rassembler des pièces de rapport, des souvenirs à demi-effacés (quelquefois fidèles au point d'éveiller de fâcheux soupçons), et c'est ainsi qu'ils ont présenté une œuvre souvent sans unité, mal ordonnée et ne contenant à peu près rien de personnel (1). »

Je termine par un rapport du même inspecteur général, sur un examen de même ordre, ayant eu lieu à une date postérieure. « Je n'ai rien à ajouter aux observations que j'ai déjà présentées sur les défauts ordinaires des compositions écrites ; ces défauts sont toujours les mêmes : tantôt le sujet n'est point compris, tantôt les idées sont jetées sans ordre ou rendues dans un style qui n'est point acceptable. Tantôt aussi on veut s'élever plus haut que ne le comporte la matière, et l'on tombe dans l'emphase ; alors viennent les grands mots, les phrases à effet par lesquelles on s'efforce vraiment de faire illusion sur le vide ou la pauvreté de la pensée. Nous ne cesserons de répéter aux candidats que la simplicité, le naturel, la correction, sont les qualités du style qu'ils doivent avant tout rechercher (2). »

Récuserez-vous le témoignage d'hommes aussi compé-

(1) *Revue pédag.*, 15 nov. 1883.
(2) *Revue pédag.*, 15 juin 1886.

tents? Ainsi, quand il s'agit, des deux côtés, de personnes formant une espèce d'élite en dehors de la moyenne, les qualités qui sont les attributs spéciaux de l'homme manquent souvent chez des hommes déjà mûrs et très instruits d'ailleurs, et on remarque chez les femmes un effort très heureux pour atteindre ou perfectionner ces mêmes qualités. C'est là déjà un commencement d'enquête fort sérieuse : pourtant ne soyons pas trop impatients, et ne nous hâtons pas de rien conclure. Je me borne à exprimer le soupçon que le dernier mot sur le génie des femmes n'a pas encore été dit, et l'espoir qu'elles auront à cœur de reviser, en beaucoup de points, les jugements durs et tranchants de beaucoup d'hommes à leur égard.

RÉSUMÉ

L'art de parer sa personne, d'achever en elle un type idéal de pureté, de beauté et de convenance, indique une perfection esthétique et sociale. Le goût en est déjà chez le jeune enfant quelque chose d'assez complexe : l'éclat et l'agencement des belles couleurs en sont l'élément essentiel ; c'est ensuite le plaisir social d'être regardé ou loué pour l'effet que cette parure fait sur lui ; c'est aussi le plaisir encore plus relevé de ressembler à d'autres personnes qu'on admire. La frivolité et la vanité peuvent faire étrangement dévier cette première tendance, chez le petit garçon comme chez la petite fille. Cet excès touche à la manie chez des enfants qui en ont reçu l'exemple, et à la manie maladive chez des enfants névropathes. La négligence, le soin modéré, la passion outrée de la parure, sont des qualités quelquefois innées, le plus souvent acquises, c'est-à-dire données à l'enfant par son entourage.

*
* *

Le facteur le plus important du sentiment de la nature, c'est la sympathie. C'est elle qui pousse à observer, à relier entre elles des perceptions choisies, pour en former des symboles grâce auxquels l'enfant fait vivre et sentir toutes choses. Les mieux doués sous ce rapport sont ceux qui ont appris de leurs parents, la plupart du temps de leurs mères, non seulement à regarder la nature, à l'admirer, à la trouver belle ou gracieuse, mais à comprendre les âmes qu'elle renferme, à en prêter une aux êtres qui en ont à peine les apparences. C'est la sympathie encore qui prépare le jeune esprit à concevoir ces analogies supérieures qui mettent une métaphore vivante et comme un lambeau d'âme humaine sur les objets et les ensembles naturels, ces analogies profondes que l'enfant ne peut pas même deviner : la *majesté* des montagnes, la *mélancolie* des ruines, la *tristesse* d'un paysage, la *tourmente* des flots, la *grâce* et l'*innocence* des fleurs, le *sourire* du flot bleu sous les caresses du soleil.

L'enfant rêve aussi, mais le plus souvent d'actions futures ou d'actions idéales, qu'il voit se dérouler au sein des paysages aimés. Ne laissons pas trop sa rêverie s'alanguir dans le mystère et la solitude ; nourrissons son esprit de pensées saines et pratiques qui l'accompagnent partout, soit qu'il jouisse ou qu'il rêve. Point de mysticisme, de sentimentalité fausse, de citadinisme délicat et dédaigneux. Pour l'enfant comme pour l'adulte, l'intelligence et le soin des choses champêtres n'en gâte point la poésie. Chaque chose à son moment et à sa juste dose.

*
* *

L'art de plaire par la convenance et l'agrément de ses manières et de ses façons de parler rentre dans ce que Bain appelle les arts secondaires. Il n'en constitue pas moins une charmante poésie, qui entoure la personne de grâce plus que ne le fait la plus exquise parure. Chez le jeune enfant cette politesse est le reflet de son entourage ; c'est comme la livrée morale de la famille. Chez lui la politesse est banale, peu sûre, mais sincère. Elle tourne aisément à l'exagération ou à la fausseté, sous l'influence du mauvais exemple. Peut-être a-t-elle quelque chose de plus franchement étourdi chez le petit garcon, de plus coquet, de plus rusé chez la jeune fille.

Le petit enfant est déjà très sensible au plaisir esthétique et social de la parole. Son babillage tient lieu pour une certaine partie à la faible action des organes supérieurs du cerveau sur les centres moteurs de l'expression ; cet exercice musculaire est d'ailleurs nécessaire au développement des organes de la parole, et d'une utilité hygiénique générale ; mais c'est aussi le jeu d'une des fonctions les plus élevées et les plus belles de l'homme. Nous trouvons en germe chez lui les façons de parler qui font le prestige de l'éloquence et de la poésie.

L'art de plaire, qui a pour mobile inconscient l'attrait sexuel, se trouve déjà chez l'enfant, avec tous les manèges, la coquetterie, les troubles et les tourments de cette banale et poétique folie qui s'appelle l'amour. L'amour et l'amitié se confondent, à vrai dire, dans la jeune âme, aussi chastes, ardents et ombrageux l'un que l'autre.

*
* *

Le plaisir musical, au début, a pour cause essentielle l'excitation vive et prolongée que produisent sur le cerveau des sons réguliers, en séries, rythmés. De très bonne heure aussi l'enfant éprouve, avec une sorte d'extase religieuse, le plaisir d'écouter une voix au timbre doux et touchant. Un peu plus tard, certains enfants préfèrent les mélodies gaies, d'autres les airs un peu tristes : affaire de tempérament et de caractère plutôt que d'éducation.

Tout d'abord l'enfant exerçait avec un égal plaisir sa voix musicale et sa voix parlante. Vers le vingtième mois, par une rapide et utile évolution de l'homogène au distinct, ces deux fonctions se sont séparées et inégalement développées. A quatre ou cinq ans, les enfants réellement bien doués du côté de l'oreille aiment autant chanter que parler, et quelquefois même davantage. En général, l'avantage reste, sous ce rapport, à la parole, cet instrument universel des relations sociales.

C'est surtout la beauté du timbre et son expression affective qui peuvent charmer un enfant même âgé de huit ou dix ans. Mais on peut commencer à former en lui le jugement esthétique, lui apprendre à goûter les belles combinaisons de sons. Les jouissances toutes spéciales de l'artiste ne lui sont pas absolument interdites. Il est bon, d'ailleurs, de lui donner autant que possible ce correctif et ce dérivatif intellectuel des émotions trop faciles à s'exagérer et à se pervertir sous l'influence du sentiment musical. C'est à la famille à tout ramener à une juste mesure ; c'est elle qui devrait former l'oreille de l'enfant, en excitant ses nerfs moins que son esprit, son esprit moins que son cœur. Toute musique, d'ailleurs bien goûtée pour elle-même, devrait donner l'essor, au moins par intervalles, à des sentiments élevés et généreux, à la pitié, à la bienveillance, à l'amour de la famille et à l'amour de la patrie.

*
* *

L'enfant reconnaît tôt les personnes et les animaux représentés dans un dessin. Ce n'est guère avant l'âge de quatre ans qu'il cherche avec une curieuse sympathie la signification des images, qu'il voit des images partout, et partout en cherche pour ses chères histoires.

Certains enfants passent comme d'eux-mêmes, et avec un succès relatif, du goût des images à celui du dessin. Le naïf dessinateur a une prédilection toute particulière pour l'homme et pour l'animal, et pour quelques-uns des objets qui les touchent de plus près. Une loi d'évolution préside à tous ces grossiers rudiments de l'art des Raphaël et des Véronèse. L'art enfantin va du simple au composé, de l'ensemble au détail, du détail le plus saillant au plus délicat. Les différences individuelles du jugement, de la sensibilité, du caractère, se montrent, à côté des aptitudes graphiques innées, dès l'âge de huit ou neuf ans.

Le paysage tente peu le jeune enfant : il est plus compliqué de formes que l'être vivant, et il exige une certaine aptitude à manier l'abstraction et à concevoir la perspective.

La question de la ligne et de la couleur, qui a fait tant de bruit dans les écoles, existe aussi pour l'enfant ; comme l'homme primitif il ne commence pas par colorier, mais par dessiner. La question du dessin expressif existe aussi pour l'enfant ; il aimerait, si on l'y encourageait, et il réussirait, dans une certaine mesure, à exprimer les émotions humaines par leur masque et par leurs attitudes.

*
* *

La tendance dramatique a pour cause principale le plaisir de l'action. Elle apparaît dans les jeux de l'enfant, dans l'émerveillement que lui procurent les récits écoutés ou lus, dans les opérations où il devient notre collaborateur, dans les jeux et les simulations d'actions auxquels nous nous amusons avec lui, enfin dans les représentations scéniques, qu'il prend souvent pour des jeux où il veut avoir son rôle.

Des pièces faites pour les adultes, il saisit à peine quelques détails saillants et tout extérieurs. Comment y reconnaîtrait-il la peinture triste ou gaie de la vie humaine? Bien qu'on lui attribue le sens inné du ridicule, il est aussi fort mauvais appréciateur de nos comédies. Quand il rit des bouffonneries même les plus grossières, c'est surtout l'air et le ton dont elles sont lancées qui le fait rire. Il fait tous les jours, pour son compte, des plaisanteries qu'il ne comprendrait pas sur la scène.

Dès l'âge de douze ans, l'enfant peut jouer nos pièces un peu mieux qu'il ne les comprend. Le danger est pour lui de trop sentir les rôles passionnés, et de trop s'incarner dans les personnages persiffleurs. Le danger n'existe plus quand on fait jouer des bouts de pièces par tous les élèves d'une classe, à tour de rôle. On ne revêt pas facilement un personnage qui a été porté avec succès par plusieurs de ses camarades. Rien aussi que de très charmant et de très utile dans les libres dramatisations que de grands enfants peuvent faire des fables, de l'histoire, de la mythologie même, et surtout dans les intéressantes imitations auxquelles les plus jeunes peuvent continuer longtemps de s'amuser, d'après les procédés de la méthode dite phonomimique.

*
* *

Lire, ce n'est pas seulement faire dire à des signes muets les idées et les sentiments qu'ils résument sous une forme abstraite; c'est comprendre à sa façon les arrangements de mots et les combinaisons d'idées, imaginer les situations, se figurer les êtres et les personnages, en un mot interpréter l'œuvre d'esprit avec son propre esprit, son tempérament, son genre de sensibilité, son expérience personnelle ; c'est créer un monde idéal, sur les indications d'un premier créateur.

C'est encore plus que cela : c'est souvent entrer dans certains personnages, au point de s'identifier avec eux. Tout cet accaparement de l'imagination par des êtres et des choses de pur rêve, d'hallucination véritable, est mal combattu par le faible esprit critique de l'enfant. Sa sensibilité transportée donne le branle à son activité motrice ; les émotions de la lecture peuvent donc être considérées comme de l'action imminente ou en réserve. La qualité de cette action dépendra du tempérament et du caractère que l'hérédité et les circonstances, surtout l'éducation première et les exemples familiers auront déterminés chez l'enfant.

En général, c'est moins la moralité des actions et l'élévation des caractères, encore moins les leçons de vertu, que les fortes émotions, et surtout les émotions de plaisir, les émotions affectives, qui charment l'enfant dans les romans qu'on lui laisse lire ou qu'il lit sans permission.

Heureux les enfants dont les lectures sont surveillées, partagées, contrôlées ! Il y a moins de mystère et plus d'émotion saine : tout reste dans une juste mesure. L'élément sympathique prime les autres tendances passionnées. Le sens littéraire, le sens critique détourne à soi une partie de la force du sentiment, que la rêverie creuse et l'élan désordonné tendraient à faire dévier en l'exagérant. Ainsi les bons livres, interprétés et expliqués dans le premier milieu social de l'enfant, dans la famille, pourront quelquefois arriver à produire autant de bien que les livres mauvais font de mal. Ainsi la lecture sera un plaisir absolument social et esthétique.

*
* *

Pour l'enfant, comme pour l'homme historique, la composition orale, ou le récit descriptif, a préludé à la composition écrite. Les essais débités ou écrits de l'enfant rappellent plus ou moins fidèlement la simplicité, la correction, l'élégance et la sociabilité de son entourage. L'enfant écrit comme on parle autour de lui, ou bien comme il parle ; et plus tard, quand il apprendra à le faire plus systématiquement, il sera bien étonné de s'entendre dire que c'est la meilleure façon d'écrire. Oui, écrire ce qu'on sait, ce qu'on a vu ou entendu, ce qu'on pense et ce qu'on sent : voilà l'alpha et l'oméga de l'art si simple et si savant d'écrire.

Dans les histoires à demi-inventées des jeunes enfants, remarquons, avec le reflet du caractère, du tour d'esprit et du genre de sensibilité de chacun, la sincérité du narrateur, la crédulité de l'auditeur, et aussi l'optimisme inexpérimenté qui veut que les romans, comme les réalités, et c'est pour eux tout un, *finissent bien*.

Que de peine on prend pour enseigner et souvent mal enseigner aux enfants l'art d'écrire, qu'ils apprendraient en se jouant, si on laissait l'auteur être, la plume à la main, le petit homme ou la petite femme qu'il ou qu'elle est tous les jours pour tout le monde ! L'élégance, la suite dans les idées, l'ordre dans la composition, ce sont qualités qui s'apprennent, tout comme l'art de penser juste et de sentir vrai, et que de petites fillettes de douze ou treize ans savent souvent beaucoup mieux utiliser que maint élève de collège fourbu au fatigant et stérile exercice du *laïus*.

FIN

TABLE DES MATIÈRES

1002. — TOURS, IMPRIMERIE E. ARRAULT ET Cie

BIBLIOTHÈQUE DE PHILOSOPHIE CONTEMPORAINE

Format in-8

Volumes brochés à 5 fr., 7 fr. 50 et 10 fr.

AGASSIZ. — **De l'espèce et des classifications**, traduit de l'anglais par M. Vogeli. 1 vol. 5 fr.

STUART MILL. — **La philosophie de Hamilton**, traduit de l'anglais par M. Cazelles. 1 vol. 10 fr.

— **Mes mémoires.** Histoire de ma vie et de mes idées, traduit de l'anglais par M. E. Cazelles. 1 vol. 5 fr.

— **Système de logique** déductive et inductive. 2 vol. 20 fr.

— **Essais sur la religion**, traduit de l'anglais par M. E. Cazelles. 2ᵉ édit. 1 vol. 5 fr.

DE QUATREFAGES. — **Ch. Darwin et ses précurseurs français.** 1 vol. 5 fr.

HERBERT SPENCER. — **Les premiers principes.** 1 fort vol., traduit de l'anglais par M. Cazelles. 4ᵉ édit. 10 fr.

— **Principes de psychologie**, traduit de l'anglais par MM. Ribot et Espinas. 2 vol. 20 fr.

— **Principes de biologie**, traduit par M. Cazelles. 2ᵉ édit. 2 vol. 20 fr.

— **Principes de sociologie**, traduit par MM. Cazelles et Gerschel. 4 vol. 36 fr. 25

— **Essais sur le progrès**, traduit de l'anglais par M. Burdeau. 2ᵉ édit. 1 vol. 7 fr. 50

— **Essais de politique.** 1 vol., traduit par M. Burdeau. 7 fr. 50

— **Essais scientifiques.** 1 vol., traduit par M. Burdeau 7 fr. 50

— **De l'éducation physique, intellectuelle et morale.** 1 vol. 7ᵉ édition. 5 fr.

— **Introduction à la science sociale.** 1 vol. 7ᵉ édition. 6 fr.

— **Classification des sciences.** 1 vol. in-18. 2ᵉ édit. 2 fr. 50

— **L'individu contre l'État**, 1 v. in-18. 2 fr. 50

— **Les bases de la morale évolutionniste.** 1 vol. 3ᵉ édit. 6 fr.

AUGUSTE LAUGEL. — **Les problèmes** (Problèmes de la nature, problèmes de la vie, problèmes de l'âme). 1 fort vol. 7 fr. 50

ÉMILE SAIGEY. — **Les sciences au XVIIIᵉ siècle**, la physique de Voltaire. 1 vol. 5 fr.

PAUL JANET. — **Les causes finales.** 1 vol. 2ᵉ édit. 10 fr.

— **Histoire de la science politique dans ses rapports avec la morale.** 3ᵉ édit. 2 vol. 20 fr.

TH. RIBOT. — **De l'hérédité psychologique.** 1 vol. 3ᵉ édit. 7 fr. 50

— **La psychologie anglaise contemporaine.** 1 vol. 3ᵉ éd. 7 fr. 50

— **La psychologie allemande contemporaine** (école expér.). 1 vol. 2ᵉ éd. 7 fr. 50

ALF. FOUILLÉE. — **La liberté et le déterminisme.** 1 vol. 2ᵉ édit. 7 fr. 50

— **Critique des systèmes de morale contemporains.** 1 vol. 7 fr. 50

DE LAVELEYE. — **De la propriété et de ses formes primitives.** 1 vol. 3ᵉ édit. (*Sous presse*).

BAIN. — **La logique déductive et inductive**, traduit de l'anglais par M. Compayré. 2ᵉ édit. 2 vol. 20 fr.

— **Les sens et l'intelligence.** 1 vol. traduit de l'anglais par M. Cazelles. 10 fr.

— **Les émotions et la volonté.** 1 vol. 10 fr.

— **L'esprit et le corps.** 1 vol. 4ᵉ édit. 6 fr.

— **La science de l'éducation.** 1 vol. 4ᵉ éd. 6 fr.

MATTHEW ARNOLD. — **La crise religieuse.** 1 vol. 7 fr. 50

BARDOUX. — **Les légistes et leur influence sur la société française.** 1 vol. 5 fr.

ESPINAS (ALF.). — **Des sociétés animales.** 1 vol. 2ᵉ édit. 7 fr. 50

FLINT. — **La philosophie de l'histoire en France**, traduit de l'anglais par M. Ludovic Carrau. 1 vol. 7 fr. 50

— **La philosophie de l'histoire en Allemagne**, trad. par M. Ludovic Carrau. 1 vol. 7 fr. 50

LIARD. — **La science positive et la métaphysique.** 1 vol. 2ᵉ édit. 7 fr. 50

— **Descartes.** 1 vol. 5 fr.

GUYAU. — **La morale anglaise contemporaine.** 1 vol. 2ᵉ éd. 7 fr. 50

— **Les problèmes de l'esthétique contemporaine.** 1 vol. 5 fr.

— **Esquisse d'une morale sans obligation ni sanction.** 1 vol. 5 fr.

— **L'irréligion de l'avenir.** 2ᵉ éd. 1 vol. 7 fr. 50

HUXLEY. — **Hume, sa vie, sa philosophie**, trad. et préface par M. G. Compayré. 1 vol. 5 fr.

E. NAVILLE. — **La logique de l'hypothèse.** 1 vol. 5 fr.

E. VACHEROT. — **Essais de philosophie critique.** 1 vol. 7 fr. 50

— **La religion.** 1 vol. 7 fr. 50

H. MARION. — **De la solidarité morale.** 1 vol. 2ᵉ édit. 5 fr.

SCHOPENHAUER. — **Aphorismes sur la sagesse dans la vie.** 1 vol. traduit par M. J.-A. Cantacuzène. 3ᵉ édit. 5 fr.

— **De la quadruple racine du principe de la raison suffisante**, traduit par M. J.-A. Cantacuzène. 1 vol. 5 fr.

— **Le monde comme volonté et comme représentation**, trad. par M. Burdeau. Tome I, 1 vol. 7 fr. 50. Tomes II et III (*sous presse*).

J. BARNI. — **La morale dans la démocratie.** 2ᵉ édit. 1 vol. 5 fr.

LOUIS BUCHNER. — **Nature et science.** 1 vol. 2ᵉ édit. 7 fr. 50

JAMES SULLY. — **Le pessimisme.** 7 fr. 50

V. EGGER. — **La Parole intérieure.** 1 v. 5 fr.

LOUIS FERRI. — **La psychologie de l'association, depuis Hobbes jusqu'à nos jours.** 1 vol. 7 fr. 50

MAUDSLEY. — **Pathologie de l'esprit.** 1 vol. 10 fr.

CH. RICHET. **L'homme et l'intelligence.** 2ᵉ édit. 1 vol. 10 fr.

SÉAILLES. — **Essai sur le génie dans l'art.** 1 vol. 5 fr.

PREYER. — **Éléments de physiologie.** 1 vol. 5 fr.

— **L'âme de l'Enfant**, obs. sur le développement psychique des premières années. 10 fr.

WUNDT. — **Éléments de psychologie physiologique.** 2 vol. avec fig. 20 fr.

E. BEAUSSIRE. — **Les principes de la morale.** 1 vol. 5 fr.

— **Les principes du droit.** 1 vol. 7 fr. 50

A. FRANCK. — **La philosophie du droit civil.** 1 vol. 5 fr.

E. R. CLAY. — **L'alternative.** 10 fr.

BERNARD PÉREZ. — **Les trois premières années de l'enfant.** 3ᵉ édit. 1 vol. 5 fr.

— **L'enfant de trois à sept ans.** 3ᵉ éd. 1 vol. 5 fr.

— **L'éducation morale dès le berceau.** 2ᵉ éd. 5 fr.

— **L'art et la poésie chez l'enfant.** 1 vol. 5 fr.

LOMBROSO. — **L'homme criminel.** 1 vol. 10 fr. Avec Atlas de 32 planches. 18 fr.

E. DE ROBERTY. — **L'ancienne et la nouvelle philosophie.** 1 vol. 7 fr. 50

FONSEGRIVE. — **Le libre arbitre**, théorie, histoire. 1 vol. 10 fr.

G. SERGI. — **La Psychologie physiologique.** 1 vol. avec fig. 7 fr. 50

L. CARRAU. — **La philosophie religieuse en Angleterre, depuis Locke jusqu'à nos jours.** 1 vol. 5 fr.

PIDERIT. — **La mimique et la physiognomonie.** 1 vol. avec 95 fig. 5 fr.

GAROFALO. — **La criminologie.** 1 vol. 7 fr. 50

G. LYON. — **L'idéalisme en Angleterre au XVIIIᵉ siècle.** 1 vol. 7 fr. 50

www.ingramcontent.com/pod-product-compliance
Lightning Source LLC
Chambersburg PA
CBHW050504270326
41927CB00009B/1894
* 9 7 8 2 0 1 2 6 7 7 0 4 3 *